LA SAGA
DES FAVORITES

DU MÊME AUTEUR

Aux éditions Perrin

Louis II de Bavière ou le Roi foudroyé, couronné par l'Académie française.
Haussmann, la gloire du Second Empire, prix Historia.
La Princesse Mathilde, prix Napoléon III.
Sissi ou la Fatalité, prix des Ambassadeurs.
Eugénie, la dernière impératrice, Grand Prix de la Fondation Napoléon.
Rodolphe et les secrets de Mayerling.
La Saga des Habsbourg.
La Saga des Windsor.
La Saga des reines.

Albums illustrés de photographies de Jérôme da Cunha

Les Châteaux fous de Louis II de Bavière.
Sur les pas de Sissi.
Tapioca, cet inconnu.
Sur les pas de Mozart, en collaboration avec Frédéric Pfeffer.
À Saint-Pétersbourg sur les pas des tsars.

Collection « Tempus »

Malesherbes.
La Saga des Grimaldi.
Louis II de Bavière.
Sissi, impératrice d'Autriche.
Eugénie, la dernière impératrice.
Rodolphe et les secrets de Mayerling.
Le Roman de Vienne.
La Saga des Habsbourg.

Aux éditions Plon

Dictionnaire amoureux des trains.
La Saga des Romanov.
La Véritable Histoire des châteaux de la Loire.

Aux éditions de Fallois

Malesherbes, gentilhomme des Lumières, Grand Prix de la biographie d'histoire de l'Académie française.

Aux éditions Julliard

Sleeping Story, la fabuleuse épopée des wagons-lits.

Aux éditions Denoël

En collaboration avec Jean-Paul Caracalla :
L'Orient-Express, couronné par l'Académie française.
Le Transsibérien.
Le Train bleu et les grands express de la Riviera.
Les Trains des rois et des présidents.
La Tour Eiffel (album du centenaire).

Aux éditions du Rocher

SAS Rainier III de Monaco, 700 ans d'histoire des Grimaldi.
Inoubliable Grace de Monaco.
Colette et Monaco.
Le Roman de Vienne.

Aux éditions Flammarion

Mémoires d'un palace, photographies de Jérôme da Cunha.

Aux éditions Jean-Pierre Barthélemy/Caisse nationale des monuments historiques et des sites

Le Haut-Koenigsbourg (en collaboration), photographies de Robert César.

Aux éditions Chronique/Dargaud

Chronique de Paris (rédacteur en chef).
Chronique du XXᵉ siècle (rédacteur en chef).

Aux éditions Pocket

La Saga des Romanov.
Petit dictionnaire amoureux des trains.

Jean des Cars

LA SAGA DES FAVORITES

PERRIN
www.editions-perrin.fr

Ouvrage publié sous la direction éditoriale de Laurent Theis
et de Grégory Berthier-Gabrièle

© Perrin, un département d'Édi8, 2013

12, avenue d'Italie
75013 Paris
Tél. : 01 44 16 09 00
Fax : 01 44 16 09 01

www.editions-perrin.fr

ISBN : 978-2-262-04288-2

À ma première lectrice favorite.

Avant-propos

Qu'est-ce qu'une favorite ? Le mot, sans doute d'origine italienne, signifie qu'une femme « a les faveurs » d'une personne de très haut rang. À la différence d'une maîtresse, la favorite ne se contente pas d'être l'objet d'une passion amoureuse, éphémère ou durable. Elle dispose de moyens, exerce une influence politique, économique ou artistique. Elle obtient des résultats, heureux ou calamiteux, parfois les deux. Qu'elle soit aimée des peuples, tolérée ou détestée, rien ne se fait ni ne se défait sans elle.

Elle joue un rôle – qu'elle ne devrait pas jouer – en raison de son emprise sur le monarque, prince, roi, empereur ou président de la République, qu'il soit marié, divorcé, veuf ou célibataire. Il y en eut qui furent épousées, parfois mères d'enfants reconnus ; il y en eut qui n'eurent aucune descendance de celui auprès de qui elles vivaient. Certaines d'entre elles sont célèbres, d'autres méconnues, voire oubliées, mais le contexte historique de leur existence doit être rappelé pour faire comprendre leur ascension et expliquer leur disgrâce, éventuellement leur chute. Certaines furent fidèles, sincères et désintéressées ; d'autres se mêlèrent d'intrigues imprégnées de scandales, ne se souciant que des avantages d'une situation plus ou moins officielle, n'hésitant pas à ridiculiser leur protecteur. Ces femmes de l'ombre, éclairées par la lumière de la puissance, ont toutes compté à travers cinq siècles de notre histoire.

Après *La Saga des reines*, voici les portraits d'égéries de souverains qui n'ont jamais été couronnées et de chefs d'État qu'elles ont accompagnés dans leur destin. Proches du pouvoir et l'exerçant souvent d'une manière clandestine, discrètes ou tapageuses, elles composent un galant cortège de femmes à qui de grands hommes doivent beaucoup – leur bonheur, mais parfois aussi leur malheur.

Jean DES CARS

Agnès Sorel

La première favorite

La Vierge et l'Enfant entourés d'anges. Cette peinture de Jean Fouquet, au XVe siècle, a pour modèle Agnès Sorel. Dans l'intimité de Charles VII, elle est la première favorite officielle. Découvrant son sein gauche, l'œuvre mélange audacieusement le sacré et le profane. Les contemporains sont choqués. C'était le volet droit d'un diptyque du retable de Notre-Dame de Melun.

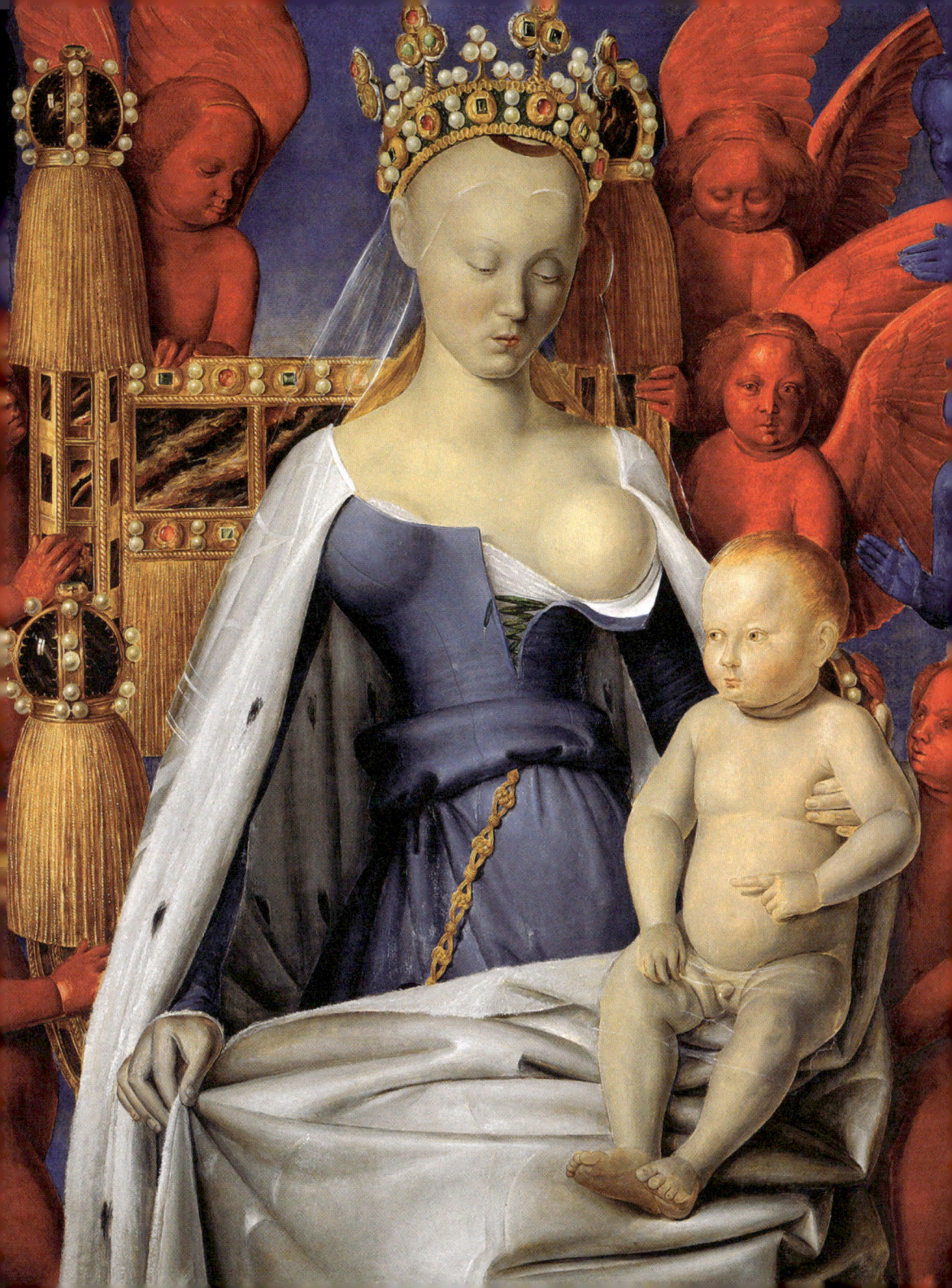

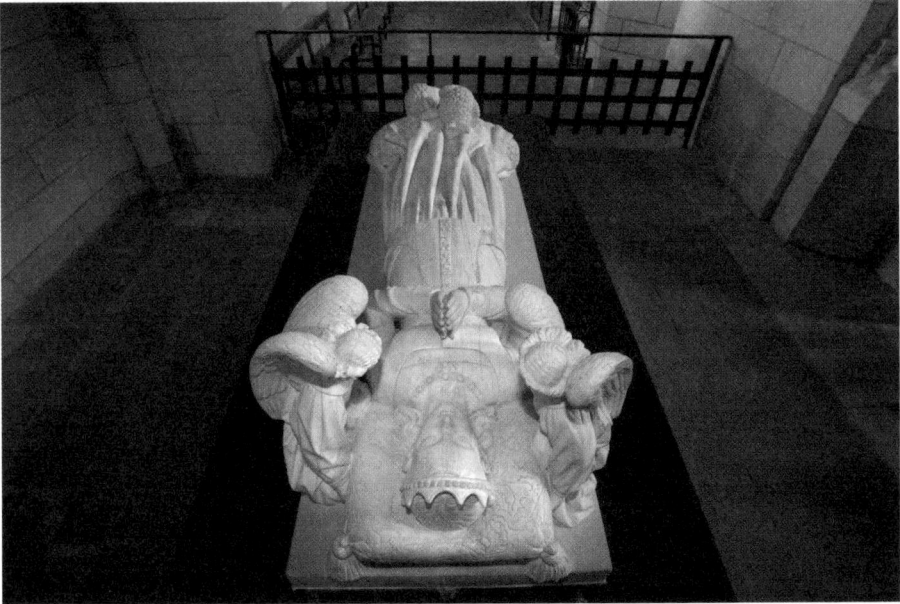

Le gisant d'Agnès Sorel dans la nef de la collégiale Saint-Ours, à Loches (Indre-et-Loire). Cette sépulture, profanée à la Révolution puis déplacée à plusieurs reprises, est, depuis avril 2005, dans la nef gauche de l'église paroissiale. Représentée en albâtre, la favorite est veillée par deux angelots. À ses pieds, deux agneaux symbolisent sa douceur.

Loches (Indre-et-Loire), 2 avril 2005. Dans la collégiale Saint-Ours, une cérémonie religieuse marque la fin d'un étrange parcours pour les restes d'une femme disparue le 9 février 1450. Après bien des errements, le tombeau, surmonté d'un gisant magnifique, retrouve presque sa place, pas tout à fait au même endroit que lors du premier service funèbre. Celle qu'on avait surnommée la « Dame de Beauté » ne repose plus dans le chœur de l'église paroissiale, mais dans la nef de gauche. Sa sépulture, profanée pendant la Révolution, avait déjà été déplacée sous le règne de Louis XVI, puis sous l'Empire. Cinq cent cinquante-cinq ans après sa mort, cette femme suscite toujours la curiosité, voire la fascination. L'exceptionnelle finesse de ses traits, son corps long et mince, tels que nous les rendent ses portraits dus au pinceau des plus grands peintres de cette période pré-Renaissance, de François Clouet à Jean Fouquet, ne cessent de nous émerveiller. Fouquet l'a même représentée en *Vierge à l'Enfant* dans un admirable tableau sans doute posthume, osant, comme l'avait fait Clouet auparavant, la montrer le sein gauche dénudé. La Vierge n'est autre qu'Agnès Sorel ! « Regard baissé, front haut, sourcils soigneusement épilés, petit nez pointu, lèvres rouges et fines, petit menton, son visage est gracieux et fragile, d'une grande finesse. La taille est très fine, le ventre plat, et le haut de la robe, délacé, laisse voir un sein splendide, ferme, provocant, qui est en fait le centre du tableau, attirant tous les regards[1]. » Une œuvre qui mélange le sacré et le profane d'une manière audacieuse,

---

1. Georges Minois, *Charles VII, un roi shakespearien*, Perrin, 2005, rééd. 2008.

troublante et révélatrice, car le véritable titre de gloire de celle qui a servi de modèle à cette *Vierge* était d'être la maîtresse reconnue et follement aimée du roi Charles VII ! Plus que cela, puisque Agnès a été, sans aucun doute, la première femme installée, officiellement, dans le statut de favorite d'un souverain, qui avait d'abord une épouse. Un roi, une reine, une favorite : le début d'une tradition française !

Charles VII n'a pas beaucoup de chance dans notre mémoire collective. De lui, dont le règne fut très long pour son temps (près de quarante ans), on ne retient trop souvent que cette ineffaçable dénomination étriquée de « petit roi de Bourges » et les trois femmes qui ont pesé sur sa vie : sa mère, la redoutable Isabeau de Bavière soupçonnée d'adultère ; Jeanne d'Arc, qui fait de lui un roi de France légitime, enfin sacré à Reims ; et Agnès Sorel, dont on dit, exagérément, qu'elle l'a poussé à reprendre la guerre pour « bouter les Anglais hors de France » et clore victorieusement la guerre de Cent Ans. Son fils et successeur, le rusé Louis XI, lui vole injustement la vedette en tant que premier roi de la France moderne par son esprit centralisateur et unificateur. Charles VII avait déjà largement entamé cette transformation du royaume, mais on omet souvent de l'en créditer. Or, pour lui, rien ne fut simple ni définitivement acquis.

L'enfance de Charles VII : un père fou, une mère déloyale, un pays en guerre

Né en 1403, il est le cinquième fils de Charles VI et d'Isabeau de Bavière ; il a donc, *a priori*, peu de chances de ceindre la couronne des Valois. Dès sa naissance, on a des doutes sur sa légitimité ; son père, Charles VI, qui règne depuis 1380, a manifesté des premiers signes de démence à l'âge de 25 ans. On a recensé quarante-trois crises de folie en vingt-neuf ans. La date de conception supposée du futur Charles VII coïncide avec un de ces accès de délire au cours desquels le roi ne touchait pas la reine. Isabeau avait, par ailleurs, la fâcheuse réputation d'être infidèle à son mari. Rien n'est sûr, mais le doute persiste et va miner celui qui deviendra le dauphin en 1417, après la mort de tous ses frères aînés. Autre épreuve. De plus, l'enfance du prince se déroule dans une France profondément divisée. L'assassinat du duc d'Orléans, frère du roi, sur les ordres du duc de Bourgogne, Jean sans Peur, divise le pays entre Armagnacs (partisans du duc d'Orléans) et Bourguignons. Henri V d'Angleterre profitera de cette lutte fratricide et de ce chaos français pour reprendre la guerre (dite de Cent Ans) et conquérir la Normandie après l'écrasante victoire anglaise d'Azincourt en 1415. Charles a alors 12 ans ; il n'oubliera jamais cette cuisante défaite et, tout au long de sa vie, il préférera refuser l'engagement plutôt que se lancer aveuglément dans un combat qui pourrait répéter le désastre d'Azincourt. Depuis 1414, Charles est fiancé à Marie d'Anjou, fille du duc Louis II d'Anjou (également comte de Provence et souverain contesté de Naples et de la Sicile) et de Yolande d'Aragon, femme d'une remarquable intelligence politique. Après les fiançailles, Isabeau autorise son fils à séjourner à la cour de sa future belle-mère, à laquelle il sera très attaché. Il y passe deux années, au cours desquelles il s'initie à l'histoire et à la littérature auprès d'excellents maîtres choisis par Yolande d'Aragon. C'est dans l'atmosphère apaisante du château d'Angers que naît sa passion pour la vallée de la Loire.

Louis II d'Anjou et Yolande d'Aragon saluent celui qui deviendra leur gendre, le futur Charles VII dont l'épouse, Marie d'Anjou, effacée et sans charme, sera la mère de Louis XI. Miniature extraite des *Chroniques* de Jean Froissart au XVᵉ siècle.

Il regagne Paris en 1416. Deux ans plus tard, devenu dauphin, Charles doit s'enfuir précipitamment de la ville le 29 mai 1418, par bateau sur la Seine, pour échapper aux Bourguignons maîtres de la cité. Ce traumatisme d'une enfance humiliée lui fera détester Paris et même, bien plus tard, lorsque la ville sera reconquise, il ne fera qu'y passer. Cette peur et cette honte sont à rapprocher de ce que ressentira le tout jeune Louis XIV obligé, lui aussi en pleine nuit, de s'enfuir de Paris aux mains de la Fronde. Ce sont là des chocs qui laissent une empreinte définitive sur le caractère.

Réfugié à Bourges, il tente un rapprochement avec le duc de Bourgogne. L'entrevue est fixée à Montereau, mais Jean sans Peur y est assassiné le 10 septembre 1419. Le dauphin Charles est jugé responsable de ce forfait vengeur, banni du royaume de France et déchu de ses droits d'héritier. En mai 1420, Isabeau de Bavière conclut le traité de Troyes avec le roi d'Angleterre Henri, époux d'une sœur de Charles, qui prend le titre d'héritier de France. Le dauphin, qui n'est plus reconnu comme tel, ne cesse de se demander s'il est un bâtard et s'apprête à voir son beau-frère, déjà roi d'Angleterre, ceindre la couronne de France à la mort de Charles VI. Renié par sa propre mère, contraint à l'exil au sud de la Loire, Charles semble dans une situation désespérée, car même ses partisans Armagnacs doutent de lui.

Il y a deux rois en France, dont l'un est aussi roi d'Angleterre !

Il est temps pour le prince de se marier et d'assurer sa descendance, puisque son rival anglais Henri V, qui triomphe à Paris, a déjà un tout jeune fils. Charles épouse donc, en avril 1422, à Bourges, Marie d'Anjou, sa fiancée depuis près de dix années. Il a presque 20 ans, elle 18. Malheureusement, la mariée est laide… « à faire peur aux Anglais » ! Elle lui donnera néanmoins, le 3 juillet 1423, un premier fils, le futur Louis XI.

Entre-temps, le 31 août 1422, Henri V rend le dernier soupir à Vincennes ; il ne sera pas roi de France. Deux mois plus tard, c'est au tour de Charles VI de s'éteindre, à Paris, en l'hôtel Saint-Pol, après un ultime accès de démence. Lors de ses funérailles à Saint-Denis, c'est un bébé de onze mois qui est proclamé roi de France et d'Angleterre sous le nom d'Henri VI, fils d'Henri V et de Catherine de Valois, fille de Charles VI. La régence est assurée par le duc de Bedford. En réplique à la provocation anglaise, l'ancien dauphin se fait proclamer roi de France à Bourges le 30 octobre 1422, « par la grâce de Dieu », sous le nom de Charles VII. La situation est complexe puisque la France a deux rois. Celui de Bourges subit des revers militaires tels qu'il songe à s'exiler en Écosse. Un premier espoir va naître d'un début de résistance à l'assiégeant anglais devant Orléans, à partir d'octobre 1428. Comme on le sait, Jeanne d'Arc entre en scène à Chinon en février 1429 ; elle gagne la confiance du roi, libère Orléans et fait sacrer Charles VII à Reims en juillet. Si on reste étonné, voire choqué, qu'il n'ait rien tenté pour la faire libérer ni manifesté aucune compassion apparente après qu'elle a été condamnée et brûlée sur le bûcher de Rouen (événement sans doute ignoré de la plupart des Français), c'est sans doute parce qu'il ne se sentait pas assez puissant pour affronter l'adversaire. Une prudence ressentie comme de l'ingratitude envers celle qui avait permis la restauration de l'autorité royale.

Plusieurs provinces sont repassées sous le pouvoir de Charles VII dont la légitimité n'est plus contestable. Toutefois, il n'en profite pas pour pousser l'avantage contre les Anglais. Il est apathique, complètement sous la coupe de La Trémoille, son chambellan, jusqu'à ce que le connétable Richemont et les princes d'Anjou réussissent à l'éliminer. Le roi se ressaisit alors, s'engage dans une politique diplomatique antianglaise qui va porter ses fruits : il s'allie avec le souverain du Saint-Empire romain germanique, l'empereur Sigismond, en 1434. Ensuite, Charles VII négocie le traité d'Arras avec le duc de Bourgogne, Philippe le Bon, le fils de Jean sans Peur qui avait été assassiné à Montereau. Ce traité, qui est signé le 21 septembre 1435, reconnaît à Charles VII son titre de roi de France et détache la Bourgogne de l'alliance anglaise. Paris est enfin libéré en 1436. Charles VII y fait une entrée triomphale le 12 novembre 1437, entouré d'un splendide cortège de chevaliers, mais ne s'y attarde pas : le souvenir de sa jeunesse humiliée par sa fuite dix-huit ans plus tôt ne l'incite pas à aimer Paris. À l'enthousiasme des Parisiens, il répond sans joie et quitte la ville au bout de trois semaines. Il préfère rejoindre ses chers bords de Loire, tandis que les Anglais sont toujours à Pontoise.

Le vent a déjà tourné en faveur de la monarchie française. Le souverain, peut-être contrarié par les manigances de son comploteur de fils, fait désormais preuve d'une surprenante énergie. Il se débarrasse de coalitions féodales, chasse complètement les Anglais des environs de Paris et d'une partie de la Guyenne ; la position d'Henri VI d'Angleterre est affaiblie. Pour cette raison, les Anglais sollicitent une trêve connue sous le nom de « trêve de Tours », prévue pour vingt-deux mois. En réalité, elle durera cinq ans. Elle permet au roi de France d'organiser son royaume. Si Charles VII est si entreprenant, c'est que depuis un an, depuis février 1443, sa vie a changé. Une femme l'a métamorphosé. Elle s'appelle Agnès Sorel et il en est amoureux fou. Physiquement peu séduisant avec son long nez, ses petits yeux, ses épaules étroites, ses jambes cagneuses, d'aspect méfiant, triste, effacé et maladif, l'époux de Marie d'Anjou n'en a pas moins eu plusieurs maîtresses. « Les demoiselles de la suite de la reine offrent un réservoir varié de jeunes beautés et le roi ne se prive pas d'y puiser[1]. » En remerciement de leurs « services », le roi, très généreux, les comble de cadeaux et de pensions qui apparaissent sur les livres de comptes privés du monarque.

Le roi a eu des maîtresses ; il a désormais une favorite : Agnès Sorel

Ces aventures ne sont donc pas cachées. Elles ne sont pas davantage affichées. De simples mais indispensables distractions sexuelles, une façon de dissiper les crises de mélancolie du monarque. Après son mariage, la première femme à avoir « échauffé les sentiments du roi » fut la bien nommée Mme de Joyeuse, jolie, gracieuse et qui regardait les hommes avec insistance. Somptueusement parée de fourrures rares, osant porter des bijoux aussi beaux que ceux de la reine, elle était la fille d'un conseiller du roi « chargé du maniement des monnaies » à qui il était arrivé, sans doute par distraction, de confondre le Trésor royal avec sa bourse. Et c'était son père qui choyait la jeune femme avec autant d'éclat – et non son mari. De bonnes âmes avaient averti celui-ci de son infortune en expliquant que les coiffures de son épouse étaient si hautes et si larges qu'elles l'obligeaient à se pencher pour passer sous les portes, souvent très basses à l'époque. On les appelait des « cornes merveilleuses », sans doute pour éviter à M. de Joyeuse de les porter[2].

---

1. Georges Minois, *op. cit.*
2. Anonyme, *Mémoires secrets de la Cour de Charles VII*, Paris, 1735.

Portrait de Charles VII par Jean Fouquet (1444). D'abord contesté et menacé à la fois par les Anglais et la guerre civile entre Armagnacs et Bourguignons, reconnu par Jeanne d'Arc, le « petit roi de Bourges » reprend Paris en 1436 puis reconquiert son royaume. L'influence d'Agnès Sorel, intelligente et cultivée, est bénéfique sur lui. La guerre de Cent Ans terminée, devenu « le roi victorieux », Charles VII organise l'administration efficace de la France.

Ces incartades n'ont pas empêché Charles VII d'avoir eu douze enfants avec sa terne épouse, dont cinq sont morts. Après l'avoir délaissée pendant plusieurs mois, il eut avec elle une dernière fille, née en 1446.

C'est à Toulouse que se situe la rencontre avec Agnès Sorel. Après une campagne militaire qui l'a conduit aux portes de Bordeaux, le roi prend ses quartiers d'hiver en compagnie de la reine. Ils reçoivent la visite du roi René d'Anjou, frère de Marie, et de son épouse Isabelle de Lorraine. Dans la suite de cette dernière, on ne peut que remarquer la jeune Agnès Sorel. On a longtemps glosé sur l'âge de cette jeune fille. Il semblait impossible de déterminer l'année de sa naissance. Or, les passionnants travaux effectués par le docteur Philippe Charlier sur les restes d'Agnès Sorel en 2005, avant sa dernière inhumation, ont permis de préciser son âge au moment de sa mort, entre 23 et 27 ans. Elle est probablement née en 1423. Lorsqu'elle entre dans la vie Charles VII, elle a donc environ 20 ans, une information rendant caduques beaucoup d'ouvrages anciens qui l'avaient introduite dans la vie du roi dix ans plus tôt. Selon ces études, aujourd'hui dépassées, on la présenterait comme à l'origine du changement de comportement du roi, devenu plus dynamique à partir de 1433 ; leur liaison aurait donc été beaucoup plus longue. C'est une erreur. En revanche, il n'y a jamais eu aucun doute sur sa beauté. Les chroniqueurs sont unanimes, Agnès Sorel est éblouissante. « Entre les belles, c'était la plus jeune et la plus belle du monde », clame Jean Chartier. « C'était une des plus belles femmes du royaume », renchérit Jacques Leclerc. Le pape Pie II, qui n'était pas favorable à Charles VII en raison de la

La Belle Agnès. Portrait d'Agnès Sorel (dessin, XVIᵉ siècle). Éblouissante mais avisée, elle ne cède au roi qu'après une longue résistance. Il est le premier osant s'afficher avec sa maîtresse, qui assiste même au Conseil. Elle réveille son patriotisme. Il ne vit que pour elle. La favorite donne quatre filles à Charles VII.

pragmatique sanction de Bourges dégageant l'Église de France de l'autorité pontificale, ne peut s'empêcher de dire :

— Elle avait le plus beau visage qu'on pût voir…

« Et, dans la bouche d'un pape, ce n'est certes pas un compliment banal[1]. » Elle est ravissante et blonde, son visage d'un ovale parfait, son corps souple et mince. Visiblement épris, peut-être pour la première fois à l'âge de 40 ans, le monarque devient coquet et mondain. À la surprise générale, on le voit joyeux et il se risque même à danser. Il se produit un événement encore plus important, sans précédent : Agnès Sorel est la première favorite d'un roi de France, une tradition que l'on connaîtra jusqu'au règne de Louis XV inclus. Un contemporain, plutôt acide, observe : « Au temps des trêves entre le roi et les Anglais, il se prit à aimer une assez jolie garce qu'on appelait vulgairement la belle Agnès. » On peut penser que si la victoire politique avait apporté à Charles VII l'orgueil de la revanche, jusque-là l'amour en était absent ; pour la reine, le roi avait respect, confiance et considération, rien d'autre.

Agnès a l'esprit pétillant, est intelligente et cultivée. Issue d'une famille de petite noblesse picarde, elle a pour père un conseiller du duc de Clermont, pour frères des écuyers de l'hôtel royal et hommes d'armes de la Garde. Très vite, le roi ne peut se passer d'Agnès un seul instant. Pie II, qui a décidément des informateurs exceptionnels, rapporte que Charles VII « ne pouvait plus demeurer même une heure sans elle, soit à table, soit au Conseil, soit dans son lit ». Agnès entre au service

---

1. Guy Breton, *Histoires d'amour de l'histoire de France*, Éditions Noir et Blanc, 1965. Réédition France-Empire, 2013.

des dames d'honneur de la reine, ce qui facilite les choses ! À Chinon, elle loge dans un hôtel particulier, le Roberdeau, sis près du mur nord du château et de la route de Tours. De la forteresse, Charles VII peut facilement rejoindre sa favorite par un souterrain. Au roi, elle donnera quatre enfants, dont trois filles vivront, reconnues et portant le nom de Valois. S'il est difficile de mesurer l'influence politique d'Agnès, « son influence psychologique est indéniable », note justement Georges Minois. Elle le transforme, lui insufflant un appétit de vivre qu'on ne lui avait jamais connu. Et si elle passe de l'état de maîtresse éphémère au statut de favorite permanente, c'est largement grâce à sa discrétion et à sa réserve, deux qualités essentielles pour faire face aux ragots. Son ascendant sur le monarque est incontestable. La reine Marie d'Anjou, indulgente et bonne, comprend surtout que si elle obligeait son mari à se séparer de sa favorite, il irait chercher des partenaires ailleurs, peut-être en dehors de la Cour, chez les ribaudes, et ce serait pire.

Si l'on ne peut attribuer à Agnès Sorel d'être à l'origine d'un renouveau artistique annonciateur des fastes de la Renaissance, elle ose une révolution des habitudes féminines avec ses chemises en toile fine, ses colliers de perles, ses cheveux maintenus sur le haut du front, ainsi qu'avec ses sourcils épilés. Pour certains, il s'agirait d'une coquetterie venue de Florence, un souci esthétique. En effet, ses yeux, très grands et globuleux d'après la forme de ses orbites, sont disproportionnés par rapport à son visage. En s'épilant, elle équilibre et harmonise ses traits.

L'ancêtre d'une chirurgie esthétique ?

Agnès Sorel scandalise la Cour
par ses tenues décolletées...

D'autres innovations sont encore plus audacieuses. Elle adore ce que l'on n'appelle pas encore la mode. La jeune femme veille à mettre son joli corps en valeur – elle n'est pas la seule ! –, appréciant les décolletés provocants qui attirent les regards sur ses beaux seins. De même, elle arbore de très longues traînes qui allongent encore sa silhouette. Cette débauche d'atours sera vivement critiquée par les chroniqueurs bien-pensants, tel l'évêque Jouvenel des Ursins, dont on peut adapter le commentaire scandalisé en termes actuels : « Quand les femmes qui ont ces horribles vêtements et des traînes si pesantes qu'il faut les porter, c'est une abomination et un déplaisir pour le peuple. Il semble que ces femmes soient de vieilles mules ou de méchants chevaux que l'on est obligé de couvrir de parures pour mieux les vendre. Et puis, elles montrent leurs seins ou tétins : il est grand besoin de donner appétit aux compagnons… Jour et nuit, elles ne sont que vanité pour dévoyer les gens et donner exemple aux prudes femmes de perdition d'honneur. » Le plus incroyable des défis de la garde-robe d'Agnès est sans doute son curieux décolleté qui, cachant pudiquement un sein, découvre l'autre. Une fantaisie que ne pourraient se permettre certaines dames de la Cour aux appas plus modestes que ceux de la favorite. Peu à peu, celle-ci est accusée d'avoir des mœurs scandaleuses, de favoriser la licence, d'encourager les femmes à se vêtir comme des prostituées. On murmure contre Agnès, donc bientôt contre le roi, et on plaint la reine d'avoir à supporter cette atmosphère de lupanar. Jouvenel des Ursins, qui est également chancelier, est de plus en plus indigné. Il demande que dans l'hôtel du roi comme dans celui de la reine et de ses enfants, on ne voie personne coupable « de puterie et de ribaudie et de tous les autres péchés ». Et le Bourguignon Georges Chastellain accuse formellement Agnès d'inventer et de favoriser ces tenues ouvertes sur le devant et dont les traînes, de plus en plus étirées, sont appelées « queues fourrées ». Il reconnaît aussi le goût raffiné de celle qui « avait les plus beaux parements de lit, meilleure tapisserie, meilleurs linge et couvertures, meilleurs bagues et joyaux, meilleure cuisine et meilleur tout[1] ». Rien n'est trop beau pour la belle Agnès.

La favorite n'est pas critiquée à cause de sa présence permanente auprès du roi ; au-delà de son train de vie – une véritable maison d'important personnage du royaume –, ce sont ses toilettes, extravagantes et surtout indécentes, qui choquent l'entourage de Charles VII. Ne pouvant être reine de France, Agnès Sorel règne sur le cœur du roi, mais sa place de favorite ne l'empêche pas d'être une fervente chrétienne. Elle se montre, en effet, bien disposée envers l'Église et sa bienfaisance corrige son goût du faste. Pourquoi ? Il y a sans doute chez elle un sentiment de culpabilité lié à son statut de pécheresse, une réaction classique qui se perpétuera au long de l'Histoire. Ainsi, en 1444, à l'église du château de Loches (future collégiale Saint-Ours où elle sera inhumée), elle fait offrande d'une statuette d'argent doré représentant sainte Madeleine et contenant des reliques – une côte et des cheveux – de ladite sainte. Ce don est le premier qu'elle consentira ; elle en offrira à d'autres édifices religieux. Elle en a les moyens, car plus encore qu'avec les femmes qui l'avaient précé-

---

1. *Chronique des ducs de Bourgogne*, 1469.

dée dans sa vie, Charles VII se montre particulièrement prodigue envers sa favorite. L'inscription qui accompagne la statuette porte le nom de « Mademoiselle de Beauté ». En effet, l'un des premiers présents du roi fut le château de Beauté-sur-Marne situé à l'extrémité du bois de Vincennes, dominant une boucle de la Marne, à l'emplacement de l'actuelle ville de Nogent-sur-Marne. Il s'agit d'un château royal, construit par Charles V qui y mourut en 1380. Il était réputé être l'un des plus plaisants de l'Île-de-France. On associera désormais le nom d'Agnès Sorel à la « Beauté » par un évident jeu de mots qu'elle aurait elle-même forgé, méritant doublement son titre[1]. Elle reçoit d'autres terres et châteaux dont elle perçoit les revenus : la seigneurie d'Issoudun, la châtellenie de Roquecézière dans le Rouergue, et surtout le domaine de Bois-Trousseau, proche de Bourges, le château de Bois-Sir-Amé, voisin, restauré somptueusement. Le roi et Agnès y font de nombreux séjours. Il est alors fréquent que Charles VII délaisse les demeures royales pour résider dans des lieux plus secrets qui ne lui appartiennent pas toujours. Ils vont beaucoup aimer Razilly, à côté de Chinon, loué à un chambellan. Ce ne sont pas seulement des retraites amoureuses puisque le roi y exerce son pouvoir, reçoit ses ministres et les ambassadeurs en présence de sa favorite. C'est une Cour en miniature. Par ailleurs, Agnès est comblée de bijoux. Elle est la première femme à posséder des diamants taillés, ce dont bruit toute la Cour, étonnée. Certaines femmes y voient de l'arrogance, mais Jean Chartier, chroniqueur de Saint-Denis, parle de la « tenue jolie des robes, fourrures, colliers d'or et de pierreries »

---

1. Le château de Beauté fut détruit, sur ordre de Louis XIII, à partir de 1622. Ses derniers vestiges disparurent en 1626, comme le rappelle une plaque apposée dans la commune de Nogent-sur-Marne.

AGNES SOREL

Portrait d'Agnès Sorel par François Clouet (XVIᵉ siècle). Son sein dénudé et son emprise sur Charles VII la font détester de tout le royaume. Après sa mort, en 1450, on reconnaîtra qu'en moins de dix ans son rôle a été essentiel et positif dans l'évolution de la France passant du Moyen Âge vers la Renaissance.

d'Agnès. La plupart de ces splendeurs viennent de la demeure de Jacques Cœur, dont la favorite est une très bonne cliente. Celui-ci « possédait dans sa maison de Bourges une collection de soies d'Orient de toutes les couleurs, des fourrures rares, des draps d'or surprenants importés de ses comptoirs d'Égypte[1] ». Jacques Cœur fait partie des « hommes nouveaux » qui arrivent au pouvoir presque en même temps qu'Agnès Sorel est installée comme favorite. Un entourage renouvelé, compétent et efficace, pour assister Charles VII. Tous ces hommes sont proches d'Agnès et, pour la plupart, seront écartés après sa mort. Leur savoir-faire et leur zèle permettront au roi d'être surnommé « le bien servi ».

Agnès Sorel est cliente et protectrice de l'habile Jacques Cœur

La vie de Jacques Cœur et son génie de commerçant en font un personnage romanesque. Fils d'une famille aisée de pelletiers de Bourges, il commence mal en se compromettant dans une fâcheuse affaire de fausse monnaie, dont il réussit à sortir blanchi. Il se lance alors dans le négoce avec le Levant. Il établit ses bases à Montpellier, se rend en Syrie et en Égypte, recrute des agents à Gênes, Florence, Avignon, Lyon, Limoges, Paris et Bruges. Ses activités sont multiples : banque, change, mines, épices, tissus et métaux précieux. Il entre au service du roi en 1436 comme « maître des monnaies », puis est nommé argentier

---

1. Pierre Champion, *Agnès Sorel, la Dame de Beauté*, Éditions Honoré Champion, 1931.

de Charles VII en 1439, entre au Conseil du roi en 1442 et est anobli. En fait, il devient le ministre des Finances du monarque, l'aidant à accomplir l'assainissement monétaire à travers les importantes ordonnances de 1435 et 1451. Agnès Sorel n'est pas seulement sa cliente – et quelle cliente ! –, mais aussi son amie et sa protectrice. Il a besoin de son soutien, car il atteint un tel degré de puissance financière et politique que cela ne peut que lui valoir des inimitiés. Sa position ambiguë de ministre, mais aussi de fournisseur de la Cour et donc de créancier du roi – et de bien d'autres grands seigneurs –, suscite des rancœurs et des jalousies.

L'autre homme essentiel du clan Sorel est Pierre de Brézé. De petite naissance, il a de nombreuses qualités, aussi bien au combat que dans les arcanes de la politique. Il a toujours été fidèle au roi, particulièrement lors de la Praguerie en 1440, l'une des dernières révoltes féodales contre les ordonnances d'Orléans sur la réorganisation des « gens de guerre »[1]. Les conjurés avaient voulu démettre le roi et le remplacer par le dauphin, Louis, alors âgé de 17 ans. Le complot fut déjoué et Louis exilé dans la province qui lui était dévolue, le Dauphiné.

Les rapports entre Charles VII et son fils, le futur Louis XI, n'avaient jamais été franchement chaleureux ; ils étaient surtout fondés sur une profonde méfiance réciproque. L'arrivée d'Agnès Sorel dans la vie de son père a certainement troublé le dauphin. Dans un premier temps, il feint de se montrer aimable à son égard. Le jour de l'an 1446 est célébré dans le grand logis du

---

1. Le nom de Praguerie donné à cette révolte se réfère au soulèvement des protestants hussites, à Prague, au début du XVe siècle. Le dauphin, futur Louis XI, était impliqué dans la Praguerie fomentée contre son père.

Jacques Cœur (1395-1456). Créancier et banquier de Charles VII, il remplit diverses charges officielles, y compris diplomatiques, assainit les monnaies et fait entrer la France dans le commerce international. Très jalousé pour son immense fortune, soutenu par Agnès Sorel, il est accusé d'avoir empoisonné la favorite. Condamné pour malversations, il s'évade de prison.

château de Chinon[1]. Agnès Sorel entoure la reine de prévenances, et le dauphin Louis se révèle généreux : à Pierre de Brézé, il offre plusieurs barriques de vin du Rhin semblant sceller une bonne entente. Au mois de mai suivant, Louis offre à Agnès six tapisseries qui sont, en réalité, une partie d'un butin de guerre pris aux Armagnacs. A-t-il une intention perfide ? On peut le penser, puisque les tapisseries racontent l'histoire de « la chaste Suzanne » évoquant une jeune beauté surprise au bain par deux vieillards, qu'elle repousse et qui se vengeront en l'accusant d'adultère. L'allusion est assez claire ! Mais par ce présent, le dauphin se montre magnanime. En fait, ces cadeaux donnés à Brézé et à la favorite n'ont aucune signification apaisante. Louis veut se débarrasser de Brézé, le roi refuse. Comme toujours, le dauphin fomente un complot ; en 1446, il envisage de faire enlever son père et d'éliminer Brézé lors de leur séjour au château de Razilly et de prendre le pouvoir. Certains conspirateurs étant trop bavards, la manœuvre est éventée. De nouveau, Charles VII condamne son fils à un exil en Dauphiné. Louis refuse de s'exécuter, dénigre la soumission apparente de son père à Agnès Sorel, s'en prend finalement avec violence à la favorite, l'épée à la main, dit-on, et l'aurait peut-être giflée. Il déteste tout ce qu'elle incarne et se dit révolté par l'humiliation que subit la reine. Furieux, il s'en va regagner le Dauphiné, tête nue, en menaçant : « Par cette tête qui n'a pas de chaperon, je me vengerai de ceux qui m'ont jeté hors de ma maison. » D'après un espion du pape Pie II, le dauphin aurait ajouté : « Cette femme est la cause, à nous tous, de notre malheur. » Jugement excessif, dans la mesure où Agnès

---

1. C'est un édit du roi Charles IX, en 1564, qui fixera le début de l'année au 1er janvier.

louis. vnriesme. Roy. de. france.

de. genere. fundatorum. Cartusie. ligeti,

Fils et successeur de Charles VII, Louis XI (1423-1483) n'a cessé de conspirer contre son père. Ne supportant pas sa favorite, il aurait même giflé Agnès Sorel et sera soupçonné, lui aussi, de l'avoir empoisonnée parce qu'elle avait pris la place de sa mère, Marie d'Anjou. Il comprend l'importance de l'économie.

Sorel avait guéri le roi de sa dépression et, sans doute, réveillé son esprit combatif. Bien malgré elle, Agnès Sorel est devenue la cause principale de la rupture entre le roi et son fils, qui ne se reverront jamais. Dans ses *Chroniques de Charles VII*, Enguerrand de Monstrelet estime que « [la] haine de Charles VII contre Louis venait de ce que le prince avait plusieurs fois blâmé et murmuré contre son père pour la belle Agnès, qui était dans la grâce du roi beaucoup plus que n'était la reine ».

Nouvelles révélations : Agnès Sorel souffrait de paludisme et se rasait... le pubis !

En mars 1449, l'inattendue prise de Fougères par les Anglais est considérée comme un *casus belli* par Charles VII, qui rompt la trêve. Les hostilités reprennent le 31 juillet. Le roi s'est bien préparé et laisse Agnès, enceinte de ses œuvres pour la quatrième fois, au château de Loches. La campagne est victorieuse et foudroyante. Charles VII reconquiert la Normandie, entre en vainqueur dans Rouen le 10 novembre, puis s'installe à l'abbaye de Jumièges début janvier. Et c'est là, peu après, que des moines lui révèlent que sa favorite vient d'arriver dans un chariot et en bien triste état, après un périple exténuant. La « Dame de Beauté » est méconnaissable, les traits déformés, le ventre énorme. Pourquoi, au péril de sa vie et de sa grossesse, a-t-elle voulu rejoindre le roi en entreprenant ce pénible voyage ? Deux explications peuvent être avancées. La première est celle d'un complot – encore un ! – dont Agnès aurait eu connaissance. Des proches du roi auraient projeté de le trahir et de le livrer aux Anglais. Agnès, selon cette hypothèse, donne des détails accablants, mais rien n'atteste une conspiration. L'autre explication serait l'hostilité dont la favorite, se sentant seule et sans défense, aurait été la cible au château de Loches. Amoureuse du roi, elle aurait voulu être à son côté dans les succès français, ceux de l'homme qui l'aimait.

Le lendemain, prise des premières douleurs, Agnès Sorel est transportée, sur ordre de Charles VII, au manoir de Mesnil-sous-Jumièges, appelé plus tard Mesnil-la-Belle, en souvenir de son passage. Dans cette dépendance de l'abbaye, elle accouche avant terme d'une fille (qui mourra six mois plus tard). Peu après, la favorite, souffrant atrocement, est emportée par un « flux de ventre » le 9 février 1450, à 6 heures du soir. Avant d'entrer en agonie, elle murmure :

— C'est peu de chose et orde [sale] et puante que notre fragilité…

Elle a le temps de se confesser, de prier sainte Marie-Madeleine, « grande pécheresse au péché de la chair », et de faire son testament, laissant 60 000 écus d'aumône aux pauvres et pour payer ses serviteurs. Parmi ses trois exécuteurs testamentaires, elle avait désigné Jacques Cœur.

La soudaineté de son trépas – elle n'avait pas 28 ans – nourrit immédiatement l'hypothèse d'un empoisonnement auquel le futur Louis XI ne serait peut-être pas étranger. Le chroniqueur Monstrelet s'en fait l'écho en écrivant que, dans sa haine d'Agnès Sorel, « le dauphin avait grand dépit et, par dépit, il lui fit la mort avancer ».

Ce mystère a été, en partie, éclairci au début de l'année 2006. Une vingtaine de chercheurs, provenant de dix-huit laboratoires différents, ont mis à profit le déplacement du gisant d'Agnès

Sorel depuis le logis royal de Loches, où reposait une partie de ses restes, jusqu'à la cathédrale Saint-Ours[1]. L'équipe scientifique a disposé de six mois pour son enquête. Ses résultats, remarquables, nous apportent la preuve que la belle Agnès est bien décédée d'un empoisonnement[2]. En résumé, la favorite de Charles VII a été victime d'une intoxication au mercure, joliment appelé « poudre de succession » ou, d'une façon plus énigmatique, « vif-argent ». Le mercure lui aurait été conseillé en raison d'une maladie nommée ascaridiose, une affection due à la présence de vers blanchâtres dans le tube digestif. Ces parasites sont très répandus au XVe siècle et atteignent toutes les couches de la population. Agnès aurait contracté le mal lors de ses rapports sexuels avec le roi. Ce mal provoque des douleurs abdominales, des saignements digestifs et des diarrhées, d'où la terminologie de « flux de ventre » expliquant son décès à l'époque. Selon cette analyse, l'intoxication a précédé sa mort de quarante-huit à soixante-douze heures. Mais si l'empoisonnement ne fait plus de doute, est-il accidentel en raison d'un traitement, ou volontaire, autrement dit criminel ? Philippe Charlier précise : « Dans les mois qui suivirent sa mort, un nombre impressionnant de suspects, à la hauteur du romantisme de la victime, comparurent devant les juges. Parmi

1. Sa sépulture fut violée à la Révolution, les profanateurs croyant qu'il s'agissait de celle d'une sainte !
2. Article du docteur Philippe Charlier, du service de médecine légale de l'hôpital Raymond-Poincaré à Garches et paléopathologiste à l'École pratique des hautes études à la Sorbonne, dans la revue *Pour la science* de janvier-mars 2006. En février 2013, le docteur Charlier et Stéphane Gabet ont publié leurs spectaculaires travaux sous le titre *Henri IV : l'énigme du roi sans tête*, Librairie Vuibert. Les résultats sont contestés par l'historien Philippe Delorme, *La Mauvaise Tête de Henri IV*, Frédéric Aimard et Yves Briend éditeurs. Le « bon roi Henri » passionne toujours les Français.

eux, Jacques Cœur fut disculpé à l'issue de la procédure[1]. »
D'ailleurs, à l'ouverture du procès, l'habile et richissime argentier, jalousé comme l'avait été la favorite, avait déclaré : « Sous
la torture, j'avouerai ce qu'on voudra, sauf les poisons d'Agnès
Sorel. » Philippe Charlier ajoute : « Aujourd'hui, l'équipe scientifique soupçonne Robert Poitevin, médecin du roi : il soignait
Agnès et était l'un de ses trois exécuteurs testamentaires. De par
sa profession, il allait régulièrement aux "Simples", les jardins
d'apothicaire où se trouvaient toutes plantes médicinales. Il déte-
nait le pouvoir de transformer une drogue en poison. » Ainsi,
Agnès Sorel a pu être victime d'un surdosage, mais on ne peut
établir s'il y avait là une intention homicide. La question reste,
à ce jour, sans réponse. En complément, depuis ses premières
analyses, le docteur Charlier, examinant de nouveau les coupes
histologiques, a pu établir que la favorite était atteinte de palu-
disme (comme Charlotte de Savoie, seconde épouse de Louis XI)
et qu'elle se rasait le pubis.

Avec Agnès Sorel, Charles VII découvrit l'amour ; l'influence de sa favorite fut bénéfique

Charles VII, toujours d'un « naturel passionné et galant »
à 48 ans passés, se console avec une autre jolie jeune femme,
Antoinette de Maignelay, une cousine de la « Dame de Beauté ».

---

1. Bien que mis hors de cause dans la mort d'Agnès Sorel, Jacques Cœur fut
condamné pour malversations le 29 mai 1453 et ses biens, confisqués, répartis entre
tous ses ennemis. Évadé un an plus tard, ayant commandé la croisade vers Rhodes
sous la protection de la papauté, il meurt dans l'île de Chio le 25 novembre 1456.
Sa mémoire sera réhabilitée par Louis XI.

Pour entretenir son souvenir ? Mais, simple maîtresse, cette nouvelle conquête n'aura jamais l'importance qu'eut Agnès Sorel pendant sept ans. Et le roi mourra le 22 juillet 1461, refusant de s'alimenter car il avait peur, lui aussi, d'être empoisonné ! Avec Agnès Sorel, le roi avait découvert un monde qu'il ignorait, celui de l'amour. Cet exemple allait être suivi, pour le meilleur et pour le pire. Agnès Sorel a su parachever et soutenir l'influence heureuse de deux hommes exceptionnels, Pierre de Brézé et Jacques Cœur, ce dernier ayant travaillé à l'entrée du royaume de France dans le grand commerce international à l'issue de la guerre de Cent Ans à laquelle le roi mit fin par la victoire de Castillon le 17 juillet 1453. Un trio qui marque le redressement du pays et l'apogée du règne de Charles VII. Le Bourguignon Olivier de La Marche, que l'on peut supposer peu favorable à la favorite, en était certain : « Agnès fit, en sa qualité, beaucoup de bien au royaume. » Dans l'église Saint-Ours de Loches, son gisant la représente les mains jointes, veillée par deux anges. À ses pieds, deux agneaux, symboles de douceur…

Diane de Poitiers

L'amazone d'Henri II

Diane de Poitiers (1499-1566) en « déesse Lune ». Veuve à 32 ans,
elle deviendra la maîtresse du futur Henri II qui a dix-neuf ans de moins qu'elle.
Promue favorite royale, elle a l'intelligence d'être, en fait,
plus une alliée de la reine Catherine de Médicis que sa rivale. L'extraordinaire
longévité de sa beauté est, aujourd'hui, expliquée par un traitement à l'or.

Peinte en « Diane chasseresse » par l'école de Fontainebleau vers 1550, Diane de Poitiers est le grand amour d'Henri II. Sous l'influence de sa favorite, qui soutient le clan catholique des Guise, le roi montre une sévérité accrue à l'égard des protestants.

Bien que disparues depuis longtemps, certaines favorites royales, déjà fascinantes pour leurs contemporains, n'en finissent pas de nous donner de leurs nouvelles. Elles quittent le tombeau de l'histoire pour revenir, un moment, dans l'actualité. Grâce à la science, le mystère de leur mort est éclairci, ce qui nous aide à mieux connaître leur vie. Après Agnès Sorel (voir chapitre premier), le secret le plus symbolique de Diane de Poitiers, celui de son éternelle beauté à un âge avancé pour son époque, nous a été expliqué en 2009, puis mis en scène en 2010[1]. Cette grande femme aux longues jambes incarne la perfection d'une Diane chasseresse de la Renaissance. On sait maintenant que son décès, le 22 septembre 1566 à l'âge de 67 ans, est dû à une intoxication à l'or qu'elle ingérait en potion buvable, une pratique très connue depuis l'Antiquité. Un « bouillon » qu'elle prenait chaque matin. Diane de Poitiers est morte d'avoir voulu rester jeune. Si elle n'est pas la seule à avoir défié le temps qui semblait n'avoir aucune prise sur elle, on comprend pourquoi l'un des témoins de ses dernières années, le chroniqueur Brantôme, réputé pour ses allusions gaillardes bien qu'historiquement approximatives, jurait qu'il l'avait « vue aussi belle de face, aussi fraîche et aussi aimable comme en l'âge de 30 ans. Et surtout, elle avait une très grande blancheur et sans se farder aucunement ». Quatre siècles et demi

---

1. Révélations d'une équipe de généticiens, de toxicologues et du médecin paléopathologiste Philippe Charlier, chef du service de médecine légale de l'hôpital Raymond-Poincaré de Garches. Cf. *Le Figaro Magazine*, 25 avril 2009, et la superbe cérémonie du 30 mai 2010, lors du retour des restes de Diane de Poitiers au château d'Anet (Eure-et-Loir), royalement présentée par l'historien Franck Ferrand.

plus tard, les révélations de Philippe Charlier sont plus réalistes : « Ses cheveux étaient fins et cassants, ses os fragiles et elle était quasiment édentée. »

Pour ses contemporains, si sa beauté glacée, immuable, demeure légendaire, attestée par de grands peintres, ce ne fut pas la seule arme de Diane. Elle a fait preuve de détermination et d'intelligence dans sa vie intime, mais de violence en politique contre les protestants. Son rôle à la cour des Valois a marqué l'histoire de France. Au-delà de l'icône esthétique, trop réductrice, le roman vrai de Diane est celui d'une enfant née le 3 septembre 1499, sous le règne de Louis XII, et qui portera toujours le nom de son père, Jean de Poitiers, seigneur de Saint-Vallier. Outre son élégance et son charme, on vante ses « bons conseils » au côté de son époux Louis de Brézé, grand sénéchal de Normandie[1]. Il a quarante ans de plus qu'elle et meurt, âgé de 72 ans, à l'été 1531. Veuve éplorée à 32 ans, Diane fait graver en lettres d'or sur le tombeau de son mari un serment ; elle certifie qu'elle est :

[…] désolée de la mort de son époux.
Elle te fut inséparable et très fidèle épouse.
Autant elle le fut dans le lit conjugal,
Autant elle le sera dans le tombeau.

---

1. Le sénéchal est un officier royal qui exerce dans certaines provinces, au nom du roi, des fonctions de justice et de finances.

Diane met en scène son veuvage. Très experte dans l'art de flatter ses apparitions, elle est d'abord enveloppée de voiles noirs, puis gris et blancs, en belles étoffes de soie, parsemées de discrètes pierreries. Les mois passant, son corsage, brodé de grosses perles, est maintenant largement décolleté, découvrant la naissance d'une belle gorge. Ses manches, serrées à la hauteur du coude, montrent la délicatesse de ses mains et de ses avant-bras. Quant à sa chevelure blonde, elle est d'un désordre savant et calculé. Jouant habilement sur les contrastes du noir et blanc, Diane établira divers canons de la séduction vestimentaire féminine. La grande sénéchale ne passe pas inaperçue, mais sa nouvelle vie est irréprochable. « S'identifiant peut-être déjà à la farouche déesse dont elle portait le nom, elle exhibait une beauté altière, propre à glacer les admirateurs trop entreprenants[1]. » Un demi-deuil pour une entière fidélité au souvenir.

Diane de Poitiers est émue par le désarroi du fils cadet de François Ier

Mère de deux filles, elle avait été au service de Louise de Savoie, la mère de François Ier, à qui son fils, vaincu à Pavie en 1525, avait confié la régence. On sait que ce désastre, qui effaçait le triomphe de Marignan, exigeait, selon le traité de Madrid imposé par le vainqueur Charles Quint, que François Ier livrât à l'Espagne ses deux fils aînés, âgés seulement de 8 et 7 ans. C'est à cette condition que le roi de France, prisonnier, serait libéré.

---

1. Simone Bertière, *Les Reines de France au temps des Valois*, Éditions de Fallois, 1994. Rappelons que le blanc est la couleur du deuil à la cour des Valois.

HENRI II. ROI DE FRANCE.

Henri II, qui règne de 1547 à 1559, renforce la centralisation du pouvoir par l'administration. Il innove en créant les secrétaires d'État. La « belle et grande sénéchale » Diane de Poitiers combat la mélancolie du roi qu'elle a connu enfant. Subjugué par cette femme splendide, il lui écrit : « Je ne puis vivre sans vous. » Au bas de certaines lettres, Henri et Diane signent ensemble.

La reine mère Louise accompagna les jeunes princes, le dauphin François et son frère Henri, jusqu'à Bayonne. La grande sénéchale faisait partie de la suite. Elle avait remarqué combien Henri était timide – nous dirions introverti – et manquait d'affection, sans doute complexé car on accordait une attention ostensible à son aîné, le dauphin, donc l'otage le plus précieux. Émue, maternelle, Diane avait déposé un baiser sur le front d'Henri au moment de l'adieu devant les Pyrénées. Un geste de tendresse qu'il n'oublierait jamais, celui d'une femme qui avait posé son regard sur sa détresse. Une dame. Une dame de la Cour, qui avait vingt ans de plus que lui. Il avait 11 ans lorsqu'il la revit à son retour de France, enfin libéré de la honte qui les avait obligés, son frère et lui, à prendre la place de leur père pendant quatre ans. La grande sénéchale était maintenant au service de la nouvelle reine de France, née Éléonore de Habsbourg, sœur de Charles Quint. Les deux éternels rivaux étaient donc devenus beaux-frères, mais cela n'apaisait pas leur inimitié, au contraire, et ils continueraient de se faire la guerre[1].

À la Cour, Henri et Diane se croisaient souvent. Lors d'un tournoi, le prince Henri, à peine pubère, s'était incliné devant la sénéchale, se présentant comme son champion. Surprise, mais pas étonnée, elle avait de nouveau discerné dans ce geste, très commenté, l'immense besoin d'affection du cadet mal aimé, en plein désarroi. Que cherchait-il ? Une mère de remplacement ou une présence qu'il n'était pas encore capable de définir ? Puis

---

1. Boiteuse et laide, mais très populaire, la première épouse de François Ier, Claude de France, était la fille de Louis XII et d'Anne de Bretagne. Décédée à Blois en 1524, elle a laissé son nom au fruit qu'elle préférait, une prune fondante et parfumée, la reine-claude.

Diane était devenue veuve, tenant son rang à la Cour. Et Henri, selon l'ambassadeur vénitien Dandolo, s'était naturellement transformé physiquement, « si bien bâti qu'on le croirait tout fait de muscles ». Un homme, presque. Mais sa mine n'avait pas changé, elle était toujours austère, perpétuellement sombre. Son père, François Ier, s'en inquiétait, demandant à son entourage qui tentait de le rassurer :

— Mais l'avez-vous jamais vu rire ?

De fait, Henri ne rit guère. Son enfance, particulièrement difficile, l'a fait mûrir prématurément, mais sans appétit de vivre ; il est resté traumatisé par ses quatre ans de captivité en Espagne. À cause de son adolescence noircie d'épreuves pénibles, il est surnommé à la Cour « le beau ténébreux ». Il a quelques excuses à trouver sa destinée amère. Le dévergondage de son père le choque et le perturbe. La liaison du roi avec la duchesse d'Étampes, qu'il a mariée au gouverneur de Bretagne, dérange Henri qui sur ce point est en accord avec Diane de Poitiers. Elle et lui jugent cette maîtresse insupportable. La première rivale de la sénéchale est donc la duchesse d'Étampes, maîtresse du roi, ce qui est assez piquant lorsqu'on sait qu'elle-même occupera cette position plus tard ! La Cour gardera le souvenir de quelques scènes scandaleuses entre les deux femmes et Diane en tirera la leçon que ces accrochages sont plus inutiles qu'efficaces.

Dans l'immédiat, Henri et Diane sont attirés par une complicité secrète que trahissent quelques poèmes enflammés de l'un à l'autre où Cupidon est travesti de mots. Seules ses rencontres avec la grande sénéchale éclairent soudain le visage du jeune homme. Elle lui paraît éblouissante, portant le deuil avec une rare élégance, hautaine mais apaisée. Et courtoise avec lui,

Henri II (1519-1559) et son épouse Catherine de Médicis (1519-1589). Pendant le règne de son mari Henri II, la reine, éclipsée par la favorite Diane de Poitiers, n'a qu'un rôle effacé. Elle patiente. Ce n'est qu'après dix ans de mariage qu'elle est enceinte. Elle aura douze enfants dont trois fils qui régneront.

attentionnée, prévenante. Bien que Diane fasse très attention à son honneur, le roi ne peut que remarquer le traitement qu'elle réserve à ce fils en lequel il ne se reconnaît guère. Lui, ce géant raffiné, souhaite qu'Henri se civilise et s'habitue à la vie d'une Cour qui se veut brillante. Et surtout que ce prince taciturne, titré duc d'Orléans, soit enfin aimable. S'il le mariait, celui-ci ne pourrait que s'épanouir. François Ier est d'ailleurs absorbé par ce projet de mariage, car il s'agit, évidemment, d'un calcul politique. Le roi de France a choisi une Médicis, prénommée Catherine, nièce du pape Clément VII qui fut aussi son tuteur. François Ier poursuit son coûteux rêve italien et, en s'alliant avec une proche parente du pape, il ne peut qu'exaspérer, voire affaiblir, son adversaire permanent, Charles Quint. Certes, Catherine de Médicis porte un nom illustre, mais sa famille ne compte que des marchands et des banquiers. Une puissance financière, mais une origine modeste. Elle souffrira toujours de ne pas être née assez haut, mais après tout, ce n'est pas le dauphin qu'elle épouse, donc sa condition est acceptable.

La somptueuse union, bénie par le pape, se déroule à Marseille le 11 octobre 1533. Catherine et Henri ont le même âge : 14 ans. Il importe, ici, de souligner que la jeune duchesse d'Orléans au visage lunaire, au physique ingrat, mais brillante d'intelligence, et la spectaculaire veuve du sénéchal qui émeut Henri sont apparentées. Par sa grand-mère, Diane est une cousine issue de germains de la Florentine, et par sa mère, Catherine est à moitié française. Ce cousinage place Diane dans une situation favorable pour être au fait des secrets du couple, d'autant que dix-neuf ans la séparent des jeunes gens. Elle encourage donc ce mariage.

Pour être enceinte, Catherine suit les conseils de Diane, sa rivale !

François Ier s'entend très bien avec sa belle-fille, qui est une remarquable cavalière. Elle est d'ailleurs la première à la Cour à monter en amazone, ce qui lui autorise le galop. Le roi se réjouit que Catherine soit de toutes les fêtes, constamment de bonne humeur ; elle a immédiatement trouvé sa place. En revanche, la Médicis, très amoureuse d'Henri, est déçue par le peu d'empressement que son mari lui témoigne. Catherine ne tarde pas à constater que Diane, omniprésente, à la fois chaperon et belle-mère de substitution, est la véritable « dame de cœur » de son époux. De conseillère – son âge justifie ce rôle qu'elle s'est immédiatement attribué –, Diane devient une rivale. Le regard d'Henri s'embrase dès qu'il l'aperçoit et à tous il vante son incomparable beauté. D'instinct, Diane maintient cette attirance au stade platonique, sachant combien serait fâcheuse une liaison avec un homme si jeune, timide et gauche. Sa réputation de veuve inconsolable serait en pièces. Elle se garde bien de précipiter une idylle.

Les événements vont bouleverser sa prudence. Le 10 août 1536, le dauphin François meurt brusquement après une partie de jeu de paume ; il avait absorbé une grande quantité d'« eau de glace » et succombe à une congestion pulmonaire. Son frère Henri est donc le nouveau dauphin. Le statut de Catherine change considérablement et la nécessité qu'elle donne un héritier au royaume devient plus pressante. Or, bien qu'Henri (encouragé par Diane !) accomplisse son devoir conjugal avec régularité, aucune grossesse n'est annoncée chez la nouvelle dauphine. À qui la faute ? Lors d'une campagne en Italie un an plus tard, en 1537, Henri a une brève aventure avec une certaine Filippa Duci qui lui donne une fille, ce qui tendrait à prouver la stérilité de Catherine, au risque d'annuler son mariage. Fine mouche, Diane, en apparence « pour la paix des ménages », fait élever cette enfant illégitime, lui donne son prénom et se propose comme marraine. Sa mansuétude est décidément précieuse ! Elle « aide » le couple. La situation de Catherine devient de plus en plus fragile. Pour la remplacer, on parle de la très jeune et très belle Louise de Guise, d'une famille réputée féconde. Se sentant menacée, Catherine, sans progéniture depuis près de cinq années, révèle pour la première fois son sens politique : elle se jette aux pieds de François Ier, proposant au roi de se sacrifier pour l'avenir de la dynastie. Un pari des plus risqués ! François Ier relève sa belle-fille, l'embrasse et l'assure qu'il ne saurait en être question. On peut penser que Diane a plaidé la cause de la dauphine. Elle pourrait être sa rivale, elle est son alliée. Pourquoi ? Parce qu'elle-même aurait été en danger si une nouvelle jeune dauphine avait pris rang à la Cour. En raison de son âge, la veuve du sénéchal risquait d'être évincée, elle aussi. Elle était bien placée pour savoir qu'Henri était capable d'aventures, ce qu'elle avait refusé. Son ambition politique lui recommandait l'apparence de la vertu.

Le temps passe. Catherine n'est toujours pas enceinte et on sait que son époux n'est pas stérile[1]. Qu'est-ce qu'une reine sans

---

1. Simone Bertière (in *op. cit.*) souligne ce qu'on savait déjà à l'époque et qui était un sujet de plaisanterie vulgaire. Henri était affligé d'une légère anomalie sexuelle connue sous le nom d'hypospadias, une malformation de l'urètre qui, si elle n'empêchait pas le plaisir physique, compromettait les chances de procréation. Cette malformation ne sera réellement traitée qu'au XIXe siècle.

enfants ? Une infinie tristesse, une déception populaire. La Cour attend. Comme Catherine et comme Diane, qui lui prodigue tous les conseils possibles ! La dauphine boit des philtres, consulte des alchimistes et réduit ses randonnées équestres. Et le résultat tant espéré arrive : le 19 janvier 1544, à Fontainebleau, après dix ans de mariage, Catherine met au monde un garçon, prénommé François. Elle n'arrêtera plus d'enfanter ! Après neuf ans d'angoisse, le rythme de ses accouchements est impressionnant : en douze ans, elle aura dix enfants[1]. Catherine devient un personnage essentiel de la Cour ; elle est considérée, sollicitée, pas encore crainte. Son art d'obtenir des informations, allié à une santé de fer, révèle en « Madame Catherine » une exceptionnelle entremetteuse politique.

Catherine devient reine de France, mais Diane règne sur son mari le roi

Et chacune de ces naissances servira d'alibi à Diane de Poitiers, car si à la mort de François Ier en 1547, Catherine devient, par son mariage, reine de France, Diane, elle, règne sur Henri II. En effet, « c'est sans doute dans les beaux jours du printemps 1538

---

1. Trois mourront en bas âge. Survivront, avec des santés variables, François (1544), l'aîné, futur François II ; Élisabeth, née en 1545, future troisième épouse de Charles Quint ; Claude, née en 1547, future duchesse de Lorraine ; Charles, né en 1550, futur Charles IX ; Henri, né en 1551, futur Henri III ; Marguerite, née en 1553, future célèbre reine Margot, épouse d'Henri de Navarre ; et Hercule-François, né en 1554, le turbulent duc d'Anjou, improbable et éphémère « fiancé » d'Elizabeth Ire d'Angleterre. Consulté, l'astrologue Nostradamus assure à Catherine que « tous ses fils porteront couronne ». En effet, ses trois fils vivants régneront.

que Diane se laisse vaincre par l'amour du dauphin. Longtemps, elle a joué le rôle d'une amie maternelle, mais trop de confidences échangées, et des plus intimes, ont créé entre elle et Henri une douce complicité. À ouvrir trop souvent son cœur, le jeune homme se trouve pris[1] ». L'écrin de leur union physique est le château d'Écouen, alors inachevé, au nord de Paris. Ils s'y rendent à l'invitation du connétable de Montmorency et y deviennent amants. On assure que les fenêtres étaient déjà garnies de vitraux tellement licencieux que « la lumière rougissait en les traversant ». Leur amour, qui avait été tellement étouffé, leur inspire à chacun un poème. Diane :

> *Voici vraiment qu'Amour, un beau matin,*
> *S'en vint m'offrir fleurette très gentille […]*
> *Car, voyez-vous, fleurette si gentille*
> *Était garçon, frais dispos et jeunet.*
> *Ainsi, tremblotante et détournant les yeux,*
> *« Nenni », disais-je. « Ah ! ne serez déçue ! »*
> *Reprit Amour ; et soudain à ma vue*
> *Va présentant un laurier merveilleux.*
> *« Mieux vaut, lui dis-je, être sage que reine. »*
> *Ainsi me sentis et frémir et trembler,*
> *Diane faillit et comprenez sans peine*
> *Duquel matin je prétends reparler.*

---

1. Ivan Cloulas, *Henri II*, Fayard, 1985.

Au Louvre, dans la cour Carrée de l'aile Lescot, ce bas-relief en pierre représente le monogramme couronné d'Henri II surmonté de deux lettres D enlacées. Le symbole est ambigu, suscitant des interrogations : on peut y voir deux croissants de lune mais aussi le H (Henri), le C (Catherine) et le D (Diane)…

Ainsi, après des années de prudence, la belle Diane a cédé. Sans doute eut-elle longtemps conscience qu'Henri était trop jeune. Mais être sa maîtresse quand il n'était que le duc d'Orléans était beaucoup moins flatteur que de devenir celle du roi, un souverain qui ne devait sa montée sur le trône qu'au décès inattendu de son frère, deux ans plus tôt. Les vingt années de différence entre les deux amants sont désormais moins gênantes. Diane avait su attendre, le sort l'en avait récompensée. En revanche, si l'on en juge par les vers qu'Henri envoie en réponse à sa conquête, il s'en veut d'avoir autant retardé son plaisir.

Henri :

Hélas ! mon Dieu, combien je regrette
Le temps que j'ai perdu en ma jeunesse !
Combien de fois je me suis souhaité
Avoir Diane pour ma seule maîtresse !
Mais je craignais qu'elle, qui est déesse,
Ne se voulût abaisser jusque-là
De faire cas de moi qui, sans cela,
N'avais plaisir, joie ni contentement
Jusqu'à l'heure que se délibéra
Que j'obéisse à son commandement.

Un double aveu : le roi n'est pas heureux physiquement avec son épouse Catherine, la femme du devoir, celui d'assurer l'avenir dynastique après neuf années d'angoisse. Et Henri est maintenant l'esclave de sa maîtresse, experte en sensualité, ce qui est sans doute nouveau pour lui. Ajoutons que le plus extraordinaire dans cette relation est que vingt années s'étaient écoulées depuis les premiers émois maladroits du prince Henri à l'égard de la grande sénéchale. Il était enfin un homme solide, plaisant aux femmes, entreprenant, libéré du regard de son impressionnant père dont il avait chassé tous les courtisans. Et Diane s'était fait attribuer les anciens domaines de la duchesse d'Étampes, maîtresse évincée du défunt monarque. Elle l'avait combattue à coups de discrètes calomnies, surtout quand elle avait appris que la duchesse était favorable aux protestants. Qu'une timide adulation de jeunesse se mue en passion d'adulte pour une femme de plus de 40 ans est rare. Finalement, très tôt, l'austère adolescent avait été fidèle à l'image de cette créature éblouissante et Diane faisait ainsi mentir l'adage attribué à François Ier, gravé sur une vitre : « Souvent femme varie, bien fol qui s'y fie. » Elle n'avait pas cessé d'être proche de lui. Elle avait simplement attendu que les événements servent sa stratégie et avait su faire patienter l'amoureux. À un détail près : le roi n'était pas libre, et Catherine, la reine, aimait profondément son mari. Diane ne pouvait répéter l'hostilité qu'elle avait montrée envers la duchesse d'Étampes, puisque maintenant sa rivale était la reine et non la favorite.

Diane de Poitiers entretient son corps d'une manière très moderne

Il faut aussi rappeler que Diane est un cas unique de préservation quasi maniaque de la beauté féminine. Son hygiène de vie est très en avance sur son époque. Elle modère son appétit, car elle a tendance « à prendre des formes » comme la plupart de ses

Diane chasseresse et le cerf. Cette sculpture de Jean Goujon (1510-1566) avait pris pour modèle Diane de Poitiers. Elle était initialement prévue pour la fontaine du château d'Anet (Eure-et-Loir), résidence dessinée par l'architecte Philibert de l'Orme et où se trouve la chapelle funéraire de la favorite.

contemporaines, dort beaucoup, ne se lave qu'à l'eau froide ; l'on parlera longtemps du « bain de Diane » à Chenonceau. Confiante dans la nature, elle se méfie des fards et autres onguents qui pourraient altérer sa peau blanche. Et par discipline, cette excellente cavalière, toujours levée tôt, monte à cheval tous les matins. Son seul ennemi est l'âge et elle l'affronte avec autant d'intelligence que de soins. Au château d'Anet, mis à sa disposition et rebâti sur ordre d'Henri II, elle sera la souveraine d'une demeure somptueuse édifiée par Philibert de l'Orme. La *Diane chasseresse* qui domine l'entrée, coiffée de son croissant de lune, est au côté d'un puissant cerf qui est une référence évidente au roi. Le haut-relief de bronze est dû au ciseau de Benvenuto Cellini. La Renaissance aime les symboles – on se souvient de la salamandre de François Ier – et le chiffre royal qui va orner les murs de toutes les résidences sera un chef-d'œuvre de perfidie amoureuse : deux D majuscules s'entrecroisent dans un H. Est-ce un hommage à Diane ? On peut y lire aussi les deux C de Catherine, ce qui est fort commode. Un duel d'initiales, un duel de femmes, toutes deux brillantes, l'une fort belle, l'autre non. La Médicis est parfaitement armée pour se défendre dans le trio qui s'est formé. Certes, elle exige – et obtient – les égards dus à son rang, mais ne manifeste aucune animosité contre Diane qui est, on ne peut le nier, devenue la favorite royale. Celle-ci a l'habileté de ne pas contrarier la reine et elle veille à ce que son amant reste le mari de Catherine. Elle aurait tout à perdre en excitant la mauvaise humeur du roi qui a horreur du scandale.

En revanche, si Diane ne se mêle pas tout de suite des affaires de l'État, elle veille sur ses intérêts, accumulant titres, rentes et domaines. À chaque changement de règne, les dignitaires, maintenus en charge de hautes fonctions, doivent payer un impôt appelé « droit de confirmation ». La favorite en obtient le versement à son profit, soit 300 000 écus d'or. Mieux – et plus cocasse, car c'est Rabelais qui nous le dit –, Diane se fait attribuer le produit d'une curieuse taxe sur les cloches ! Ce qui fait écrire à l'auteur de *Gargantua* cette plaisante remarque : « Ce roi a pendu toutes les cloches du royaume au col de sa jument. » Une satire qui court et fait rire de clocher en clocher ! S'il est plus difficile d'établir que, par réaction ultracatholique et surtout par cupidité, Diane met la main sur quelques biens protestants et juifs, elle reçoit des joyaux de la Couronne, qu'elle a la prudence de conserver. L'assemblage de ces

Cette *Dame au bain* est un portrait sup-
posé de Diane de Poitiers par François
Clouet (1515-1572) qui est aussi, probablement, l'auteur du *Bain de Diane*. Ce
tableau est le premier d'une série due à
l'atelier du fils de Jean Clouet. La favorite
n'a pas eu d'enfants avec le roi et ne fut
jamais gouvernante des héritiers royaux.

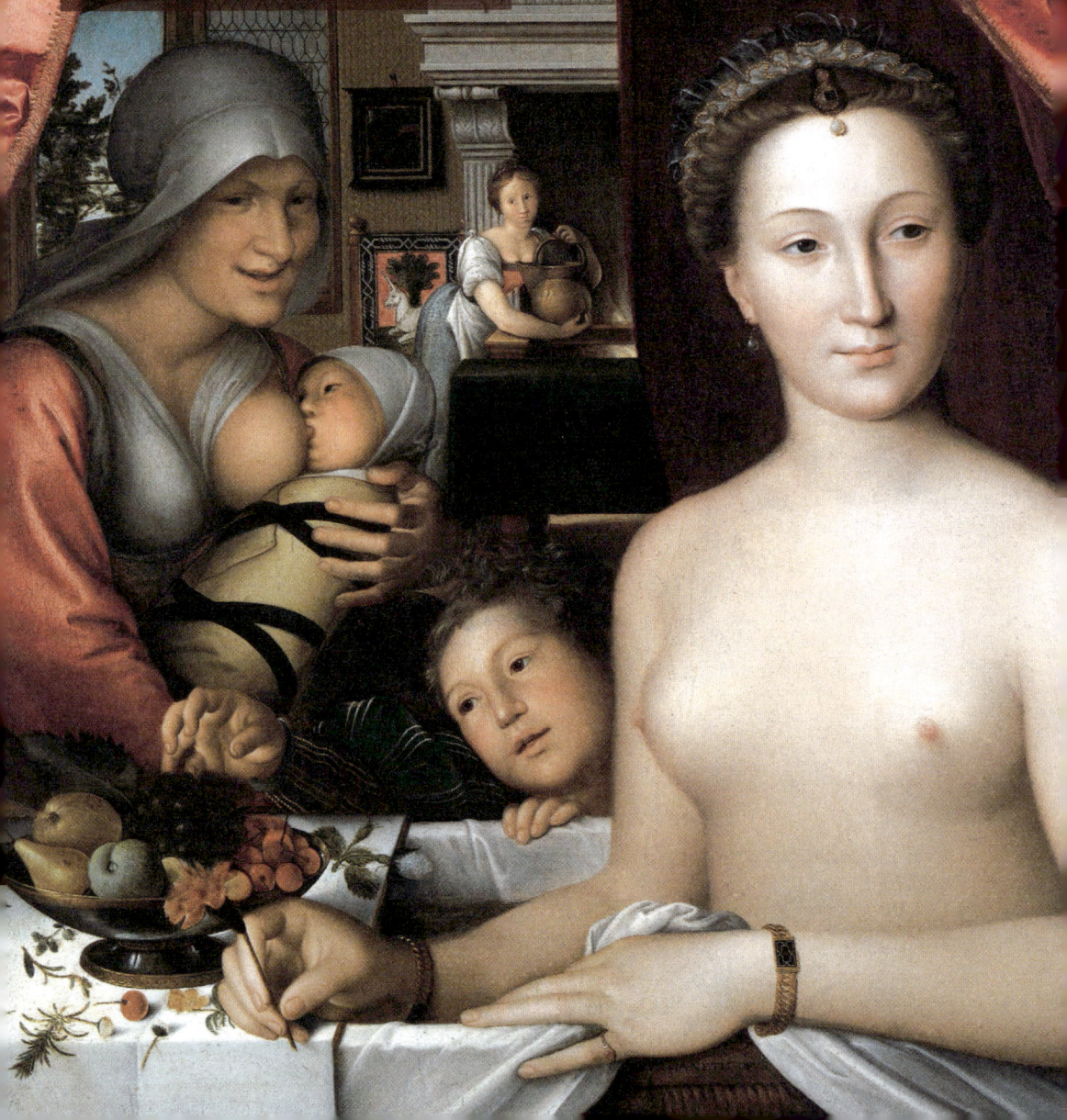

bijoux constituant un trésor royal est d'ailleurs une initiative due à François Iᵉʳ. Diane aime autant la richesse que les soins de beauté.

Si la favorite est triomphante, la reine se révèle patiente, disposant d'un atout essentiel puisqu'elle est la mère des princes. Le pouvoir maternel est alors le seul exercé par Catherine, à deux exceptions près lorsqu'elle sera régente : une première fois en 1552, quand Henri II part guerroyer contre Antoine de Bourbon ; une seconde en 1557 – et c'est beaucoup plus grave –, quand les interminables guerres qui avaient opposé François Iᵉʳ et Charles Quint se poursuivent entre leurs fils Henri II et Philippe II, dans le nord et l'est de la France. Ces dangers permettent à Catherine de Médicis de faire preuve d'un remarquable talent politique. C'est par son esprit de décision et son autorité qu'elle sauve Paris d'une probable invasion espagnole. Une lutte épuisante pour les deux adversaires. Catherine comprend très vite que les deux royaumes catholiques auraient intérêt à se réconcilier, car la Réforme s'étend et constitue un ennemi commun. Aux guerres d'Italie vont succéder les guerres de Religion.

Chenonceau, un somptueux château pour un ménage à trois

Diane a maintenant une autre passion qui sublime celle qu'elle inspire au roi. Il lui a offert, en 1547, le château de Chenonceau. Elle a l'idée de relier l'ancien manoir Bohier, élégante construction sur la rive droite du Cher, à la rive gauche par un pont. Toute l'originalité et la beauté de cet admirable vaisseau naîtront de cet exploit architectural. L'édifice, qui nous semble presque vénitien,

Vue aérienne du château de Chenonceau, sur le Cher. La favorite et l'épouse auront chacune leur jardin. Le plus grand est celui de Diane de Poitiers, aménagé à partir de 1552 à la place d'un champ d'orge. Il s'étend sur deux hectares et ses travaux ont duré cinq ans. Au fond, à gauche, plus petit, le jardin de la reine. Catherine de Médicis l'aménage en 1565, après l'éviction de sa rivale. Pour supplanter celui de Diane, il est joliment dit « de curiosités ».

sera aussi un terrain d'affrontement entre la favorite et la reine puisque, plus tard, Catherine fera surmonter le pont d'une galerie. De même, chacune fera aménager un jardin à son prénom. Depuis toujours, Chenonceau fut l'œuvre de femmes de goût et l'est resté. Il est, aussi, l'extraordinaire symbole d'un ménage à trois au XVIe siècle. Les deux femmes sont conscientes qu'une harmonie, évidemment artificielle, mais faite de retenue, est préférable aux éclats. Si Catherine feint de ne pas connaître les détails des ébats de son époux avec Diane (en réalité, elle les a sans doute espionnés d'en haut, par un plancher disjoint !), elle fait le même calcul que Diane, mais à son avantage : le temps joue contre la favorite et pour la reine. Celle-ci apprend à se maîtriser, à dominer sa jalousie, à masquer sa haine envers celle qui la prive de l'amour du seul homme qu'elle aime. On ne vient pas du pays de Machiavel sans connaître le pouvoir des apparences. Gageons qu'il faut à la reine Catherine une exceptionnelle maîtrise de soi pour supporter ce jeu pervers mis en scène par la favorite et dont celle-ci a établi seule les règles. Bien plus tard, en 1588, un an avant sa mort, Catherine déversera sa bile dans une lettre à sa fille Margot : « Jamais femme qui aimait son mari n'aima sa putain, car on ne la peut appeler autrement, encore que le mot soit vilain à dire à nous autres. » On ne pouvait, en effet, demander à la reine d'aimer la toute-puissante favorite, titrée duchesse de Valentinois le 8 octobre 1548. Elle la tolère plus ou moins bien et la surveille dans un domaine qui l'attire, mais qu'elle ne fait alors qu'effleurer : la politique. Et si Catherine est une femme cultivée aimant et défendant les arts et les artistes, elle saura transformer leurs talents en levier de sa politique.

Et c'est précisément un autre événement, tragique, aux immenses conséquences politiques, qui va enfin lui donner le rôle entier que ne pourra jamais lui voler la favorite. Si Diane était informée des décisions du Conseil, intervenait dans l'administration du royaume et osait même se considérer comme l'égale des ambassadeurs, la fatalité allait la priver de ces incursions, voire de son influence extra-amoureuse, qui avaient fini par indisposer la papauté. À Rome, on n'avait pas oublié – ni compris – que lors du sacre d'Henri II à

Reims, le 25 août 1547, Catherine, enceinte de trois mois, avait été reléguée dans une tribune alors que Diane avait occupé une place d'honneur. Mais comme Diane s'était révélé affectueuse avec les enfants royaux (en réalité, un moyen d'être informée), la reine avait pris sur elle d'accepter cette tutelle. C'était encore un partage : la reine faisait les enfants que la favorite s'occupait de faire élever.

Tout allait changer, d'une manière totalement inattendue. Henri II conclut, le 3 avril 1559, le très contestable traité de Cateau-Cambrésis, résultat de cinq mois de négociations avec l'Espagne et l'Angleterre. Si la reine peut être satisfaite que la France renonce, enfin, à ses ambitions italiennes qui ont tant accaparé Louis XII et François Ier, elle ne se contente pas d'une paix dont les seuls avantages sont Calais et les trois évêchés de Metz, Toul et Verdun ; ces derniers ne se révéleront des atouts que bien plus tard. Afin de donner du poids à ce traité consacrant un déplaisant recul français, deux mariages sont décidés. Deux compensations. On organise l'union de la fille aînée du roi et de la reine, Élisabeth de Valois, avec Philippe II d'Espagne, et celle de la sœur du roi, Marguerite, avec le duc de Savoie. Ce second mariage, célébré le 28 juin, est suivi d'un tournoi rue Saint-Antoine. On assure que le roi portait encore les couleurs de Diane. Et comme on le sait – ainsi que, dit-on, l'avait prédit Nostradamus –, Henri II périt du coup de lance de son capitaine des gardes, l'Écossais Montgomery. L'œil crevé, le cerveau bientôt gangrené, le souverain expire, officiellement, dans les bras de Catherine le 19 juillet 1559, après d'atroces souffrances. Il avait 40 ans. Henri II est sans doute décédé avant cette date, peut-être autour du 10 juillet, mais par instinct politique, Catherine préfère retarder l'annonce de son trépas. C'est sa première décision. Mais on oublie souvent la dernière manifestation de l'emprise de la favorite sur Henri II. En effet, le 2 juin précédent, Diane avait arraché au roi la signature de l'édit d'Écouen, texte très rigoureux contre les protestants qui n'avaient plus qu'à fuir ou à périr. Tout huguenot révolté pouvait être abattu sans jugement. Si Diane pouvait partager le roi avec Catherine, les deux femmes n'avaient pas en commun l'esprit de tolérance. Alors que la reine pressentait l'horreur des affrontements à venir, la favorite avait choisi la répression énergique. Réputée douce et habile en amour, elle avait le cœur sec. Désormais, Diane est contrainte de s'effacer devant le triomphe funèbre de l'épouse.

Henri II mort, Catherine prend sa revanche : la favorite se retire

Veuve accablée de chagrin, Catherine de Médicis réagit d'une manière très politique. D'abord, elle décide de porter le deuil noir, contrairement à l'usage du deuil blanc des Valois. Ce choix a une double conséquence : d'une part, il signifie qu'elle ne se remariera pas, tirant un trait sur sa vie de femme. Mais le noir lui permet aussi d'être remarquée. Et bientôt, on ne verra qu'elle. Elle se choisit comme emblème une lance brisée, hommage à son défunt mari, avec cette inscription *Hinc lacrimae, hinc dolor* (« Ici sont mes larmes, ici est ma douleur »). Puis, contrairement à la tradition, elle refuse de rester en l'hôtel des Tournelles, où le roi a expiré. Plus tard, elle le fera raser : à son emplacement se trouve l'actuelle place des Vosges. Cette réaction peut s'expliquer par le souvenir de l'effroyable agonie du roi, mais elle est encore une décision politique. Si elle quitte les Tournelles, la reine veuve revient au Louvre, c'est-à-dire au plus près du pouvoir, celui de son fils aîné, désormais

Portrait, sur bois, de Catherine de Médicis vers 1580, par François Clouet. Veuve d'Henri II qu'elle adorait, « Madame Catherine » ne quittera plus les vêtements noirs. Une façon de se faire remarquer et de s'imposer. L'art est un de ses leviers politiques. En 1559, elle chasse Diane de Chenonceau. L'ancienne favorite du roi reçoit le château de Chaumont où elle ne vivra jamais.

Diane de Poitiers porte le deuil de son mari, le sénéchal Louis de Brézé, mort en 1531. Elle devient la maîtresse du nouveau dauphin en 1538. En 1547, deux mois après la mort de son père François Ier, le roi Henri II offre Chenonceau à la belle Diane, devenue sa favorite. Celle-ci triomphe, la reine Catherine patiente… car elle ne tombera enceinte qu'après neuf ans de mariage.

le roi François II, bien jeune – il a 15 ans –, mais déjà majeur et marié depuis un an à la belle Marie Stuart, reine d'Écosse, dont la mère est une Guise. Cette puissante famille catholique compte bien utiliser l'atout qu'est Marie pour dicter sa politique au roi inexpérimenté. En regagnant le palais des bords de Seine, Catherine s'y fait aménager une chambre, certes tendue de noir, mais ouverte aux visiteurs. C'est au Louvre qu'elle commence à s'informer et à s'imposer, tandis que Diane a perdu son statut de favorite.

Celle-ci se montre très docile. Sachant que Catherine la hait, Diane fait immédiatement parvenir à la mère du nouveau souverain un coffret accompagné d'une lettre. Les joyaux de la Couronne sont rendus avec une demande de « pardon ». La Médicis la juge tardive. Mais sachant combien la duchesse de Valentinois est proche des Guise et du parti catholique, elle ne s'acharne pas contre celle qu'elle appelle maintenant « la mère Poitiers », une vengeance recuite depuis des années ! Catherine laisse à Diane tous ses biens, à l'exception de Chenonceau qu'elle lui échange contre le château de Chaumont, où l'ancienne chasseresse n'ira jamais. À Chenonceau, « Madame Catherine » savourera sa revanche, gouvernant la France depuis son petit cabinet vert. Diane s'enfermera dans son château d'Anet, vivant dans un exil doré et, on l'a vu, s'intoxiquant à cet or qui devait effacer les ravages du temps. Elle s'éteint le 22 septembre 1566, peu regrettée, tant le culte de sa propre personne et sa rapacité financière semblaient n'avoir été que ses deux vrais centres d'intérêt. Elle a pourtant su construire un mythe qui se confond avec la beauté de ses portraits, par exemple par Clouet, tandis que son effacement a permis à « Madame Catherine » d'être, après une longue attente, une véritable reine de la Renaissance.

La coupole de la chapelle funéraire (1550) du château d'Anet (Eure-et-Loir).
La résidence offerte à Diane de Poitiers abrite aussi son tombeau.

Gabrielle d'Estrées

Le joyeux réconfort d'Henri IV

Gabrielle d'Estrées (1573-1599) n'est guère farouche. Originaire d'Artois, issue d'une famille où les femmes ont une solide réputation de légèreté, elle marchande durement ses faveurs et en retire des avantages, y compris pour ses proches. La favorite du « Vert Galant » deviendra presque reine.

HENRÎ ROY DE NAVARE

Portrait peu connu d'Henri, roi de Navarre, vers 1575. Quand on l'accuse d'avarice, il répond : « Je fais trois choses bien éloignées d'avarice : je fais la guerre, je fais l'amour et je bâtis. » Dès le soir de son assassinat, Henri IV est définitivement populaire.

Au fil des années, tous les sondages le confirment : le monarque favori des Français reste le « bon roi Henri ». Panache blanc, poule au pot et gaillardise sont les emblèmes de sa popularité. Un ministre a même voulu en faire un « roi de gauche ». On lui pardonne ses multiples abjurations, puisque si ce protestant finit par être catholique, c'est que la paix du royaume, déchiré par les guerres de Religion, valait bien une messe. Et même le regain d'intérêt suscité par des discussions, voire des polémiques récentes au sujet de sa tête qui aurait été retrouvée et identifiée, n'ont fait qu'entretenir la curiosité sur la mémoire du Béarnais à la vie sentimentale cocasse, agitée, et dont l'assassinat demeure un traumatisme dans la mémoire nationale. Ravaillac avait tué l'apaisement et la bonne humeur d'un vrai Gaulois dont la générosité bienveillante fut un levier politique, sans volonté de revanche, agrémentée d'un esprit farceur au gré de son humeur libertine. Gabrielle d'Estrées fut pendant plus de huit années la principale maîtresse du premier roi Bourbon et sans doute sa plus grande passion, régnant sur son cœur et ses idées. Comme à toutes ses autres conquêtes, il lui avait promis le mariage. Pouvait-elle le croire ? Elle est la seule ayant vraiment joué un rôle politique, poussant le roi huguenot à se convertir afin de pouvoir l'épouser. Elle venait d'une famille où l'on n'était guère farouche, l'amour y était un calcul avant d'être un plaisir. Rien n'était interdit.

Née en Picardie en 1571 ou 1573, la « Belle Gabrielle » appartient à une ardente lignée dont les femmes sont très portées sur la galanterie. Sa grand-mère, Marie Gaudin, dame de La

Bourdaisière, avait offert ses charmes à François Ier et au pape Clément VII, un Médicis. Gabrielle est la cousine germaine de Claude de Beauvilliers, abbesse de Montmartre dévergondée, qui s'était visiblement trompée de vocation puisque le Béarnais en avait fait sa maîtresse pendant le siège de Paris ! La tante de Gabrielle, la marquise de Sourdis, passe pour une « entremetteuse de haute volée ». La tribu des sœurs, cousines et tantes a si mauvaise réputation qu'on les surnomme « les sept péchés capitaux » ! Leur vie légère et tumultueuse est une honte. Pamphlets et libelles pleuvent sur Gabrielle qu'une diatribe accusera, dans une rime brutale, d'être une :

Putain dont les sœurs sont putantes
Et les cousines et les tantes.

L'infamie s'aggravera quand on rapportera, sans preuve, que sa mère, sans aucun scrupule, l'aurait vendue une première fois à Henri III « pour 6 000 écus » ; l'émissaire royal, chargé de remettre ce pactole, mais jugeant la somme trop élevée, en aurait gardé 2 000. D'autres affirmeront, toujours sans preuve, que Gabrielle avait été « fille publique pour une pistole », ce qui était nettement moins cher ! On peut seulement estimer qu'elle est une jeune femme facile, tendre et coquette, et que c'est là une caractéristique familiale. Dans cette histoire, on rencontre plusieurs femmes au tempérament volcanique. Mais comment Mlle d'Estrées va-t-elle enflammer les sens, déjà perpétuellement bouillants, du Béarnais ?

Marguerite de Valois (1553-1615), dite « la reine Margot ». Fille d'Henri II et de Catherine de Médicis, son mariage avec Henri de Navarre en 1572 devait favoriser la réconciliation entre catholiques et protestants. Il fut, au contraire, une des causes de la Saint-Barthélemy. Enfermée en Auvergne pendant dix-neuf ans, elle finit par demander l'annulation de son mariage. Henri IV pensait alors pouvoir enfin épouser sa favorite…

Un retour en arrière s'impose. Le 2 août 1589, l'assassinat d'Henri III, le dernier Valois, par le moine fanatique Jacques Clément, fait d'Henri de Navarre, un Bourbon, le roi de France Henri IV. Celui-ci tente, en vain, de rassurer le pays en garantissant le maintien de la religion catholique. Vingt ans plus tôt, le 18 août 1572, il avait épousé à Paris une fille d'Henri II et de Catherine de Médicis, sœur du roi Charles IX, Marguerite de Valois, à laquelle il avait été fiancé dès l'âge de 4 ans, alors qu'il était prince de Navarre ! Ce mariage mal assorti et qui, par raison d'État, devait rapprocher les deux religions en unissant les deux familles aboutit au contraire à l'horreur de la Saint-Barthélemy, qu'il précédait de six jours. Celle que son frère avait vite appelée « la reine Margot », de belle taille, portant une perruque blonde tirant sur le roux, mène une vie si libre qu'un siècle plus tard Tallemant des Réaux écrira que « jamais il n'y eut personne plus encline à la galanterie ». On la soupçonnera même d'inceste avec ses frères, voire de relations saphiques. La jalousie est généreuse en calomnies. Le rustique Béarnais, si peu soigné de sa personne, révulse la brillante et cultivée Margot qui s'intéresse aux affaires publiques, alors que lui n'a aucune passion pour cette femme trop savante. Plus grave : elle ne lui donne aucun descendant, alors qu'une maîtresse du roi, dite Fosseuse, qu'il a honorée en 1581, est enceinte. Henri court le cotillon et Margot est stérile ; on commence à parler d'annulation de leur mariage. De scandales familiaux en affrontements religieux, en 1583 Margot est chassée de la Cour par son frère Henri III. Deux ans plus tard, elle quitte son mari pour rejoindre la Ligue, ce qui lui vaut d'être arrêtée et enfermée au château d'Usson, en Auvergne. L'indomptable y restera recluse dix-neuf ans !

Gabrielle d'Estrées repousse Henri IV : il est sale et sent l'ail !

Été 1590. Roger de Bellegarde, le grand écuyer du roi, séduit par cette blonde sensuelle aux yeux bleus qu'est Gabrielle d'Estrées, compte l'épouser. Magnifique cavalier longtemps proche d'Henri III, il est, dit-on, expert en montures de toutes sortes. N'est-ce pas parce qu'il est Grand Ecuyer ? Bellegarde est tellement fier de sa promise qu'il la présente à Henri IV. Grave erreur ! Le roi la juge irrésistible. Donc pour lui ! En revanche, Gabrielle, habituée à être entourée de seigneurs élégants, raffinés et parfumés comme on savait l'être à la cour des Valois, réagit de la même façon que la reine Margot : elle est révulsée par ce petit homme si sale que lorsqu'il va enfin se laver, il annonce longtemps à l'avance qu'il aura « jour de bain » ! Il en avait pris un pour son mariage. Et à l'approche de la quarantaine, les épreuves et les fatigues qu'il a endurées ont terni son visage et empâté sa silhouette. De plus, il sent l'ail ! Margot et Gabrielle ont en commun de repousser ce roi négligé. Henri IV, dont l'union n'est toujours pas annulée, est vexé, mais fasciné par la beauté faussement innocente de Gabrielle. Il veut la revoir. D'autres rencontres, non dues au hasard, ne font guère avancer les chances du Béarnais, furieux que Gabrielle appartienne à Bellegarde. Il convoque ce dernier et lui lance :

— Monsieur, j'entends ne partager pas plus la femme que j'aime que la royauté. Je suis aussi jaloux de l'une que de l'autre. Je vous demande de ne plus penser à Mlle d'Estrées.

Roger de St Lary et de Termes, duc de Bellegarde, Grand Écuyer.

Roger de Saint-Lary, duc de Bellegarde. Grand écuyer d'Henri de Navarre, il reste l'amant de Gabrielle d'Estrées, ce qu'ignore le roi… quand celui-ci vient retrouver sa favorite qui le trompe avec une tranquille audace. Bellegarde se cache soit dans un placard, soit sous le lit ! Une joyeuse comédie !

C'est un ordre. À ce moment, l'amour prétexté par le Vert Galant n'est que du désir. Impatient. Que fait Bellegarde ? Il informe la belle, qui prend fort mal l'intervention du roi. Très en colère, elle se rend à Compiègne, reproche à Henri IV de se mêler de ce qui ne le regarde pas et lui annonce « qu'il ne s'attirerait que sa haine s'il l'empêchait d'épouser le duc de Bellegarde ». Henri IV est stupéfait : jamais on ne lui a résisté de cette façon ! Gabrielle se prendrait-elle pour une forteresse de la Ligue ? Son entourage le voit si abattu que l'on croit « qu'il a perdu au moins la moitié de son royaume ». C'est presque aussi grave : une dame se refuse à lui ! Un chroniqueur ajoute : « Mlle d'Estrées n'était pas d'un caractère commode. » Elle résiste un an et rend les armes pour satisfaire sa famille qui va retrouver les honneurs dont elle avait été privée ; de fait, en mai 1591, le roi confie au père de Gabrielle, Antoine d'Estrées, la charge de gouverneur de Noyon, ville récemment conquise aux catholiques après un siège de quinze jours et une centaine de morts.

Henri IV est comblé par sa maîtresse. Mais elle le trompe avec une audace tranquille et maîtrisée. En effet, Bellegarde ne s'est ni résigné ni effacé. Le monarque et son haut serviteur se partagent les charmes de Gabrielle, mais le roi l'ignore jusqu'au moment où il découvre que, dès son départ, sa favorite n'hésite pas à se faire « visiter le labyrinthe », comme on disait trivialement, par Bellegarde ! Et si le roi arrive trop tôt, l'écuyer se réfugie dans un placard, voire sous le lit, bénéficiant des ébats royaux dans la couche de Gabrielle. C'est à qui se cachera de l'autre. Une farce ! Pourquoi trahit-elle le roi ? Parce qu'elle pense toujours pouvoir épouser Bellegarde. Celui-ci finit par se lasser des placards et

Henri IV de faire rire les valets témoins de la comédie. Que faire ? C'est le roi qui décide de mettre fin à ce partage burlesque. Il n'y a qu'une solution : marier Gabrielle à un troisième homme ! Un mariage de pure forme, bien entendu, promet le roi. Le gouverneur d'Estrées s'inquiète d'abord d'une éventuelle mésentente entre sa fille et le roi qui pourrait lui coûter sa place, puis des frais de ces noces obligées. Le roi a tout prévu : il fait remettre 50 000 écus au père de Gabrielle « pour services rendus » qu'il est inutile de préciser. Mais qui sera le mari ? « Le malingre et ridicule Nicolas d'Amerval, sieur de Liancourt, qui réunissait toutes les qualités souhaitées, puisqu'il était pauvre, benêt et nanti de deux filles à élever, fruits d'un premier mariage[1]. »

Furieuse d'être la victime d'une odieuse machination, Gabrielle supplie le roi de l'aider. Henri IV promet : il sera là pour empêcher la cérémonie (qu'il exige !) se contredisant lui-même. Au jour dit, le 8 juin 1592, pas de roi. On l'attend toute la journée. Hélas ! la jeune femme doit se résoudre à être mariée le soir même.

Henri IV ne peut plus se passer de sa favorite, « l'ange Gabrielle »

Elle se vengera, en commençant par refuser à Nicolas de Liancourt l'accès à sa chambre. Il tombe à genoux, mais la porte de la belle reste close. Le lendemain soir, nouvelle supplique du mari. Gabrielle tourne sa clé, il entre, mais elle met si peu d'enthousiasme à leur intimité que le mari ne parvient pas à

---

1. Guy Breton, *Histoires d'amour de l'histoire de France*, rééd. France-Empire, 2013.

être son amant. Il en sera ainsi pendant deux mois. Gabrielle ne pardonne pas à Henri IV son insouciance et lui fait savoir qu'elle ne saurait être, de nouveau, sa favorite. « L'ange Gabrielle » (ce surnom amusait le roi, alors protestant !) rumine sa colère et se morfond dans le château de son mari défaillant. Peut-elle vivre longtemps sans homme ? Et Henri IV se passer de Gabrielle ? Évidemment non. En février 1593, le Béarnais, qui n'en peut plus, lui écrit : « Je n'ai ni artère ni muscle qui à chaque moment ne me présente l'heur de vous voir, et me fasse sentir du déplaisir de votre absence[1]. » Roi de France et de Navarre, Henri IV a le don d'amadouer les récalcitrants. Cynique, le père de Gabrielle est promu gouverneur de l'Île-de-France et, comme par hasard, sa fille reçoit d'importants domaines. C'est une famille où l'intrigue n'est jamais loin et où l'honneur a un prix : « l'ange Gabrielle » marchande ses faveurs contre de solides avantages. Ne s'estimant plus offensée, elle consent à rejoindre le roi dans son lit, même s'il n'a pas pris de bain. Reste le mari qui n'en a jamais été un. Que faire de ce pathétique impuissant ? Le roi calme sa tentative de protestation en lui donnant une charge dont le nom prête à rire : gentilhomme de la chambre du roi ! Ainsi, il saura où est sa femme !

Car bien que peu intelligente et paresseuse, elle est redevenue la favorite. Inconstant en amour, soucieux de « curiosités », le roi préfère Gabrielle à ses passades. Mais celle-ci est aussi insatiable que le Béarnais et ses incartades sont nombreuses ; elle croit toujours aimer Bellegarde et l'écuyer reste fou d'elle. D'indulgence en

---

1. *Henri IV, le roi bienveillant*, coll. « Rois de France » dirigée par Guy Gouëzel, Atlas, 2008.

complaisance, de tromperie en mensonge, dans une atmosphère bouffonne, le trio jouera encore à cache-cache quelque temps, puis Bellegarde, lassé, étant devenu irascible et jaloux – on ne riait plus –, la comédie s'arrêtera. Gabrielle, qui ravissait deux amants, n'avait toujours pas de vrai mari. Elle n'en veut qu'un : le roi ! De sa part, c'est plus de la prudence que de la passion. À l'ambassadeur de Venise, elle avouera : « Le roi oublie bientôt ses maîtresses lorsqu'il est séparé d'elles. Quant à moi, étant bien instruite de ce danger, je connais parfaitement le moyen de l'éviter : c'est de me tenir assidûment auprès du prince. » Or, ce n'est guère aisé, puisque la Cour, une invraisemblable caravane, est itinérante, au gré des combats que sont les persistantes guerres de Religion. Il faut rappeler que le roi est engagé dans la reconquête de son royaume que se disputent protestants et catholiques. Et l'Espagne insiste pour pousser l'infante Isabelle, la fille de Philippe II, sur le trône de France. Guerre et amour sont entremêlés. À l'heure où beaucoup s'endorment, Henri IV, barbe grise mais l'œil vif, bondit de sa couche pour sauter sur son cheval, laissant une Gabrielle repue de plaisirs à qui il a griffonné un billet : « Je ne vous verrai pas de dix jours, c'est pour en mourir. » Après avoir guerroyé, affronté des révoltes de croquants, assiégé des villes et obtenu divers ralliements, il viendra la reconquérir, elle aussi, sa blonde, opulente et toujours fraîche Gabrielle. Est-elle aussi jolie qu'on le prétendra plus tard, notamment quand la peinture romantique tentera de la présenter en vierge farouchement pudique ? Une créature plantureuse excite toujours Henri IV, car il a un féroce appétit d'amour. Il le dit en termes de victuailles, peu élégants, mais qui nous renseignent sur ses goûts féminins. Henri IV n'aime ni les maigres ni les brunes :

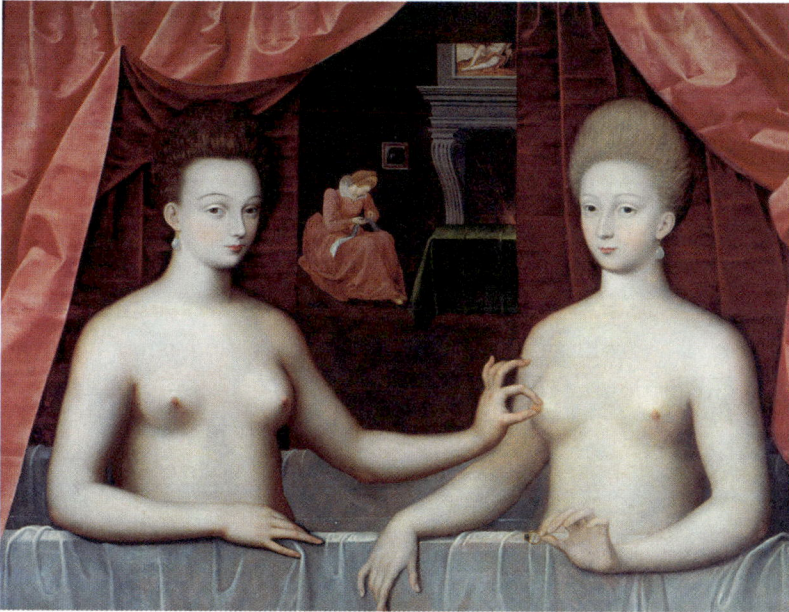

Gabrielle d'Estrées (à droite) et sans doute une de ses sœurs, la duchesse de Villars, vers 1594. Le geste de celle-ci, étrange et affectueux, pinçant le sein droit de Gabrielle, est interprété comme un symbole de sa grossesse d'un enfant naturel d'Henri IV. Elle lui en donnera trois, qui seront tous légitimés. À l'arrière-plan, la femme cousant une layette confirmerait cette thèse.

— Ce n'est pas marchandise pour ma boutique, car je ne me fournis que de blanc et de gras.

Le roi est pressé, il n'a pas le temps d'être délicat ! Gabrielle, Vénus picarde aux rondeurs flamandes, lui convient.

Le 25 juillet 1593, Henri IV abjure une fois encore la religion réformée et se convertit au catholicisme. Il a compris que seul son reniement permettrait la paix dans un royaume au trône chancelant. Gabrielle est avec lui, car elle a fait partie de ceux qui ont poussé le roi. L'avant-veille, à Saint-Denis, il lui a écrit : « Je baise un million de fois les belles mains de mon ange et la bouche de ma chère maîtresse. » Le dimanche 27 février 1594, le roi est sacré à Chartres, car Reims est toujours aux mains de la Ligue. La favorite est présente. Mais si Henri est roi de France, il ne l'est pas de Paris, où les ligueurs s'acharnent contre leur ennemi et sa maîtresse, comme en témoigne ce quatrain titré *Sur le bel ange du roi* :

N'est-ce pas une chose étrange
De voir un grand roi serviteur
Des femmes, vivre sans honneur
Et d'une putain faire un ange ?

Toujours marié à la reine Margot, le roi veut épouser Gabrielle...

Si peu à peu les villes ligueuses se rendent, elles monnaient chèrement leur allégeance. Gabrielle n'est pas oubliée : elle perçoit 23 000 écus et un pourcentage sur des greniers à sel de sa Picardie natale. Enfin, le mardi 22 mars, Henri IV peut faire son entrée dans Paris et la garnison espagnole s'en va. Le joyeux monarque envisage d'épouser Gabrielle, dite « la putain du roi ». Il reste dans une situation personnelle où Arlequin lui-même s'y perdrait : il est toujours marié et la reine Margot ne semble guère pressée d'accepter que l'on « dénoue » ses liens. D'ailleurs, derrière les hauts murs d'Usson dont elle ne saurait s'évader, cette galante dévote, dotée à la fois d'un stupéfiant savoir et d'un esprit

22 mars 1594 : Henri IV peut enfin faire son entrée dans Paris, déserté par la garnison espagnole. Bien que toujours marié à la reine Margot, il songe à épouser Gabrielle d'Estrées, elle-même toujours unie au sieur de Liancourt. Les Parisiens surnomment la favorite « la putain du roi » ! Ce tableau, exemple de la tradition « historique » du XIXᵉ siècle, a contribué à la popularité posthume du monarque galant.

roué, est absorbée dans la rédaction de ses Mémoires. Quant à Gabrielle, même si son mariage avec le sieur de Liancourt n'a jamais été consommé, elle est juridiquement sa femme. Comment le roi peut-il se libérer et libérer sa favorite ? Le pauvre Liancourt sera délivré après plus de deux ans d'humiliations ; le roi qui l'avait marié s'empresse de faire déclarer la nullité du mariage, mais il lui faudra attendre plusieurs mois. Le Béarnais semble déterminé à épouser Gabrielle et sans doute à en faire une reine, ce qui déplaît à Sully. Le scrupuleux serviteur de l'État craint pour la popularité du roi. Il n'ignore pas qu'au début de sa liaison avec Gabrielle d'Estrées, le poète Agrippa d'Aubigné avait mis en garde le turbulent souverain : « Si vous devenez l'époux de votre maîtresse, le mépris que vous ferez rejaillir sur votre personne vous fermera sans issue le chemin du trône. » Sully a deviné que si Margot, fille de roi, sœur et épouse de roi, consentirait sans doute à s'effacer devant une princesse, il n'en irait pas de même pour une catin. Ou alors, cela coûterait très cher, et Sully serait encore plus mécontent. Des négociations commencent avec Margot et ses émissaires, mais elles vont durer près de six ans, car ni la reine ni le pape ne sont prêts à céder et, d'objections en raisonnements contraires, les deux délégations ne peuvent se mettre d'accord. Un concours de faux-fuyants. Or, la demande d'annulation par le tribunal de l'Église doit être présentée d'une façon conjointe, sous peine d'être irrecevable.

Toutefois, si le roi est aussi pressé d'épouser Gabrielle, c'est parce qu'elle est enceinte. Personne n'est surpris : on ne la voyait qu'allongée sur une litière. Le 7 juin 1594, elle met au monde un garçon qu'on prénommera, peu modestement, César, futur duc de Vendôme. Commérages et bavardages emplissent la Cour, mais n'entament pas la joie du roi, tellement heureux d'être enfin père. On murmure que l'enfant serait, en réalité, de Bellegarde, qui n'aurait pas remisé son épée au fourreau. Dans les rues, on crie : « Aux belles gardes, les beaux fourreaux ! » Pour toute réponse, le roi, pourtant « en mal d'argent », couvre sa favorite de bijoux et de pierres « si reluisantes qu'elles offusquaient la lueur des flambeaux ». Un an plus tard, le généreux Henri titre

Gabrielle marquise de Montceaux : la favorite y a acheté pour 39 000 écus un ancien château de Catherine de Médicis, puis, en 1597, duchesse de Beaufort. Partant prendre et même reprendre Amiens aux Espagnols cette année-là, le roi, se tournant alors vers Gabrielle qui pleure, lui dit : « Ma maîtresse, il faut quitter nos armes et monter à cheval pour faire une autre guerre[1]. » Sa maîtresse lui donnera deux autres enfants, Henriette en 1596 et Alexandre en 1598 ; bien que bâtards, ils seront traités en princes royaux.

Il est patent qu'avec ces naissances Gabrielle s'impose de plus en plus au roi, s'attache aux avantages qu'elle en retire et entend jouer un rôle qui n'est pas le sien, c'est-à-dire d'épouse, donc de presque reine. Le roi ne lui écrit-il pas, dans un sonnet du printemps 1598 : « Partagez ma couronne » ? Sully, informé de son projet par le roi lui-même, ose répondre que les reines de France, à l'exception d'Isabeau de Bavière, ont toujours eu bonne réputation, ce qui n'est pas le cas de la duchesse de Beaufort qu'on appelle, dans les tavernes, « duchesse d'Ordure ». Ces quolibets n'empêchent pas l'intéressée de recevoir des honneurs dus à une souveraine. Elle peut accéder au Louvre par une entrée qui lui est réservée, assiste aux Conseils, aux assemblées de notables, reçoit les hommages des villes soumises et même les trophées de victoire. Encore plus symbolique, le roi fait graver dans un mur du palais, comme à Fontainebleau, leurs deux initiales « HG ». Le chiffre de leur amour. Un amour tellement intense – de la part d'Henri IV – que l'ambassadeur de Florence relève qu'« il ne savait

---

1. Duc de Lévis-Mirepoix (de l'Académie française), *Henri IV, roi de France et de Navarre*, Perrin, 1971.

Henri IV et Gabrielle d'Estrées, qu'il a titrée marquise de Montceaux, avec deux de leurs enfants : César de Bourbon, duc de Vendôme (1594-1665) et Catherine Henriette de Bourbon (1596-1663), dite Mademoiselle d'Elbeuf. Gabrielle, volage, continue d'avoir d'autres amants... La favorite a de l'influence, les courtisans la sollicitent.

pas vivre une heure sans elle ». Très impopulaire à cause de ses folles dépenses, Gabrielle tente, écrira Sainte-Beuve, de « mettre dans son existence plus qu'équivoque et affichée, une sorte de dignité et quelque air de décence ». Mais le bon peuple, qui se reconnaît tant dans son roi, n'a aucun respect pour sa concubine et, en la poussant à l'autel puis vers le trône, il risque de ruiner son crédit, acquis lors d'années terribles. Et puis, des obstacles ne sont toujours pas levés : Sa Majesté Très Chrétienne est toujours mariée et Margot semble se divertir à faire retarder la nullité de son union avec Henri. Elle considère la favorite comme une intrigante dépourvue de toute dignité. Et les enfants que Gabrielle a donnés au roi pourraient plonger le pays dans une guerre de succession aux conséquences incalculables, peut-être la reprise d'une guerre civile. En conclusion, Henri IV pourrait ruiner sa position et mettre en péril la Couronne échue aux Bourbons à la suite d'un prodigieux concours de circonstances. Sully le supplie de mesurer ces risques. Le grand ministre est entendu : Henri IV, qui est toujours volage, commence à réfléchir. Les premières disputes éclatent quand Gabrielle tient des propos politiques déplacés, continue de se faire offrir des présents ruineux et ne renonce pas aux attentions d'autres amants. Le peuple respecte moins les rois trompés en permanence.

La favorite soutient les protestants pour pouvoir devenir reine

Le 13 avril 1598, par l'édit de Nantes, Henri IV reconnaît la liberté de conscience, étend la liberté du culte protestant, octroie 144 places de sûreté aux réformés. Le catholicisme demeure la religion d'État du royaume. L'acte officialise la fin des guerres de Religion déjà effective depuis la conversion du roi. Gabrielle a brisé toutes les résistances pour que l'édit soit signé. À l'automne, le roi est malade, sans doute atteint d'une maladie vénérienne. Gabrielle sent le danger : elle consulte des devins, se montre dévouée, ce qui trouble Henri IV. Il sait par ailleurs que des tractations sont conduites auprès du grand-duc de Toscane pour que sa fille, Marie de Médicis, épouse le roi de France. À cette perspective, le monarque, qui a horreur des scènes, se braque et annonce, le 23 février 1599, qu'il épousera Gabrielle. La chose est désormais possible puisque la reine Margot a signé, quinze jours plus tôt, une demande d'annulation de son mariage auquel elle n'avait pas consenti librement. Peut-être à la suite d'un songe (Gabrielle et lui auraient fait le même évoquant la mort de la favorite), le roi précipite les événements. Et c'est un beau scandale lorsqu'il lui remet, en plein mardi gras, l'anneau qu'il avait reçu lors de son sacre à Chartres ! Gabrielle triomphe, d'autant plus qu'elle est de nouveau grosse de six ou sept mois. Elle rayonne. Elle tient son apothéose : elle sera reine de France ! Il n'y a plus que Dieu et la mort du roi qui peuvent l'en empêcher. Or, si Henri IV fixe son mariage après Pâques, il entend faire une retraite lors de la semaine sainte pour ne pas choquer les bonnes âmes, déjà perturbées par son extravagante décision. Pendant son recueillement, il serait indécent qu'on le vît avec sa favorite. Elle quitte donc Fontainebleau au matin du 6 avril pour regagner Paris. Leurs adieux sont déchirants. Il l'appelle « mon Tout ». Prise d'un pressentiment, Gabrielle réagit en mère angoissée, recommandant au roi de prendre soin de ses enfants. Leurs enfants.

Ils ne se reverront pas. Trois jours plus tard, chez un financier qui la traite déjà comme la reine, Gabrielle s'apprête à souper légèrement après avoir assisté à l'office de Ténèbres en l'église dite du Petit-Saint-Antoine. Elle porte un citron ou une orange à ses lèvres et est vite prise de malaise. On discutera longtemps de ce mystérieux fruit, cause soudaine du mal ; on parlera, comme d'habitude, d'empoisonnement criminel, mais la vérité est plus simple : sur le point d'accoucher avant terme, la favorite qui se voyait reine meurt d'une crise d'éclampsie. Ses convulsions, son visage noirci et défiguré puis son coma fatal en

Portrait présumé de Gabrielle d'Estrées au début du XVIIᵉ siècle. Se mêlant de politique et recevant des cadeaux somptueux, elle est très impopulaire et décriée. La réputation d'Henri IV en souffre et le ministre Sully est très mécontent de cette situation. Il supplie le roi de ne pas épouser sa favorite qui ne lui est pas fidèle.

sont les symptômes, que les médecins de l'époque connaissent mal. Ses souffrances, atroces, vont durer une douzaine d'heures. Elle devient sourde, aveugle, est bientôt paralysée. Elle s'éteint le samedi saint, 10 avril 1599, à 6 heures du matin. Elle avait 27 ans. Sa jolie tête qui avait tant ému le roi et ses amants est si déformée qu'on l'eût « dite morte depuis un mois ». La noirceur et l'horrible contorsion de ses traits firent dire dans les rues qu'« elle s'était donnée au Diable ». Henri IV, accablé, effondré, voit dans cet effroyable trépas une autre origine que celle du Malin :

– C'est encore ici un coup du Ciel.

La favorite-marquise-duchesse a droit à des funérailles de princesse du sang dix jours plus tard. Mais ni indulgence ni pitié ne lui sont témoignées. Pour Sully, que Gabrielle avait fait nommer surintendant des Finances contre sa volonté, comme pour d'autres grands personnages, tel le doge de Venise, la France venait d'échapper à une catastrophe. Le pape Clément VII affirmera que peu de temps avant, dans sa chapelle privée, il avait eu une vision. Il l'avait commentée dans une sorte d'extase :

– Dieu y a pourvu…

La famille de Gabrielle se hâtera de faire enlever les meubles et les biens de la favorite, jusqu'aux bijoux et bagues qu'elle portait dans son agonie. Si le clan d'Estrées perdait beaucoup, le peuple parisien était soulagé :

Ci-gît le malheur de la France
Ci-gît le bordeau [bordel] de la Cour

Le roi, prostré, répète :

– Les regrets et les plaintes m'accompagneront jusqu'au tombeau. La racine de mon amour est morte.

On ne peut douter que, sans ces complications irrémédiables, il l'eût épousée. Il portera son deuil trois mois, d'abord en noir, puis en violet. Il allait vite se consoler. La place était libre pour d'autres maîtresses. Et pour la nouvelle reine, Marie de Médicis.

Louis XIV

ou les trois âges
de l'amour

Louis XIV aura trois favorites. De gauche à droite :
l'ingénue duchesse Louise de La Vallière, la coquette
marquise de Montespan et la dévote Mme de Maintenon.

Louis XIV, né en 1638, roi de France à partir de 1643 (il a 5 ans, sa mère Anne
d'Autriche est régente, conjointement avec Monsieur, frère de Louis XIII). Mazarin, nommé Premier ministre, assume la continuité de la politique du cardinal de
Richelieu. En gage de paix avec l'Espagne, après la paix des Pyrénées conclue le
7 novembre 1659, Louis XIV épousera sa cousine germaine l'infante Marie-Thérèse,
fille de Philippe IV, le 9 juin 1660, à Saint-Jean-de-Luz. Il en aura six enfants dont
seul l'aîné, le Grand Dauphin, survivra (1661-1711). Tableau de Robert Nanteuil.

La duchesse de La Vallière, la marquise de Montespan, Mme de Maintenon : trois favorites qui se sont succédé, voire qui se sont bousculées, dans la vie du Roi-Soleil comme au spectacle, la Cour étant elle-même un théâtre. Chacune y a tenu un emploi : Louise l'ingénue, Athénaïs la coquette, Françoise la dévote. Sous le règne de Louis XIV, en pleine Contre-Réforme, ces liaisons spectaculaires ont pu choquer et susciter la réprobation, mais il ne faut pas oublier que pour les acteurs eux-mêmes, le roi et ses élues, rien n'était simple. Ils étaient hantés par la crainte de Dieu et l'espoir d'assurer leur salut. Une contradiction permanente qui va peser sur les amours royales.

Louise de La Vallière naît à Tours, le 6 août 1644, un an après la mort de Louis XIII, dans la famille de La Baume Le Blanc, de petite mais ancienne noblesse du Val de Loire, qui possède l'hôtel de Crouzille. Son père avait servi dans les armées du roi, puis renoncé à la vie militaire. C'est dans la charmante campagne tourangelle, non loin de Vouvray, que Louise passe une petite enfance enchantée, au manoir de La Vallière. Elle a 7 ans quand son père meurt brutalement. L'éducation de Louise est alors confiée aux ursulines de Tours ; elles se chargent de cette ravissante petite fille, aussi sage que vertueuse. Pendant ce temps, sa mère gère le domaine au nom de ses enfants, le frère de Louise étant son aîné de deux ans.

Veuve, Françoise de La Vallière se remarie en 1655 avec le marquis de Saint-Rémy. Celui-ci, qui est premier maître d'hôtel de Gaston d'Orléans, accepte de prendre en charge les deux enfants. La famille va s'installer à Blois, Saint-Rémy devant assurer ses fonctions auprès de son maître. En effet, Gaston d'Orléans, le turbulent frère de Louis XIII, qui a passé sa vie à conspirer, réside dans ce magnifique château dont le roi lui a fait cadeau en 1626. Il y a édifié, à partir de 1635, un nouveau palais dont il a confié la réalisation à Mansart, dans la partie occidentale du château, face à l'aile Renaissance de François Ier.

La Fronde, dont le prince avait été l'un des animateurs, révolte d'abord parlementaire puis aristocratique, avait assombri l'enfance de Louis XIV et la régence de sa mère Anne d'Autriche. Cette contestation avait duré cinq ans, depuis la nuit du 5 au 6 janvier 1649 où le jeune roi et sa famille avaient été contraints de s'enfuir de Paris à Saint-Germain-en-Laye, une humiliation que le roi n'oublierait jamais. À la fin de la Fronde, Gaston d'Orléans avait quitté son palais du Luxembourg, à Paris, pour s'installer à Blois, dans l'aile François Ier, son nouveau palais n'ayant pas l'heur de lui plaire. C'était une sorte d'exil en expiation de ses fautes. De son premier mariage, il avait eu une fille, la célèbre Grande Mademoiselle, et de son second mariage trois autres filles : Marguerite Louise d'Orléans, Mlle d'Alençon et Mlle de Valois.

Louise de La Vallière, dont la mère et le beau-père emménagent dans une maison proche du château, va partager la vie des trois jeunes princesses ; elle a le même âge que Mlle d'Alençon. Ainsi, sans le savoir, Louise a fait un pas immense qui l'a rapprochée de la famille royale. Elle court dans les couloirs de Blois, dévore les romans à la mode comme *L'Astrée*, la tête pleine de rêves avec ses trois compagnes. Elle reçoit la même éducation que les princesses, apprenant à faire la révérence, à danser, à chanter, à tenir une conversation. De plus, elle est une remarquable cavalière. Tous ces acquis, joints à son charme et à sa beauté, la préparent à paraître à la Cour. En 1659, le jeune roi Louis XIV, âgé de 21 ans, en route pour la frontière espagnole où il doit accueillir sa future épouse, l'infante Marie-Thérèse d'Espagne fait une halte à Blois.

Lors d'un banquet, Louise aperçoit le jeune roi, mais il ne la voit pas

Le souverain a fait son apprentissage politique chaperonné par sa mère et Mazarin. Quant à son apprentissage amoureux, il a été l'œuvre des nièces du cardinal, en particulier Marie Mancini, pas vraiment jolie, mais vive et gaie, qui fut son premier amour. Elle avait été une partenaire idéale pour la danse et pour la chasse, les deux plaisirs du roi. « Et c'est elle, sans nul doute, qui éveilla chez ce jeune homme mal dégrossi – qui connaissait tout au plus quelques airs de guitare – le goût du théâtre, de la musique, de la peinture et de la littérature[1]. » La passion du roi est si grande qu'il décide de l'épouser. Mais la reine et Mazarin ont d'autres projets pour lui. Le gage de la paix en négociation avec l'Espagne était une union du roi de France avec la fille du roi d'Espagne. Marie vient troubler le jeu ; on l'envoie à La Rochelle. Après des adieux déchirants, Louis et Marie vont échanger une correspondance passionnée. Le roi est malheureux. Néanmoins, pressé par sa mère et par le cardinal, il accepte de se rendre à Bordeaux pour y attendre la conclusion du traité avec l'Espagne, à condition de pouvoir revoir Marie, ce qui aura lieu à Saint-Jean-d'Angély, en Charente. Au fond de lui,

---

1. Jean-Christian Petitfils, *Louise de La Vallière*, Perrin, 1990.

Louis XIV sait fort bien qu'il ne pourra échapper au mariage espagnol et qu'il devra renoncer à celle qui lui a inspiré l'amour.

C'est dans cet état d'esprit qu'il arrive à Blois le 1er août 1659. Son oncle Gaston d'Orléans le reçoit fastueusement, mais si la jeune Louise aperçoit le roi, point de mire de tous les regards, les hôtes sont si nombreux – mille deux cents couverts ! – qu'il n'y a aucune chance pour que le monarque remarque cette toute jeune fille de 15 ans. Louis XIV poursuit sa route et, après la conclusion de la paix des Pyrénées, le mariage du jeune roi avec l'infante Marie-Thérèse est célébré le 9 juin 1660, dans l'église de Saint-Jean-de-Luz. Une union au nom de la raison d'État.

Entre-temps, le 2 février de cette même année, Gaston d'Orléans s'est éteint à Blois, à l'âge de 52 ans. Sa veuve a décidé de regagner Paris avec sa famille pour s'installer au palais du Luxembourg. Le marquis de Saint-Rémy est confirmé dans sa charge de premier maître d'hôtel auprès de la duchesse d'Orléans. Louise de La Vallière arrive donc à Paris et peut assister, aux côtés des jeunes princesses, à l'entrée solennelle, le 26 août 1660, de Louis XIV et de sa jeune épouse dans la ville en fête. Deux des filles de Gaston se marient et, pour le roi, une nouvelle ère commence, puisque Mazarin meurt le 8 mars 1661, laissant à Louis XIV le privilège du pouvoir personnel. Le roi devient le maître absolu et fait savoir qu'il gouvernera seul. L'État, c'est désormais Sa Majesté.

Un nouveau mariage met la Cour en émoi. Monsieur, frère du roi, va épouser Henriette d'Angleterre, fille de feu le roi Charles Ier (décapité du fait de Cromwell) et d'Henriette de France, fille d'Henri IV, sœur de Louis XIII et donc tante du roi et de Monsieur. Après l'exécution de son mari, la veuve de Charles Ier s'était réfugiée en France.

Henriette d'Angleterre (1644-1670), petite-fille d'Henri IV par sa mère, est l'épouse de l'efféminé duc d'Orléans – dont elle montre ici le portrait –, donc la belle-sœur de Louis XIV. Le roi est sensible à son charme. Pour déjouer les soupçons, il s'intéressera à l'une de ses demoiselles d'honneur, Louise de La Vallière. Le 30 juin 1670, à 26 ans, brusquement à Saint-Cloud, peut-être empoisonnée, « Madame se meurt » lance Bossuet, dans son oraison…

Il faut constituer une maison pour Madame. L'entreprenante Mme de Choisy, veuve du chancelier de Gaston et dont le fils, l'abbé de Choisy, avait été élevé avec Monsieur dont il partageait les goûts efféminés, songe à la charmante Louise, qu'elle connaît bien, pour faire partie de la suite de Madame. Elle sera demoiselle d'honneur d'Henriette d'Angleterre. Louise quitte le palais du Luxembourg pour le Louvre et se rapproche un peu plus du Soleil. La reine Marie-Thérèse est enceinte, mais le roi, qui lui manifestera toujours du respect, est lassé de cette épouse à qui il a peu à dire. Et avec laquelle, à part le lit, il ne partage à peu près rien. Si Henriette n'est pas d'une grande beauté, maigre mais élancée, elle a beaucoup d'allure. Et surtout, elle a une revanche à prendre sur le mépris qu'on lui avait témoigné lorsqu'elle n'était que la fille d'un roi détrôné et décapité. Depuis que son frère, Charles II, a rétabli la dynastie des Stuart sur le trône d'Angleterre, d'Écosse et d'Irlande et qu'elle a séjourné auprès de lui à Londres, elle s'est métamorphosée en une jeune femme triomphante et pleine d'esprit. Louis XIV est ébloui par Madame et un jeu amoureux, risqué, va commencer entre ces deux phares de la Cour, le roi et sa belle-sœur.

Grâce au « chandelier », Louis XIV tombe amoureux de Louise

Toute la Cour est témoin de leur attirance réciproque. Marie-Thérèse, toujours aussi éprise de son époux, se désole ; Anne d'Autriche s'inquiète de la frivolité de son fils. Quant à Monsieur, il est jaloux et furieux. C'est alors que Madame a une idée : pour couper court à cette situation ambiguë, le roi n'a qu'à feindre de s'intéresser à une de ses demoiselles d'honneur[1].

C'est sur Louise de La Vallière que Louis XIV va « feindre » de porter ses regards. Elle a 17 ans, est mince, blonde, plutôt grande. Ses yeux bleus font oublier un nez un peu fort et une bouche trop grande. Son teint, diaphane, est délicat, et l'ovale de son visage parfait. Et malgré une légère boiterie, elle danse à ravir ; le son de sa voix est exquis – on dit même que c'est ce qui séduisit le roi en premier –, et elle est surtout l'innocence même. Un charme pudique. Comme toutes les femmes de la Cour, elle est amoureuse du monarque de 23 ans qui exerce une réelle séduction, mais elle n'ose imaginer qu'il puisse être touché par sa modeste personne. Il courtise donc Louise selon le procédé du « chandelier », mais, pris à son propre piège, en tombe amoureux. « Lorsqu'il [le roi] lui eut parlé selon ses conventions avec Madame, il éprouva la sensation de se sentir aimé sans calcul, sans ambition, sans politique, pour lui-même. Ce fut un éblouissement… […] À la tendresse naïve qu'il n'avait jamais rencontrée, il répondit par le don passionné de son cœur[2]. » Arrivée à la Cour au mois de mai 1661, Louise devient la maîtresse du roi à Fontainebleau à la fin du mois de juillet, six semaines après leur première rencontre. Elle n'est pas une intrigante, elle se donne sincèrement, comblée par l'amour, et n'est manipulée par personne, ne faisant partie d'aucune coterie. « Une violette qui se cache sous l'herbe », dira Mme de Sévigné. Elle n'aime pas le monarque, elle aime l'homme. À ce sujet, Jean-

---

1. Ce leurre, venu de la Renaissance, portera le nom de « chandelier », car il met en lumière une personne pour mieux en dissimuler une autre et égarer les soupçons.
2. Pierre Gaxotte (de l'Académie française), *Louis XIV*, Flammarion, 1974.

Christian Petitfils[1] souligne un aspect occulté de la disgrâce de Fouquet, le trop puissant surintendant des Finances. Celle-ci était inéluctable, mais il est certain que la maladresse dont il a fait preuve à l'encontre de Louise irrite profondément le roi et accélère probablement la chute du ministre. Celui-ci dispose d'« espions » à la Cour ; il est donc rapidement informé de la bonne fortune de Mlle de La Vallière. Naïvement, Fouquet, par l'intermédiaire d'une de ses affidées, Mme de Plessis-Bellière, fait proposer à Louise la somme de 20 000 pistoles. Pour quelles raisons ?

Certainement pas pour la séduire, mais pour s'en faire une alliée. Grave erreur ! Louise est outrée, indignée, refuse l'argent avec hauteur, ne comprenant rien à ce marché. Elle lui fait répondre : « Sachez que 200 000 livres ne me feraient pas faire un faux pas. » Mme de Plessis-Bellière met en garde Fouquet et celui-ci, rencontrant Louise chez Madame, lui vante les mérites du roi, sans doute pour lui prouver sa bonne foi et tenter d'affaiblir sa résistance. Louise, de plus en plus dépassée, va tout raconter à Louis XIV. Le roi ne saisit pas davantage la curieuse démarche de Fouquet. Il y voit, au mieux, une tentative pour soudoyer sa favorite, au pire le désir de la lui ravir. Le souverain est contrarié et c'est dans cette colère, accompagné de toute la Cour – sauf de la reine qui est grosse –, qu'il se rend le mercredi 17 août 1661 au château de Vaux-le-Vicomte pour assister à une fête éblouissante. Naturellement, Louise s'y trouve, dans la suite de Madame. Ce somptueux divertissement – fontaines jaillissantes, promenades en calèche, souper délicieux préparé par Vatel, représentation théâtrale donnée par Molière, musique et feux d'artifice – est

---

1. Jean-Christian Petitfils, *op. cit.*

observé par un roi irrité, mais admiratif (quelques années plus tard, il s'en inspirera pour ses fêtes à Versailles). On connaît la suite : Fouquet sera arrêté par d'Artagnan et emprisonné provisoirement au château d'Angers avant son procès puis son bannissement. On peut donc penser que par son honnêteté, sa fraîcheur et sa totale confiance dans le roi, Louise a eu, involontairement, un rôle dans la chute du surintendant trop sûr de lui. Il n'avait pas prévu la force de l'innocence. Mlle de La Vallière est indifférente aux flatteries et sourde aux conspirations.

Pendant quelque temps, Louis XIV et sa favorite sont éloignés l'un de l'autre par divers événements : la réunion des états de Bretagne à Nantes, la naissance d'un fils, le grand dauphin, le 1er novembre, puis un pèlerinage d'action de grâces accompli par le roi à Chartres. Les retrouvailles des deux amants n'en sont que plus passionnées.

Jeune favorite du roi, Louise de La Vallière est victime d'intrigants

Le 7 février 1662, un ballet est donné devant la Cour. Une toute jeune fille s'y trouve, nouvellement arrivée au service de la reine. Elle est la fille du duc de Mortemart, premier gentilhomme de la chambre. Elle est ravissante, mais Louis XIV ne la remarque pas. Elle s'appelle Athénaïs de Tonnay-Charente et n'a pas encore épousé le marquis de Montespan. On en reparlera ! Louise, toujours dans sa grande naïveté, va être victime des intrigues de la Cour. Henriette, extrêmement vexée de voir le roi s'éloigner d'elle, se jette dans une petite romance avec le duc de Guiche. Une des

Louise de La Vallière (1644-1710) en chasseresse. « Une violette qui se cache sous l'herbe », selon la marquise de Sévigné. Devenue favorite de Louis XIV, elle sera enceinte… en même temps que la reine ! Elle donnera quatre enfants au roi : deux fils morts en bas âge, une fille et un fils qui seront légitimés.

dames d'honneur de Madame, la Montalais, fort intrigante, mais amie de Louise depuis leur séjour à Blois, informe cette dernière de tous les détails de cette aventure. Le roi, qui n'apprécie guère la Montalais et déteste qu'elle soit proche de Louise, est bien sûr informé des aventures de Madame. Il interroge sa favorite qui ne veut rien dire, refusant de trahir un secret qui n'est pas le sien. Il ne supporte pas sa résistance obstinée et se met très en colère. Rentrée dans ses appartements, Mlle de La Vallière espère toute la nuit que le monarque viendra la rejoindre, car ils étaient convenus entre eux que, « quelque brouille qu'ils eussent ensemble, ils ne s'endormiraient jamais sans se raccommoder ». Il ne vient pas. Au petit matin du 24 février 1662, certaine que le roi ne lui pardonnera pas son silence obstiné, Louise quitte le palais des Tuileries et va frapper à la porte du couvent des chanoinesses de Chaillot. C'est le temps du carême. La prieure laisse Louise sur un banc, dans le parloir glacial. Elle est désespérée. Louis XIV apprend sa fuite alors qu'il donne audience à l'ambassadeur d'Espagne. En un instant, le roi se précipite à Chaillot, seulement accompagné d'un officier. Il fait reconduire une Louise éplorée et repentie. Elle lui avoue enfin qu'elle a écouté des bavardages odieux et le roi n'en est que plus épris. Mme de La Fayette écrira que le roi « ne pouvait se consoler qu'elle eût été capable de lui cacher quelque chose ». Cependant, Madame fait savoir qu'elle ne veut pas reprendre Louise à son service après un tel scandale. Louis XIV devra supplier une Henriette furieuse, mais ravie de savourer ainsi une petite revanche sur l'homme qui s'était détourné d'elle. Le roi tient à ménager sa belle-sœur, qui peut lui être utile politiquement.

Survient une nouvelle intrigue, beaucoup plus grave puisqu'on essaie de perdre Mlle de La Vallière aux yeux de la reine. La comtesse de Soissons et son amant, le comte de Vardes, élaborent un plan machiavélique. Ils écrivent en espagnol une lettre révélant la liaison du roi avec Louise et la glissent dans une missive venue de Madrid et rédigée de la main de la mère de Marie-Thérèse. Ce courrier doit être remis à une fille d'honneur de la reine, complice des deux faiseurs. Au lieu de cela, la lettre est malencontreusement donnée à la première femme de chambre de Marie-Thérèse. Celle-ci, craignant une mauvaise nouvelle d'Espagne (le roi, Philippe IV, est malade), l'ouvre pour pouvoir en atténuer l'effet. Elle est horrifiée par la dénonciation qu'elle y trouve et, au lieu de remettre le message à Marie-Thérèse, elle le porte à Anne d'Autriche qui lui conseille de le faire tenir au roi. Louis XIV est évidemment courroucé. Il découvre l'ampleur des manœuvres qui lui répugnent tant, mais ne peut réellement sévir, au risque d'aggraver encore l'incident. Il a mieux à faire avec l'organisation d'un magnifique carrousel à l'emplacement de la place qui porte aujourd'hui ce nom : 655 cavaliers y participent et Mlle de La Vallière y assiste depuis la tribune d'honneur.

Marie-Thérèse, de nouveau enceinte, n'est pas réellement au courant de la liaison du roi, mais elle s'inquiète de la froideur de son époux. À l'automne 1662, ses soupçons se portent enfin sur Louise qui, elle-même, souffre beaucoup de sa situation, que l'abbé Bossuet avait dénoncée en chaire, avec audace, en prêchant le carême du Louvre devant le roi et la Cour. Le 18 novembre, la reine met au monde une fille, Anne-Élisabeth, qui ne vivra pas. En juillet 1663, Olympe de Soissons, qui ne s'est pas remise de l'échec de sa « lettre espagnole », révèle directement à la reine la passion du roi pour Louise. Vexée, l'entremetteuse tient sa vengeance : elle humilie Marie-Thérèse.

La reine et la favorite sont enceintes du roi... l'une après l'autre !

La reine est désespérée, mais ne fait aucune remarque au mari coupable. C'est dans cette atmosphère particulièrement pénible que Louise s'aperçoit qu'elle est enceinte. Elle a 19 ans. Dès que son état est trop visible, le roi l'installe dans l'hôtel Brion, près de l'actuelle rue de Montpensier. Louise y accouche, le 19 décembre 1663, d'un fils, qui est immédiatement confié, par les soins de Colbert, à un couple de ses anciens domestiques. Six jours après ses couches, Louise, faible, assiste à la messe de minuit dans la plus proche chapelle, celle des Quinze-Vingts. « Pourtant, cela ne mettra pas fin aux caquets[1]. » On scrute son apparence. On la trouve fort pâle. Ce n'est pas sans raison.

Au printemps suivant, le 5 mai 1664, la première fête de Versailles se déroule dans un château inachevé. Les travaux avaient commencé en 1661, car le roi était séduit par les paysages entourant l'ancien relais de chasse de son père. Les jardins ont été confiés à Le Nôtre et le roi s'y consacre beaucoup : durant l'hiver, il est venu presque chaque jour sur le chantier. Les festivités prennent le nom de *Plaisirs de l'île enchantée*. Les invités s'extasient sur le château, mais se heurtent à des problèmes d'intendance : des courtisans doivent être logés à l'extérieur. Rien n'est vraiment prêt, mais tout sera inoubliable. Le thème de ces réjouissances est inspiré du *Roland furieux* de l'Arioste. Au souper aux chandelles qui suit les ballets et les violons, Louise est à la table de

---

1. Christiane Moyne, *Louise de La Vallière*, ouvrage inachevé, complété par André Séailles, préface d'Alain Decaux, Perrin, 1978.

Madame et a le privilège d'être logée dans le château. Pendant six jours, Versailles n'est qu'un monde fantastique de machineries, de bergères et de faunes évoluant dans le parc illuminé, d'apparitions d'une magicienne qui embrase le château. Par leurs talents, Molière et Lulli contribuent à cette féerie, où les mets sont apportés par des serviteurs masqués et costumés.

Bien que les spectacles aient été conçus et représentés, officiellement, pour le divertissement des deux reines, Anne d'Autriche et Marie-Thérèse, c'est à la favorite que ces enchantements sont réellement dédiés. C'est à elle que le personnage du prince de théâtre rend hommage : les *Plaisirs de l'île enchantée* sont un hymne à l'amour du roi pour Louise. Il y a pourtant une ombre sur ces réjouissances : le roi et sa mère sont brouillés, toutes les tentatives pour les réconcilier échouent. Finalement, Louis XIV, tourmenté par sa mauvaise conscience, admet de se rendre chez Anne d'Autriche et de reconnaître que son comportement n'est pas irréprochable. C'est un premier pas, mais, en même temps, le roi prévient la veuve de Louis XIII qu'il souhaite mettre Mlle de La Vallière à l'honneur et prie la reine mère de ne pas s'y opposer. L'été des deux amants sera idyllique. On les voit se promener ostensiblement sur les terrasses de Fontainebleau. Anne d'Autriche et Marie-Thérèse sont choquées, mais ne peuvent s'opposer au souverain. Est-ce, d'ailleurs, cette contrariété qui, le 16 novembre 1664, fait accoucher prématurément la reine d'un troisième enfant qui ne vivra que quelques semaines ? Les plaisirs de Versailles ont été si enchanteurs que Louise donne le jour, le 5 janvier 1665, à un deuxième fils, toujours dans l'hôtel Brion. Comme précédemment, le nouveau-né est confié à un couple de la maison de Colbert. Le secret est assuré, en principe !

Louis XIV et la reine Marie-Thérèse en promenade devant le château de Vincennes en 1669. Le monarque y a fait construire par Le Vau les pavillons du roi et de la reine. À cette date, Mlle de La Vallière, 25 ans, n'est plus la favorite du Roi-Soleil qui l'a titrée duchesse deux ans plus tôt sans doute en guise d'adieu. Mme de Montespan est déjà entrée dans la vie du souverain…

Malgré l'intérêt très vif que le roi avait porté à une nouvelle beauté venue de la lointaine principauté de Monaco, Anne-Charlotte de Gramont, son amour pour Louise n'en souffre pas. L'intermède avec Mme de Monaco sera de courte durée : trois semaines ! Après un nouvel été idyllique pour le roi et Louise, la maladie de la reine mère (nous savons aujourd'hui qu'il s'agissait d'un cancer du sein) va occuper la Cour. Anne d'Autriche meurt le 20 janvier 1666. Le 27 janvier, une délégation parlementaire se rend à Saint-Germain présenter ses condoléances au roi. À la messe qui suit, on assiste à une scène inimaginable du temps de la reine mère : Mlle de La Vallière est au côté de la reine Marie-Thérèse ! Pour Louis XIV, sa mère avait été le dernier rempart contre l'exhibition de ses galanteries. Cette fois, Louise est vraiment la maîtresse officielle du souverain. Mais la jeune femme est-elle suffisamment forte pour affronter cette position ? Elle a toujours préféré l'ombre à la lumière et le secret de ses rendez-vous royaux à des apparitions spectaculaires. Elle est maintenant la favorite, sollicitée de tous côtés par des quémandeurs, à commencer par son frère Jean-François, qui ne cesse de lui demander de l'argent. Pour elle-même, Louise ne brigue jamais rien, mais elle s'entremet pour les autres, ce qui finit par susciter l'agacement de Louis XIV. En réalité, elle est très seule et ne peut demander conseil à personne, car elle n'a pas d'amis proches. Certes, le roi est toujours amoureux, puisqu'en octobre 1666 elle met au monde une petite fille, baptisée Marie-Anne. Mais cette fois, pas question de clandestinité : Louise accouche à Vincennes où se trouve la Cour, dans un appartement qui conduit aux grands salons. Quand elle est prise des douleurs, elle voit Madame traverser sa chambre et demander au médecin de la délivrer au plus vite avant le retour de la belle-sœur du roi dans la pièce. Sitôt l'enfant né, Louise fait remplir sa chambre de fleurs, s'habille et reçoit pour un souper. Quelle situation !

À 23 ans, Louise est titrée duchesse de La Vallière. En guise d'adieu ?

Au printemps 1667, le cadeau du roi est l'érection de la terre familiale de Touraine en duché de La Vallière et de Vaujours. Voici Louise duchesse à tabouret. Le même jour, le 13 mai, le parlement de Paris ratifie la légitimation de la petite Mlle de Blois, seul enfant vivant qu'elle ait eu du roi, les deux premiers étant morts. Ce duché et la légitimation sont un magnifique présent, mais ne serait-ce pas un cadeau d'adieu ? En effet, c'est dans cette période de triomphe, mais aussi de doute, que la marquise de Montespan fait réellement son entrée dans la vie du roi. La belle Athénaïs de Rochechouart est depuis cinq ans au service de la reine. Entre-temps, elle a épousé M. de Montespan en 1663 ; le mari, endetté car « plus riche d'aïeux que d'argent », avait été contraint de mettre en gage les bijoux de son épouse. En 1667, celle-ci a 26 ans, de grands yeux bleus, un visage parfait, deux enfants, un époux insupportable, mais elle n'a jamais été si ravissante. L'esprit caustique, la repartie rapide, une conscience de son origine hautement aristocratique, elle ne passe pas inaperçue dans le sillage de la reine et s'attire déjà des haines féroces. Partant pour les armées levées pour la guerre de Dévolution[1], prêt à envahir les Pays-Bas espagnols, le roi manifeste le souhait que la reine et ses dames d'honneur l'accompagnent dans

---

1. Après la mort de son beau-père le roi Philippe IV d'Espagne, Louis XIV invoque une ancienne coutume reconnaissant aux enfants d'un premier mariage – ce qui était

La duchesse de La Vallière et ses enfants survivants, Mlle de Blois et le comte de Vermandois, d'après Pierre Mignard. Les quelques années de bonheur de la favorite seront assombries par beaucoup de remords, des humiliations, la honte, la jalousie et les intrigues. Sincère, étrangère aux cabales, « elle n'aima que le roi et non la royauté ». Ce tableau est un adieu au monde de Louise. Il a été peint en 1674, lors de son dernier printemps à Versailles avant son entrée au couvent.

les Flandres. Sa belle-sœur est priée de demeurer chez elle, à Saint-Cloud, et Louise à Versailles. La duchesse est encore enceinte ! Supportant mal sa mise à l'écart, Louise va réagir d'une manière à la fois courageuse et stupide. Bravant l'interdit royal, elle quitte Versailles et rejoint la suite de la reine, stupéfaite et contrariée de

le cas de Marie-Thérèse – le droit de « dévolution » (héritage). Mais à Madrid, on ne voulait reconnaître qu'un enfant né du second mariage. D'où la guerre de 1667-1668.

son arrivée. En atteignant les environs d'Avesnes, sur la frontière, sachant que le roi s'y trouve, Louise, angoissée et très enceinte, lance son carrosse pour devancer celui de Marie-Thérèse : elle veut être la première à se jeter aux pieds du roi. Louis XIV, exaspéré par cette bataille de dames, est glacial :

– Madame, je n'aime pas à être contraint !

Le soir, il vient cependant consoler l'audacieuse, passe la nuit avec elle et demande à la reine d'accepter de lui faire une place dans sa voiture ! C'est pendant ce même séjour que Mme de Montespan, qui jouait les coquettes depuis plusieurs mois, devient la maîtresse du roi. Elle aussi ! Louis XIV va donc devoir faire cohabiter deux maîtresses – la duchesse et la marquise –, et les faire accepter par la reine ! Mme de Montespan étant mariée, il s'agit d'un double adultère. La Cour s'y perd et même Mme de Sévigné ne s'y retrouve pas, constatant seulement que « le cœur n'a pas de rides », celui du roi en tout cas. La Montespan est tout le contraire de Louise. Outre qu'elle a sans doute fait découvrir au roi des plaisirs ignorés, elle ne s'interdit rien. « On a tout dit sur Françoise Athénaïs de Rochechouart, sur cette déesse aussi noble que le roi, resplendissante, pétillante, arrogante, débordante, étincelante d'esprit, ivre d'orgueil, de sensualité, de cruauté, furieuse en ses colères, en ses jalousies, en ses haines, enchanteresses et criminelles[1]. » Mais ce qu'il faut rappeler est que la situation des deux femmes est intenable. À Saint-Germain, Louise habite une chambre et un cabinet qui ouvrent sur les pièces réservées à la Montespan. Pour rejoindre la marquise, le roi doit traverser l'appartement de la duchesse ! Ainsi, on ne sait jamais chez laquelle des deux Sa Majesté va faire

---

1. Philippe Erlanger, *Louis XIV au jour le jour*, La Table ronde, 1967.

La marquise de Montespan, vers 1670, dans une galerie du château de Clagny construit pour elle près de Versailles. Elle est la favorite de Louis XIV depuis 1667 – elle avait 26 ans, lui 29. Son ombrageux mari prend spectaculairement le « deuil » de son épouse infidèle ! Ils seront séparés en 1674. Fille du duc de Mortemart, Françoise est aussi célèbre pour son esprit mordant que pour sa beauté, ce qui lui vaut de nombreux ennemis à la Cour où elle est la favorite officielle.

connaître son désir. On peut ainsi résumer la situation de Louise :
« Elle avait commencé sa carrière comme chandelier de Madame,
elle la terminera comme paravent de la Montespan[1]. » Le roi pense-
t-il échapper à la critique en exhibant la variation de ses humeurs ?
La campagne militaire est victorieuse. En septembre, la Cour revient
à Saint-Germain, où Louise accouche d'un fils le 3 octobre. Le
marquis de Montespan finit par s'émouvoir des bourdonnements
qui lui parviennent de la Cour. À l'été 1668, il surgit, le regard
sombre, lançant des imprécations, défendant l'honneur conjugal,
faisant des allusions très précises à la légende biblique de *David et
Bethsabée*, autrement dit en menaçant le responsable de son infortune, le roi lui-même ! Il est si ombrageux, ridicule et bruyant que
Louis XIV donne l'ordre de l'arrêter, ce qui est fait le 30 septembre.
Relâché au bout de huit jours par un roi un peu gêné, le cocu tapa-
geur, qui n'est pas comblé par « un partage avec Jupiter », est exilé
sur ses terres de Guyenne. Sitôt rentré, il annonce à son entourage
la mort de son épouse, drape son carrosse de noir, le décore de
bois de cerf – fine allusion – et fait dire une messe de deuil !
Au moment d'entrer dans la chapelle, le « veuf », accompagné de
ses deux enfants, dit à haute voix à l'assistance stupéfaite :

– Mes cornes sont trop grandes pour passer par une petite
porte !

Un deuil symbolique, mais particulièrement effronté, puisque
le mari pousse l'odieuse comédie jusqu'à faire enterrer un cercueil
puis graver une pierre tombale au nom de son épouse ! Celle-ci
goûte peu la macabre plaisanterie. La justice prononcera leur
séparation le 7 juillet 1674. Bien sûr, Athénaïs va rapidement

---

1. Jean-Christian Petitfils, *op. cit.*

être grosse des attentions royales. Alors qu'elle est sur le point d'accoucher, Louis XIV accorde une nouvelle faveur à Louise en février 1669 : il légitime le fils qu'il a eu de la duchesse, Louis, né en 1667 et titré comte de Vermandois. Au printemps, Mme de Montespan donne le jour à un enfant, mais comme il n'est pas de son mari, le bébé n'est ni reconnu ni titré. M. de Montespan rappelle qu'il n'a plus de femme, on ne peut que le croire !

La cohabitation forcée des « dames » continue. Un coup de tonnerre frappe la Cour le 30 juin 1670 : « Madame se meurt, Madame est morte », lance Bossuet dans son inoubliable oraison funèbre, à Chaillot. La belle-sœur du roi avait été chargée d'une mission auprès de son frère, le roi Charles II d'Angleterre (qui la surnommait « chère Minette »), pour qu'il mette fin à son alliance hollandaise. Madame s'était acquittée avec succès de sa secrète ambassade. On a beaucoup glosé sur les raisons de son décès brutal, survenu après qu'elle eut bu un verre d'eau de chicorée. Certains ont avancé, tardivement, la thèse d'un empoisonnement, comme Mme de La Fayette. Mais Madame était en très mauvaise santé. S'agit-il d'un cancer du foie ? D'une péritonite, alors mal connue à l'époque, car la défunte s'était plainte d'une épouvantable douleur au côté ? Du choléra ? Le roi, qui diligente une enquête, et les courtisans sont bouleversés. Monsieur, veuf, beaucoup moins.

Mme de Montespan cherche une gouvernante des bâtards royaux

Submergée d'humiliations, sans doute étreinte par les remords, Louise commence à se réfugier dans la religion, qu'elle a toujours pratiquée. La foi peut-elle secourir sa détresse ? En 1670, elle écrit ses *Réflexions sur la miséricorde de Dieu*. La duchesse est toujours éprise du roi, mais, lassée des cruautés dont elle est l'objet, elle envisage une retraite au couvent. Elle s'enfuit une nouvelle fois pour se réfugier à Chaillot, chez les Dames de la Visitation. Cette fois, le roi ne se dérange pas, il la fait chercher par Colbert. Mme de Montespan, elle, a des préoccupations bien différentes. Ayant déjà donné deux bâtards au roi (d'autres suivront), il lui faut maintenant trouver une personne de confiance s'occupant de sa progéniture cachée. Les enfants de Louise, légitimés, eux, ont été élevés par Mme Colbert. Le choix de Mme de Montespan va se porter sur une certaine veuve Scarron. Sans s'en douter, Athénaïs, qui est en train de triompher de Louise après trois ans de rivalité, va faire entrer dans sa maison la femme qui lui ravira le cœur du roi.

La vie de cette étrange gouvernante avait été, jusque-là, bien romanesque. Par son père, elle est la petite-fille d'Agrippa d'Aubigné, calviniste et capitaine qui combattit au côté d'Henri de Navarre, mais déposa les armes le jour où ce dernier devint Henri IV. Il était aussi un poète, un historien et un pamphlétaire très attaché à la liberté de culte des protestants. Son fils, Constant d'Aubigné, est beaucoup moins recommandable. Il commet de nombreux forfaits et finit par tuer son épouse et l'amant de celle-ci et se retrouve prisonnier au château Trompette, à Bordeaux. Il séduit la fille du gouverneur, Jeanne de Cardilhac, et en fait sa seconde femme. Leur fille Françoise naît le 25 novembre 1635 dans la conciergerie de la prison de Niort où son père est détenu pour dettes, et peut-être aussi pour intelligence avec les Anglais. Ils ont déjà deux fils. Devant la précarité de la famille, Françoise est confiée à sa tante Mme de Villette, fille d'Agrippa, une protestante fervente, alors que Françoise a été bapti-

La future Mme de Maintenon, veuve à 25 ans du poète Scarron, sans ressources, avait été chargée par la Montespan d'élever les enfants qu'elle avait eus de Louis XIV. Proche du roi, elle supplante sa rivale et devient la dernière favorite du monarque vieillissant qui l'épouse secrètement après la mort de la reine Marie-Thérèse en 1683. Ici, elle est représentée avec deux des enfants du roi et de la Montespan, le duc du Maine, né en 1670, et le comte de Vexin, né en 1672.

sée selon le rite catholique. Avec ses frères, Françoise est élevée dans un petit château près de Niort où la vie, rustique, est plutôt agréable. Libéré, amnistié, son père part chercher fortune aux Antilles où, en 1645, il est nommé gouverneur, soudain discret, de l'île de Marie-Galante, une dépendance de la Guadeloupe. Toute sa famille l'accompagne, ce qui vaudra plus tard à sa fille le surnom de « Belle Indienne ». Là-bas, Constant perd tout ce qu'il a gagné et disparaît. La mère et ses trois enfants reviennent en 1647 grâce à la générosité de leur tante. Françoise a 14 ans, lit la Bible, mais aussi Plutarque. Une éducation humaniste à tendance protestante. Néanmoins, sa marraine, catholique, intervient auprès d'Anne d'Autriche pour récupérer sa filleule. Françoise est alors élevée avec des cousines dans un autre château. L'atmosphère y est plutôt sévère, mais campagnarde, puisque pour leurs loisirs les jeunes filles gardent les dindons et les oies. Françoise est jolie, élancée, a de beaux yeux noirs, une bouche bien dessinée et un teint très blanc. Sa marraine décide de la mettre en pension chez les ursulines de Niort. Puis, pour on ne sait quelle raison, sa mère la fait revenir à Paris, et la transfère dans une autre institution, toujours chez les ursulines. À la mort de sa mère en 1650, Françoise a 15 ans et se retrouve à la charge de sa marraine qui n'a plus qu'un souci : la marier. En attendant, un de ses amis les introduit dans le salon, très couru, du poète Scarron. S'y retrouve l'élite intellectuelle et mondaine du temps, dont plusieurs dames de la Cour. On ne sait ce que pense Françoise de la difformité du maître de maison. La nature avait été ingrate avec cet homme, une maladie l'ayant rendu infirme, « un raccourci de la misère humaine », selon son propre constat !

Françoise revient souvent chez lui pour raconter son voyage et son séjour aux îles. Au bout d'un an, elle avoue : « J'ai mieux aimé l'épouser qu'un couvent. » En effet, sans fortune, elle ne peut qu'espérer la vie monastique, mais n'en a aucune envie. Le mariage est célébré en 1652. Elle a 17 ans, il en a 42 et en paraît vingt de plus. Cet auteur de comédies bouffonnes très prisées a écrit *Le Roman comique* lors d'un séjour au Mans, ville où il est né. En février 1654, le ménage Scarron s'installe rue Neuve-Saint-Louis, actuelle rue de Turenne, et reçoit dans un salon au second étage. Il ne s'agit pas d'un salon des Précieux, comme celui de Mlle de Scudéry et de Mme de Rambouillet : on aurait plutôt tendance à les y railler. Passent le futur maréchal de Turenne, le peintre Mignard, Ninon de Lenclos – une femme aux mœurs très libres, plus toute jeune pour l'époque, mais avec qui Françoise se lie d'amitié – et la marquise de Sévigné. Des voisins de ce quartier du Marais. Si on s'interroge sur les rapports que Françoise entretient avec son époux paralytique, on ne pose jamais la question. Scarron aurait dit, au moment de leur mariage : « Je ne lui ferai pas de sottise, mais je lui en apprendrai beaucoup[1]. » Le ménage vit confortablement, notamment grâce à une pension servie par Fouquet.

La veuve Scarron est sauvée : elle voit souvent le roi chez ses enfants

À l'été 1660, l'état de santé du poète s'aggrave. Il s'éteint le 7 octobre. Françoise a 25 ans et son époux ne lui laisse que des dettes. Contrainte de vendre ses meubles et de déménager, elle s'installe au couvent des ursulines de la rue Saint-Jacques. Ses amis sollicitent Mazarin pour qu'il lui verse une pension autrefois

---

1. Louis Mermaz, *Madame de Maintenon ou l'Amour dévot*, Rencontre, 1965.

consentie à son mari, mais le cardinal refuse, n'oubliant pas que Scarron avait pris le parti de la Fronde.

En revanche, la reine mère Anne d'Autriche, émue par son dénuement, lui accorde une pension de 2 000 livres. Ce n'est pas énorme, mais Françoise survit. La veuve Scarron parvient à voir ses amis et à être reçue, car on apprécie son esprit, son caractère serviable – obligé ! –, mais surtout sa bonne humeur, qu'elle conserve en dépit de temps difficiles. Dans sa vie privée, elle est discrète, bien que Ninon de Lenclos, sa libertine voisine, se flatte de lui avoir souvent prêté sa chambre jaune pour une idylle avec le marquis de Villarceaux.

En 1666, à la mort d'Anne d'Autriche, une amie obtient que Louis XIV maintienne la pension que sa mère faisait verser à la veuve Scarron. Cette amie est, justement, Mme de Montespan. Celle-ci (on l'a vu) ayant eu du roi deux enfants, en 1669 et 1670, trouve en elle la personne susceptible de devenir leur gouvernante. La veuve de Scarron n'hésite pas longtemps. Si on lui confie une lourde charge et une grande responsabilité, c'est aussi un honneur, un brevet de respectabilité, et surtout la fin de ses embarras financiers. Dans les premiers temps, Mme Scarron ne quitte pas sa maison de la rue des Tournelles, se contentant de faire la tournée des nourrices et de veiller au bien-être des bâtards royaux. Quand arrive un troisième enfant, Mme Scarron considère qu'il faut les élever ensemble et se transporte rue de Vaugirard, presque à la campagne. À peine y est-elle établie que le roi vient régulièrement leur rendre visite. Si Louis XIV est léger, voire inconscient, dans ses amours concomitantes, il est en revanche très attaché à ses enfants, ce qui est assez rare pour l'époque. Contrairement aux idées reçues, le roi est un grand sensible qui s'attendrit assez facilement. S'il peut faire preuve d'une extrême dureté, il en conçoit immédiatement des remords et s'attache à réparer les souffrances qu'il a causées.

Que pense-t-il de Mme veuve Scarron ? D'après la description d'Athénaïs, il redoutait un bas-bleu corseté dans les principes moraux et la dévotion. C'est pourquoi Sa Majesté apprécie d'autant plus sa beauté, sa distinction et sa gentillesse avec les enfants. Lorsque la première-née des amours du roi et de la Montespan meurt en 1672 au cours d'une épidémie, la gouvernante semble beaucoup plus affectée que la mère, ce que le roi ne manque pas de relever. Grave erreur ! « Le roi aurait dit : "Elle sait bien aimer, et il y aurait du plaisir à être aimé d'elle."[1] »

Les visites du roi à ses enfants naturels sont de plus en plus fréquentes et Paris commence à bruire de rumeurs : on s'interroge sur les activités de Mme Scarron qui semble s'être retirée de la vie mondaine. Si le roi avait si facilement légitimé les enfants que lui avait donnés Louise de La Vallière, il est beaucoup plus embarrassé par ceux qu'il a eus de Mme de Montespan, car celle-ci est toujours mariée. Que peut-il faire ? L'illumination lui vient au cours de l'été 1673. Un certain comte de Saint-Paul, qui venait de mourir à la guerre sur le Rhin, avait demandé par testament à sa mère, Mme de Longueville, d'obtenir du roi la légitimation d'un fils naturel, sans indiquer le nom de la mère. Louis XIV accepte avec soulagement, car c'est la solution qu'il recherchait ! Il va légitimer les enfants de Mme de Montespan sans mentionner le nom de leur mère. Ni le marquis ni personne ne pourra s'en offusquer. C'est chose faite en décembre 1673. Louis XIV fait légitimer Louis-Auguste, né en 1670, titré duc du Maine, le comte de Vexin (qui meurt jeune),

---

1. Louis Mermaz, *op. cit.*

La marquise de Montespan et quatre des enfants de Louis XIV, dont Mlle de Tours et Mlle de Nantes. Elle eut huit enfants du roi dont six furent légitimés. En 1680, la favorite est compromise dans l'affaire des poisons ; elle est peu à peu remplacée par Mme de Maintenon mais obtient de rester à la Cour jusqu'en 1691, puis se retire au couvent Saint-Joseph, à Paris.

et Louise-Françoise, Mlle de Nantes. Un grand pas est franchi : les enfants peuvent être présentés à la Cour. Mme Scarron s'installe donc à Versailles en qualité de gouvernante des bâtards du roi en mars 1674. Elle a 39 ans et va vivre, à partir de cette date, dans l'intimité de Mme de Montespan et donc du roi. À ce moment, la marquise est toujours la favorite triomphante, puisque la duchesse de La Vallière va s'effacer. En effet, en mars, avec un grand courage, Louise sollicite une audience et demande au roi son autorisation d'entrer au carmel. Louis XIV acquiesce. Il est convenu qu'elle quittera la Cour au moment où celle-ci émigrera en Bourgogne, fin avril. Ce dernier printemps de Louise à la Cour, qui sera celui des adieux, est symbolisé par un magnifique tableau de Mignard où elle est peinte en compagnie de ses deux enfants, dans une somptueuse robe d'apparat de soie blanche, tenant une rose à la main. Elle quitte Versailles le 19 avril 1674 pour le couvent des carmélites de l'Incarnation, rue Saint-Jacques.

Louise de La Vallière est carmélite, la guerre des favorites continue !

Le 2 juin, pour sa prise d'habit, seule la princesse Palatine, seconde épouse de Monsieur, qui aime Louise autant qu'elle déteste la Montespan, est là. Un an plus tard, après son noviciat, pour la prise de voile de celle qui devient sœur Louise de la Miséricorde, la Cour, à l'exception du roi, se déplace, avec la reine Marie-Thérèse ainsi que Monsieur et Madame. C'est Bossuet qui prononce le sermon : « Enveloppez-vous dans ce voile ; vivez cachée à vous-même, sortez de vous-même et prenez un si noble essor que vous ne trouviez de repos que dans l'essence du Père, du Fils et du Saint-Esprit. » Louise s'éteindra le 6 juin 1710, après un court bonheur profane et trente années de réclusion volontaire, mais sereine. Louis XIV aura été son seul amour. Elle ne le trahira jamais. On pourra dire : « Elle aima le roi, pas la royauté. » La guerre des favorites est-elle achevée ? Non, car lorsque l'une s'efface, une autre entre en scène, Mme Scarron.

Remplacée dans le cœur du roi par Mme de Montespan, Louise de La Vallière ne trouve de réconfort que dans la religion. Au printemps 1674, elle obtient de quitter Versailles. Sur cette peinture du XIXe siècle, elle entre au carmel du faubourg Saint-Jacques. L'ancienne première favorite de Louis XIV devient, un an plus tard, sœur Louise de la Miséricorde. Elle s'éteint le 6 juin 1710, âgée de 66 ans. Le roi fut son unique amour.

La marquise de Montespan n'est pas d'un caractère facile. La cohabitation avec les enfants et leur gouvernante lui fait prendre conscience de l'affection que suscite son fils aîné, le jeune duc du Maine, qui a du mal à marcher, souffrant d'une malformation d'une jambe. Cet enfant charmant est aussi le préféré du roi. L'instinct de la marquise lui fait sentir un danger. Violente et désordonnée, animée d'une volonté de puissance, la Montespan commence à se mêler d'éducation, admonestant sans cesse Mme Scarron. Cette dernière ne se laisse pas intimider et le roi envoie l'autoritaire Louvois comme juge de paix. Louis XIV s'intéresse de plus en plus à Françoise. Sont-ils devenus amants dès cette période ? Beaucoup le pensent, mais rien ne permet de l'affirmer. Il est certain que le roi se montre très généreux envers elle, lui donnant une somme considérable qui lui permet d'acquérir, à dix lieues de Versailles, le domaine de Maintenon. Dès qu'elle est chez elle dans ce beau château, Louis XIV l'appelle Mme de Maintenon. « Mme de Maintenant », persiflent les courtisans ; Mme de Sévigné reprendra allègrement ce surnom dans une lettre à sa fille. En même temps, le roi n'oublie pas Mme de Montespan et fait construire pour elle, entre 1675 et 1680, par Mansart, le château de Clagny, proche des rayons du Roi-Soleil. Le bâtiment et le parc dessiné par Le Nôtre disparaîtront sous Louis XV pour permettre l'agrandissement de la ville de Versailles.

L'autre grand événement de 1675 est une attaque en règle de l'Église, qui fustige la conduite scandaleuse du roi. Ni Bossuet ni Bourdaloue, remarquables orateurs, ne ménagent Sa Majesté Très Chrétienne. Et en avril, à Pâques, un prêtre de Versailles refuse l'absolution à la marquise de Montespan désireuse de se confesser. L'opinion de l'Église compte beaucoup pour les deux amants. Le roi juge prudent de ne plus témoigner que de l'amitié envers Mme de Montespan. Le « trio » se sépare : Louis XIV part pour les Flandres en mai, Mme de Montespan s'enferme à Clagny en travaux et Mme de Maintenon, sur ordre médical, se rend à Barèges, dans les Pyrénées, pour permettre au duc du Maine de prendre les eaux et de tenter de soigner sa maladie. Elle ne regagne Versailles que dans la première semaine de novembre. Mme de Montespan accueille son fils, mais elle n'est que de passage, le roi tenant sa promesse faite à Bossuet de n'avoir plus avec la marquise que des relations amicales.

Au printemps 1676, le souverain repart pour les armées, tandis que la Montespan se déplace en grand équipage – cinquante personnes ! – pour faire une cure en Auvergne. Mme de Maintenon reste à Versailles et toute la Cour se demande qui l'emporte sur qui. Mme de Sévigné constate que la Maintenon « est encore plus triomphante qu'elle [Athénaïs]. Tout est comme soumis à son empire. Toutes les femmes de chambre de sa voisine [Athénaïs] sont à elle… Elle ne salue personne et je crois que dans son cœur, elle rit bien de cette servitude ». Mme de Maintenon a-t-elle triomphé ? Pas encore ! En effet, le roi, revenu de ses campagnes guerrières, est à Versailles. Il souhaite voir la marquise de Montespan, mais pour que cela ne choque personne, c'est lui qui se déplace à Clagny, accompagné des plus respectables duègnes de la Cour. Rien n'y fait. Au bout de quelques minutes d'entretien, le roi entraîne la marquise vers une fenêtre, lui parle longtemps, puis s'éclipse vers sa chambre, non sans que la Montespan ait plongé dans une superbe révérence à toutes les duègnes pétrifiées ! Et comme on le racontera à la Cour, il s'ensuivit la seconde Mlle de Blois en 1677 et le comte de Toulouse en 1678, tous deux légitimés en 1681. Le roi a encore succombé aux charmes de la belle marquise, bien qu'elle ait beaucoup grossi. Les jésuites et le parti dévot sont momentanément vaincus.

Mlle de Fontanges ? « Belle comme un ange, sotte comme un panier ! »

Le trio galant est donc reconstitué. Le retour en grâce de Mme de Montespan a été spectaculaire, mais Mme de Maintenon est présente chaque fois que le roi se rend chez sa rivale. Il a de longues conversations avec la gouvernante, elle devient sa confidente et peut-être davantage, mais dans la discrétion la plus totale. Mme de Maintenon est finaude, avouant : « Rien n'est plus habile qu'une conduite irréprochable. » Elle est habile, mais pas toujours irréprochable. En 1679 arrive à Versailles une ravissante jeune personne, Marie-Angélique de Scoraille de Roussille, que l'on appelle Mlle de Fontanges, « belle comme un ange et sotte comme un panier » ! Au service de la Palatine, elle a 18 ans, le roi en a 40. Au cours d'une chasse, sa coiffure est dérangée par une branche. La demoiselle se rend célèbre en relevant ses cheveux, inventant une coiffure à l'aide d'un ruban. Ce sera sa seule contribution aux modes du Grand Siècle, mais l'édifice capillaire, bardé de dentelles et de fil de fer, séduit le roi. Toutes les dames de la Cour veulent être coiffées « à la Fontanges ». Louis XIV la met dans son lit, avant d'être lassé par cette coiffure peu pratique. La marquise de Montespan est atteinte par cette trahison (chacune son tour) et reporte sa colère contre Mme de Maintenon, l'accusant d'aimer le roi et de chercher, elle aussi, à devenir sa maîtresse ! Cette nouvelle liaison dure deux ans. La jeune fille est radieuse, au sommet de sa beauté, quand le roi décide d'en faire une duchesse avec une pension de 80 000 livres. Un cadeau ? La disgrâce, comme d'habitude ! En larmes, la Fontanges quitte la Cour et se retire au monastère parisien de Port-Royal où elle décède trois mois plus tard, le 28 juin 1681, à l'âge de 20 ans. D'après la rumeur, elle était enceinte et serait morte en couches, « blessée au service du roi » selon la plume incisive de Mme de Sévigné… Louis XIV en est visiblement très affecté. Le spirituel Bussy-Rabutin répond sur un ton aussi plaisant à sa cousine Sévigné : « Si ce temps dure, un chemin sûr aux belles filles pour se sauver, ce sera de passer par les mains du roi. Je crois que, comme il dit aux malades qu'il touche : "Le roi te touche, Dieu te guérit", il dit aux demoiselles qu'il aime : "Le roi te baise, Dieu te

Le 17 juillet 1678, la paix de Nimègue met fin aux sept années de la guerre de Hollande contre les Provinces-Unies, l'Espagne et l'Empire. Louis XIV reçoit les émissaires chargés de signer le traité en présence de Colbert. La marquise de Montespan (debout, à droite) est encore la favorite du roi malgré son embonpoint, à la suite de nombreuses maternités.

sauve." » La Fontanges n'était pas une favorite, mais une passade, parmi beaucoup d'autres, un désir fou calmé par la possession. On peut observer que lorsque ces jeunes maîtresses cessent de plaire, le couvent est pour la plupart un refuge inéluctable.

Si elle est débarrassée de cette rivale visible et jeune, Mme de Montespan n'est pas exonérée de Mme de Maintenon. Avec sa coterie, la marquise se lance dans une campagne diffamatoire contre la gouvernante, notamment sur les turpitudes supposées de sa précédente vie dans le quartier du Marais. La marquise aurait dû être prudente, car elle va, elle aussi, être attaquée, bien plus gravement, dans la ténébreuse « affaire des poisons ».

Tout commence avec l'arrestation, en mars 1679, de la femme Monvoisin, dite la Voisin, soupçonnée de sorcellerie, suivie de celle de « l'abbé Lesage ». Leurs interrogatoires horrifient les juges au point que M. de La Reynie, lieutenant général de police, demande au roi d'établir une cour d'exception, siégeant à l'Arsenal, ne comprenant que des magistrats de très haut rang et ne relevant que du roi. Cette juridiction porte le nom terrifiant de « Chambre ardente ». Elle est présidée par La Reynie, que l'on dit fin limier. Il n'est question que d'empoisonnements, d'avortements, de messes noires et de maléfices. « Il semble qu'il y ait dans de certains temps des modes de crimes comme d'habits. Du temps de la Voisin et de la Brinvilliers, ce n'étaient qu'empoisonneurs », écrira Saint-Simon. Les plus grands noms sont compromis. Une affaire d'État. Le roi lui-même pourrait être en danger.

Scandale : Mme de Montespan est suspectée dans l'affaire des poisons

La Voisin a de nombreux émules, les dénonciations se succèdent. « Du 1ᵉʳ avril 1679 au 21 juillet 1682, la commission de l'Arsenal aura tenu 210 audiences, vu passer 442 accusés, ordonné 367 arrestations, fait exécuter 34 personnes, envoyé 5 coupables aux galères, condamné 23 personnes au bannissement[1]. » Le roi se penche sur les dossiers des principaux suspects, particulièrement lorsqu'il s'agit de hauts personnages, comme le maréchal de Luxembourg, deux « mazarinettes » (nièces de Mazarin), la duchesse de Bouillon, soupçonnée d'avoir voulu se débarrasser de son mari, qui sera disculpée.

---

1. François Bluche, *Louis XIV*, Fayard, 1986.

En revanche, sa sœur, Olympe de Soissons, sera condamnée à l'exil par le roi pour lui éviter un sort plus fâcheux. Pour Louis XIV, l'affaire prend un tour beaucoup plus désagréable lorsque apparaît le nom de la marquise de Montespan. Dans un premier temps, il demande que les interrogatoires dans lesquels est consigné le nom de la marquise ne soient plus rédigés sur des registres, mais sur des feuilles volantes. Puis, inquiet, il ordonne aux magistrats de ne plus s'occuper des affaires mentionnant la Montespan et il finit par suspendre le fonctionnement de la Chambre ardente. De quoi Athénaïs serait-elle coupable ? D'avoir eu recours à des sortilèges pour se débarrasser de Louise de La Vallière et, plus vraisemblablement, à des aphrodisiaques pour raviver les sens du roi à son seul profit. En réalité, La Reynie, trop scrupuleux, se noie dans ses dossiers, incapable de distinguer entre les véritables crimes et les simples médisances qui circulent dans une opinion prise d'hystérie. Mais le mal est fait.

Le soupçon et le doute, sans aucune preuve si ce n'est les visites avérées d'Athénaïs à la Voisin, ont envahi l'esprit du roi. En août 1680, il a une scène violente avec la marquise. Convaincu qu'il ne s'agit que d'imprudences et de bêtises, Louis XIV n'en conservera pas moins dans une cassette les fameuses feuilles relatant les crimes imputés à la marquise. Il ne les détruira qu'en 1709 et, malgré cette suspicion, la marquise de Montespan n'est pas priée de quitter Versailles. Cependant, l'amour que le roi portait à Athénaïs a expiré. Il sait qu'elle a eu un comportement regrettable, dans le seul but de conserver l'exclusivité du monarque. Mais un éloignement de la Cour, dans une période aussi fiévreuse, ne pourrait qu'aggraver les soupçons. De plus, elle est la mère de ses fils et fille légitimés et, pour couper court aux rumeurs, en 1681, il

Racine lit sa tragédie *Athalie* (1691), sa dernière œuvre, devant Louis XIV et Mme de Maintenon qui la lui a commandée pour les demoiselles de Saint-Cyr, l'institution pour jeunes filles nobles « pauvres et méritantes » qu'elle a fondée en 1686. La favorite contribue à donner à la Cour un air d'austérité. Son influence est moins politique que religieuse.

légitime, comme on a vu, les deux derniers enfants qu'il a eus avec la marquise, la seconde Mlle de Blois et le comte de Toulouse.

À Versailles, la marquise est installée au rez-de-chaussée, dans le très bel appartement des Bains. Le roi lui rend visite presque chaque jour, mais elle ne parvient pas à reconquérir son cœur. Mme de Maintenon n'a plus de rivale. Louis XIV, furieux, a été très ébranlé par cette affaire. « Rien ne pouvait le toucher plus sensiblement que la révélation de turpitudes capables d'éclabousser la majesté royale, d'exposer sa gloire à la verve des pamphlétaires étrangers. Pour la première fois lui apparaissait l'abîme où risquait de sombrer sa vieillesse. Un tel péril donnait soudain leur poids aux exhortations de son confesseur, aux homélies de Mme de Maintenon[1]. » La Montespan restera à la Cour jusqu'en 1691, tentera une vaine réconciliation avec son époux bafoué « par Jupiter », puis se retirera dans un couvent (elle aussi !), celui des Filles de Saint-Joseph, qu'elle avait fondé rue Saint-Dominique[2] et comblé de ses bienfaits. Ainsi, cette favorite délaissée ne peut, elle non plus, échapper au silence de la prière derrière la clôture. Celle que Mme de Sévigné, lors de leur première rencontre, avait estimée « triomphante, à montrer aux ambassadeurs », meurt lors d'une cure à Bourbon-l'Archambault le 28 mai 1707, âgée de 67 ans, ce qui laisse le monarque indifférent ; il partait pour une chasse.

Mariée secrètement au roi, Mme de Maintenon ne sera pas reine

La Montespan disparue, Mme de Maintenon, dans son désir de rapprocher le roi d'une conduite conforme à la religion, l'exhorte à se réconcilier avec la reine Marie-Thérèse. La dévote est une habile confidente. Louis XIV s'exécute et la reine en est très reconnaissante à celle en qui elle voit, finalement, une alliée. Cette complicité adoucira ses trois dernières années, puisque la si résignée Marie-Thérèse s'éteint le 30 juillet 1683. Le roi dira élégamment :

---

1. Philippe Erlanger, *op. cit.*

2. Depuis 1804, l'hôtel a été celui du ministère de la Guerre, puis des Armées, et est aujourd'hui celui de la Défense.

– C'est le premier chagrin qu'elle me cause.

Voici donc Mme de Maintenon seule femme auprès du roi. Selon la Palatine, elle trouve le moyen de le consoler en quatre jours, suivant le conseil du duc de La Rochefoucauld qui avait murmuré à l'oreille de la gouvernante : « Ce n'est pas le temps de quitter le roi. Il a besoin de vous ! »

On ne saura jamais ce qui se passa dans le cœur du souverain à ce moment-là. Il est certain qu'il renonce à faire se succéder des maîtresses de plus en plus jeunes, indignes de sa grandeur. Il a 45 ans, n'a pas besoin d'épouser une princesse pour avoir des héritiers. C'est sans doute ce qui le pousse à un mariage avec celle qui se tient près de lui depuis des années, dont il apprécie spécialement la conversation et avec laquelle il a depuis longtemps des rapports plus intimes. D'après l'abbé de Choisy, Louvois, horrifié par ce mariage jugé comparable à une « indignité », se serait jeté aux pieds du roi, le suppliant d'y renoncer. Trop tard ! On procède à leur union en secret, à Versailles, dans la nuit du samedi au dimanche 9 octobre 1683, dans l'ancienne chapelle royale. C'est l'archevêque de Paris qui reçoit le serment des époux et l'office est célébré par le père de La Chaise, jésuite, confesseur du roi, qui s'était opposé à l'adultère avec la Montespan. Il n'existe aucune trace de l'acte de mariage. Peut-être est-ce volontaire, puisque la cérémonie devait demeurer secrète. Pour autant, Mme de Maintenon n'entre pas dans la famille royale, est exclue des dîners et des soupers. Une situation fausse dont elle a l'habitude. La Palatine, le verbe toujours cinglant et qui n'avait apprécié que Louise de La Vallière dans les amours tumultueuses de son beau-frère, juge que « la guenipe n'a jamais pu pardonner au roi de ne pas l'avoir déclarée reine ». Certes, mais le triomphe de Mme de Maintenon, épouse morganatique, est d'obtenir du Roi-Soleil qu'il satisfasse ses sens tout en étant en paix avec l'Église. Si elle ne régnera jamais sur la France, la seconde femme de Louis XIV gouvernera sa nouvelle vie. « Bonne catholique », la favorite devenue épouse, pénétrée de l'esprit de la Contre-Réforme, estime normal d'espérer la conversion des huguenots, mais ne joue aucun rôle actif dans la révocation de l'édit de Nantes le 18 septembre 1685, ce que Voltaire sera le premier à souligner. Mme de Maintenon a mieux à faire. Se souvenant des aléas et des misères de sa jeunesse, elle souhaite, depuis longtemps, améliorer le sort des jeunes filles. Son statut d'épouse, même secrète, du roi lui fait voir les choses en grand. C'est ainsi que va naître Saint-Cyr, établissement pour demoiselles de la noblesse pauvre et méritante. Sa construction, près de Versailles, commence en 1685 et les premières élèves, admises entre 7 et 12 ans, y sont accueillies à la fin de juillet 1686. Leur nombre limité à deux cent cinquante permet de les garder jusqu'à l'âge de 20 ans, âge auquel on devrait leur avoir trouvé un mari. Mme de Maintenon est très attachée à Saint-Cyr, elle en est l'âme, veillant à tout : à l'esprit religieux, à la discipline (implacable) et aux divertissements. Nul n'ignore l'éclat donné aux représentations, en présence du roi, de deux tragédies édifiantes de Racine, *Esther*, truffée d'allusions au roi et à ses favorites, et *Athalie*. C'est le côté brillant de Saint-Cyr. Mais cette médaille a un revers : les pensionnaires n'ont aucune liberté, et surtout pas dans le choix de leur futur époux ! Le fouet et les fers y sont souvent utilisés à l'encontre des récalcitrantes. La situation géographique de l'institution, dans une zone très marécageuse, rend les conditions de vie malsaines, et bien des élèves y « périront de la poitrine ».

On sait combien la fin du règne de Louis XIV fut difficile, avec la guerre de Succession d'Espagne pour imposer son petit-fils sur le trône de Madrid. Dans sa vie intime, chaque année apporte au roi son lot de deuils : Racine en 1699, Monsieur, son frère en 1701, la même année que Bontemps, son premier valet de chambre, le témoin de chaque instant ; le grand dauphin, son seul fils, emporté en cinq semaines par la petite vérole en 1711. L'année suivante voit disparaître le duc de Bourgogne, petit-fils et nouvel héritier du roi, sa femme et leur fils, le duc de Bretagne, tous victimes de la rougeole. Une véritable hécatombe. Le seul à en réchapper est le jeune frère du duc de Bretagne, le duc d'Anjou, nouveau dauphin et futur Louis XV. Il a 2 ans. Louis XIV accepte tous ces deuils avec résignation. Le 10 août 1715, après une promenade à Marly, le roi se plaint de douleurs aux jambes. On croit à une sciatique. C'est, en réalité, un début de gangrène qui ne va pas tarder à l'emporter.

Jusqu'à la dernière minute, Mme de Maintenon veille à son salut. Lorsqu'elle le pense prêt à rendre son âme à Dieu, elle le quitte, n'ayant pas le courage d'affronter la famille royale au moment de la mort du roi qui signifiera qu'elle n'a plus sa place à Versailles. Elle se retire dans son cher Saint-Cyr où elle s'abîme en prières. Elle s'y trouve à la mort du roi, le 1er septembre 1715, et y demeurera jusqu'à son propre trépas, le 16 avril 1719, à 5 heures du matin.

Si les liaisons de Louis XIV avec ses premières maîtresses puis favorites s'expliquent aisément dans leur complexité, sa très longue intimité avec Mme de Maintenon garde tout son mystère.

Portrait de Mme de Maintenon par Hyacinthe Rigaud, premier peintre du roi. Si la favorite, devenue secrète épouse sans être reine, est favorable à la Contre-Réforme, elle ne joue aucun rôle actif dans la désastreuse révocation de l'édit de Nantes en 1685. Retirée à Saint-Cyr, dans la maison d'éducation qu'elle avait créée, elle meurt en 1719, quatre ans après la disparition du Roi-Soleil.

Les caprices amoureux de Louis XV

Un roi secret

Les trois favorites du « Bien-Aimé » (de gauche à droite) :
la duchesse de Châteauroux en « Aurore » par Nattier, la marquise de Pompadour
(atelier de Nattier) et la comtesse du Barry en « Flore » par Drouais.

Louis XV, roi de France de 1715 à 1774, portrait par Van Loo. Même s'il est moins imposant que son arrière-grand-père Louis XIV, la beauté de celui qu'on surnommera le « Bien-Aimé » est ressentie par tous ses contemporains. Il sera longtemps l'idole de ses sujets, notamment des femmes, « de la duchesse à la lavandière »… avant d'être détesté et haï. Son règne est très long : il dure cinquante-neuf années.

Si, à Versailles, le règne de Louis XIV avait été marqué par la grandeur et la mise en scène du pouvoir, celui de son arrière-petit-fils, Louis XV, conserve l'essentiel de l'apparat, mais y ajoute une nouveauté : le goût de l'intime, en particulier l'aménagement des petits appartements pour y vivre d'une façon moins ostentatoire. En 1753, aux deux tiers de son règne, le successeur du Roi-Soleil est ainsi défini par le duc de Luynes : « Il est plus difficile à dépeindre qu'on se l'imagine ; c'est un caractère caché, non seulement impénétrable dans son secret, mais encore très souvent dans les mouvements qui se passent dans son âme. »

Orphelin de père et de mère à 2 ans, en 1712, il est l'unique survivant d'une hécatombe, sa famille (son père, sa mère et son frère aîné) ayant été emportée par la rougeole et la médecine du temps. Celui qui est devenu, de fait, le nouveau dauphin ne doit sa survie qu'à sa gouvernante l'ayant arraché aux médicastres dignes de ceux ridiculisés par Molière. Non sans mal, elle parvient à le soustraire aux terrifiantes saignées, purges et autres émétiques (destinés à faire vomir le malade). L'excellente femme a simplement mis l'enfant au chaud, lui apportant aussi du réconfort et de la tendresse. Toutefois, on craint pour la santé du jeune roi, qui reste très fragile. Sa mort précoce est même redoutée. Cette gouvernante des enfants royaux depuis 1704, la duchesse de Ventadour, sera sa mère de substitution et il lui restera très attaché, l'appelant « Maman Ventadour ». À cette situation déjà difficile s'ajoute le fait que, depuis la mort de son arrière-grand-père le 1er septembre 1715, et donc à son avènement, un

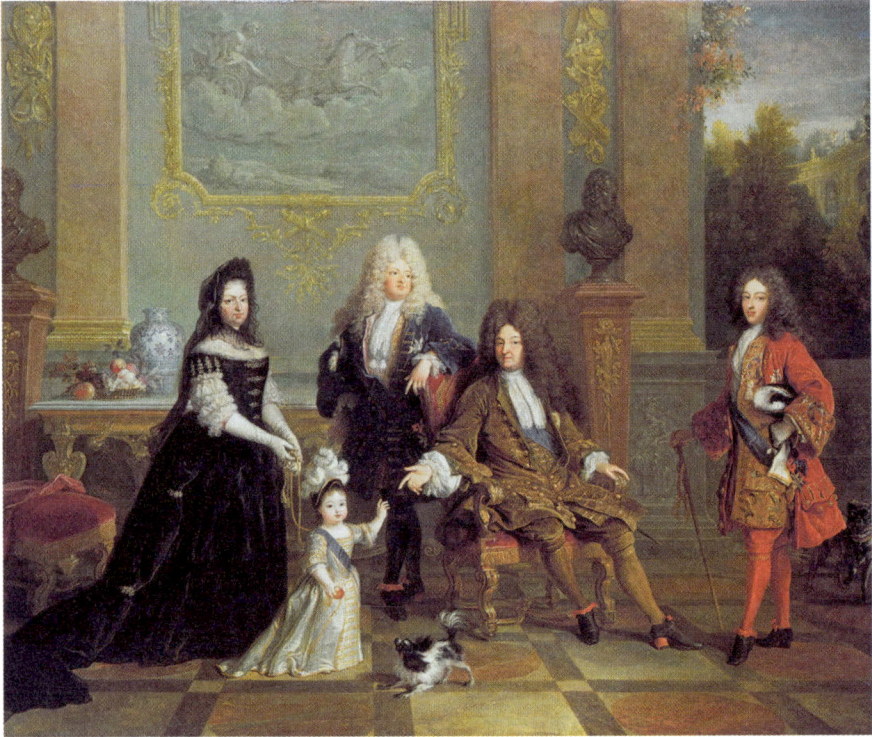

Seul survivant d'une incroyable hécatombe familiale, le jeune Louis XV, né en 1710, est sauvé grâce aux soins et à la tendresse de Mme de Ventadour (ici avec Louis XIV et le régent Philippe d'Orléans). Il l'appellera « Maman Ventadour » mais aura une enfance triste. Physiquement très fort, il est intelligent mais faible et mélancolique. Il encourage les sciences et les techniques.

carcan d'obligations et de devoirs s'est immédiatement abattu sur les épaules du petit garçon. Le drame de Louis XV est d'avoir été privé d'enfance et – trop tôt – de la tendresse de Mme de Ventadour. Quand il a 7 ans, en 1717, la gouvernante remet le roi mineur à son oncle le Régent, Philippe d'Orléans, neveu de Louis XIV. Entre, d'un côté, un gouverneur âgé de 71 ans, le maréchal de Villeroi, plus célèbre pour ses défaites militaires que pour ses victoires, qui tente de faire de Louis XV une copie conforme de Louis XIV et, d'un autre côté, son précepteur, Mgr de Fleury, évêque de Fréjus, un vieillard de 73 ans d'une surprenante vitalité, gestionnaire efficace, qui lui sert de grand-père, l'enfant n'a guère de possibilité d'exister par lui-même. Il va recevoir une éducation raffinée, une instruction brillante et éclectique, avec – on l'oublie souvent – un intérêt particulier pour les sciences et les techniques –, mais il lui manquera toujours une formation politique réaliste. Il accomplit sa tâche avec sérieux, presque avec résignation ; c'est un enfant triste. Soudain, en 1721 – il a 11 ans –, on lui explique qu'il est fiancé à une infante d'Espagne âgée de 4 ans et qui va arriver à la Cour ! Seule réaction du roi : des larmes ! Louis XV est sacré à Reims, puis déclaré majeur en 1723. Il a 13 ans. Le Régent meurt prématurément le 2 décembre de cette même année. Le duc de Bourbon, prince de Condé, devient ministre d'État, ce qui entraîne un revirement diplomatique ; la petite infante espagnole, à laquelle l'adolescent roi avait eu le temps de s'habituer, est renvoyée à Madrid en 1725. Le ministre annonce à Louis XV qu'on lui a trouvé une autre fiancée, la fille du souverain de Pologne bientôt détrôné, Stanislas Leszczyński. Elle se prénomme Marie et, cette fois, la différence d'âge est inverse : il a 15 ans, elle en a 22. Elle est catholique, vertueuse, pieuse, effacée. Et elle est pauvre, obligée de ravauder les habits de ses parents. Elle sera reconnaissante et soumise. Il faut rappeler qu'au moins dix-sept jeunes princesses pouvaient prétendre, en Europe, à devenir l'épouse du roi. Même le tsar de Russie, Pierre le Grand, qui avait traversé la galerie des Glaces de son pas de géant, espérait marier sa fille au roi de France.

On avait éconduit l'impressionnant souverain qui, certes, aimait la France, mais on se méfiait de cette dynastie Romanov un peu trop récente, un peu trop brutale et, de plus, orthodoxe. Résultat d'obscures intrigues et de renversements d'alliances, le « mariage polonais » a lieu le 5 septembre 1725.

Après onze ans de fidélité, Louis XV va être l'amant de trois sœurs !

Dans les premiers temps, le roi, soudain mûri par le mariage, est enchanté de sa douce épouse. Un an plus tard, le duc de Bourbon étant devenu impopulaire, Louis XV, qui a 16 ans, a le courage de le renvoyer et de le remplacer par son ancien précepteur, Fleury, qui vient de recevoir le chapeau de cardinal. Cette nomination est avisée, car ce prélat, d'origine modeste, est à la fois ferme et souple, prudent et désintéressé. Saint-Simon le juge « l'homme le plus superbe au-dedans et le plus impeccable ». Fleury stabilise la monnaie, apportant au pays la paix et l'ordre. Tandis que le roi Stanislas dit définitivement adieu à la Pologne, son gendre Louis XV intervient mollement dans cette guerre de Succession qui, à la mort de son beau-père, apportera la Lorraine à la France.

Entre-temps, après onze années de bonne entente, le roi montre de la lassitude à l'égard de son épouse, qu'il juge terne. Marie Leszczyńska est une génitrice exceptionnelle puisque, entre le mariage en 1725 et l'année 1737, elle a mis au monde dix enfants, dont deux mourront très vite. On compte huit filles et un seul fils, le nouveau dauphin, né en septembre 1729. La

Les Trois Grâces ou les Trois Sœurs de Mailly-Nesle, par Van Loo. Après onze années de fidélité à la reine Marie Leszczyńska, Louis XV sera l'amant des trois, Louise, Pauline et Marie-Anne ! Et peut-être aussi… de la quatrième, Diane !

reine, épuisée par ses incessantes maternités, a grossi, vieilli. On la dit « toujours dolente, toujours grosse ». Pendant les premières années de leur mariage, le roi avait fait preuve d'une fidélité absolue. Même les soupers galants de Mlle de Charolais, sa cousine, arrière-petite-fille du Grand Condé, ne l'avaient pas détourné de la reine. C'est à dater de 1733 que Mlle de Charolais finit par obtenir un certain succès. Lors d'un souper au Petit Madrid, son château du bois de Boulogne, le roi retrouve une des demoiselles d'honneur de la reine, Louise de Nesle, qui a épousé un de ses cousins. On l'appelle Louise de Mailly-Nesle. Celle-ci n'est pas une beauté. Âgée de 23 ans, elle est grande, sans grâce, son visage est ingrat ; mais elle est spirituelle, modeste, et c'est sans doute cela qui séduit le roi car, étant lui-même un grand timide, il se méfie des beautés trop spectaculaires. Cette liaison extraconjugale inédite est tout à fait secrète. Seul le premier valet de chambre du roi, l'homme qui couche au pied du lit du souverain, est dans la confidence. « C'est lui qui, après la cérémonie traditionnelle du coucher, en présence des courtisans, accompagne Sa Majesté, déguisée et drapée dans un grand manteau, jusqu'au lointain logement de Louise[1]. » Personne ne semble s'apercevoir de cette intrigue, sauf la reine. Elle ignore le nom de la maîtresse de son mari, mais elle sait, elle sent qu'elle est trompée. Elle s'épanche dans des lettres à son père. Le cardinal de Fleury est trop fin pour ne pas s'être rendu compte des changements dans l'attitude du monarque, plus détendu, plus à l'aise, toujours peu intéressé par les affaires de l'État, mais son ministre feint d'ignorer l'intrigue. Peu à peu, Louis XV prend ses aises. Ce n'est plus lui qui traverse

---

1. Jacques Levron, *Trois sœurs pour un roi*, Perrin, 1982.

Versailles la nuit, mais Louise qui vient le rejoindre dans sa chambre. À Fontainebleau, Louise est installée dans un logement au-dessous de la chambre royale. Le roi a-t-il des scrupules ? Sans doute pas vraiment, mais quelques signes révèlent son malaise vis-à-vis de la religion. Chaque année, à Pâques, il doit communier solennellement. S'il ne le faisait pas, il se dénoncerait lui-même vis-à-vis de la Cour. Aussi, quand arrivent les fêtes de Pâques, il cesse de voir Louise pendant quelque temps et se rapproche de la reine. Si l'époux la délaisse, le roi la respecte. En 1737, il tente de revenir auprès de Marie Leszczyńska, mais celle-ci, une fois de plus enceinte, lui ferme sa porte. Froissé, Louis XV va porter ses hommages à Louise. À partir de ce moment, le monarque ne va plus se cacher. Tout Versailles et bientôt tout Paris sont informés que le roi a une maîtresse. Il l'installe dans un appartement qu'il fait aménager par l'architecte Gabriel, au-dessus du salon de la Guerre, à côté de ses propres petits appartements. Le royal amant n'est guère généreux et, d'ailleurs, Louise ne demande rien. Mme de Mailly se promène, dit-on, dans des robes trouées. La reine et la maîtresse partagent le même goût pour la parcimonie.

Louise ayant demandé à un de ses amis, nommé ambassadeur à Saint-Pétersbourg, de lui procurer quelques fourrures, pour une somme modique qu'elle lui a remise, celui-ci apprend que le commerce des fourrures est exclusivement entre les mains de la tsarine Anna Ivanovna. Révélant sa commande à l'amant de l'impératrice, celui-ci s'informe de la destinataire des fourrures. Apprenant qu'il s'agit de Mme de Mailly et sachant, par ses espions, qu'elle est la maîtresse de Louis XV, il fait du zèle, réunit les fourrures les plus somptueuses qu'il peut trouver, les fait empaqueter et les remet à l'ambassadeur de France qui en demande le prix. Il lui est répondu que c'est un plaisir pour la tsarine de les offrir à Mme de Mailly. L'ambassadeur envoie, discrètement croit-il, le paquet au ministère des Affaires étrangères au seul nom de « Mme de ». Le ministre, qui vient d'être nommé, ne comprend rien et s'imagine qu'il s'agit d'une des « Mesdames », filles du roi ! Il fait part de son embarras au Conseil, et Maurepas, ministre de la maison du roi, s'écrie : « Mais c'est sûrement pour Mme de Mailly ! Elle est très liée à notre ambassadeur. » Un impair diplomatique dont se gausse la Cour.

Louise de Mailly-Nesle tient tête au roi : peu habitué, il l'apprécie

Le soir même, au petit coucher, en présence de courtisans, Louis XV interroge Louise sur les magnifiques cadeaux qu'elle reçoit des cours étrangères. Louise, qui dément être au courant de quoi que ce soit, si ce n'est de sa modeste commande, s'emporte, peut-être échauffée par le vin de champagne. Au roi, elle réplique vertement qu'elle n'a jamais reçu le moindre présent de l'étranger, qu'elle n'est pas femme de ministre et ne touche aucun pot-de-vin sur les marchandises importées par la Compagnie des Indes. L'incident jette un froid. Les deux amants se réconcilieront vite sur l'oreiller et on n'a jamais su ce qu'étaient devenues les fameuses fourrures, sans doute pas perdues pour tout le monde. L'affaire est insignifiante, mais symbolique : elle montre le total désintéressement de Louise, mais aussi son franc-parler qui touche beaucoup Louis XV, peu habitué à une telle franchise. Et le mari trompé, dans tout cela ? Il est plutôt résigné et s'est rapidement consolé avec une maîtresse, mais quand le roi apprend qu'il fait partie du clan opposé à la politique de Fleury, il est sommé de quitter Paris.

La deuxième des sœurs de Mailly-Nesle, Pauline, marquise de Vintimille. En 1739, elle succède à sa sœur aînée Louise auprès de Louis XV, mais cette liaison demeure secrète. Elle veut jouer un rôle politique, écrivant deux mille lettres au roi. Elle meurt un an plus tard, après avoir accouché d'un fils.

Louise peut alors se comporter en égérie royale en toute liberté. Versailles en avait vu d'autres !

Peut-être à cause de cette liaison, le roi a pris conscience de l'hypocrisie de son comportement religieux personnel. À Pâques 1739, il refuse confession, communion et définitivement le rite des écrouelles[1]. Une attitude étonnante qui ne peut que choquer le parti dévot, toujours vigilant. Commentant le comportement du souverain, le cardinal de Bernis dira : « Il a mieux aimé s'abstenir des sacrements que les profaner. »

L'été suivant, toujours en 1739, de grandes festivités ont lieu pour le mariage de la fille aînée du couple royal, Marie Louise Élisabeth, avec le fils aîné du roi d'Espagne Philippe V. Après les réjouissances, Louis XV retrouve à Rambouillet quelques intimes, dont Louise, accompagnée de sa sœur Pauline. Une Nesle peut toujours en cacher une autre : le marquis de Nesle avait cinq filles ! Immédiatement, Louis XV en tombe amoureux. Elle n'est pourtant pas jolie. Arrivée à la Cour un an plus tôt, elle n'avait pas encore été remarquée par Louis XV. Très grande, un peu brusque, elle veut supplanter Louise, devenir la maîtresse du roi et influencer sa politique, ce qui n'était pas l'objectif de sa sœur. À 26 ans, elle est mariée à un neveu de l'archevêque de Paris, et la voici marquise de Vintimille. Ce n'est pas, pour elle, un inconvénient. Elle remplace vite Louise auprès de Louis XV, mais cette liaison demeure cachée. Louise souffre en silence, mais sert de paravent à Pauline. Ambitieuse, intrigante, celle-ci s'implique dans les prémices de la guerre de Succession d'Autriche[2]. Politiquement, elle fait

---

1. Les écrouelles étaient des abcès tuberculeux. Selon la tradition, depuis le jour de son sacre, le roi de France posait ses mains sur les plaies des malades qu'il avait, disait-on, le pouvoir de guérir, d'où son surnom de « roi thaumaturge ».

2. À la mort de l'empereur Charles VI de Habsbourg, les États européens dénoncent la « pragmatique sanction » par laquelle sa fille unique, Marie-Thérèse, lui succède. C'est au cours de ce conflit (1740-1748) que se situe la victoire de Fontenoy, le 11 mai 1745, où les Anglais furent invités, fort civilement, à « tirer les premiers ».

le bon choix, puisque la France s'allie avec la Prusse contre l'Autriche de Marie-Thérèse. Enceinte au début de 1741, à l'été Pauline se trouve avec le roi au château de Choisy, une des résidences préférées de Louis XV, lorsqu'elle est prise de fièvre. Semblant rétablie, elle regagne Versailles et accouche d'un fils. De nouveau fébrile, elle meurt une semaine plus tard. C'est l'affliction du roi, en larmes, qui révèle cette deuxième liaison et le fait revenir vers Louise. Momentanément, car voici l'entrée en scène de la troisième sœur, Marie-Anne, marquise de La Tournelle. Âgée de 25 ans, elle est la plus jeune. Contrairement à ses deux aînées, elle est ravissante et, bien entendu, c'est Louise, toujours dévouée et généreuse, qui la présente au roi ! Comme Louise et Pauline, Marie-Anne n'a qu'une ambition : être dans les bras du monarque tellement « bien-aimé » ! Elle a un avantage sur ses sœurs : elle est veuve et sans enfants. Très courtisée, fine mouche, Marie-Anne va faire attendre le roi qui, décidément, ne résiste pas aux sœurs Nesle ! Est-ce un manque d'imagination ? Le goût, pervers, de la comparaison ? Le 20 septembre 1742, Louise obtient pour Marie-Anne une place de dame du palais auprès de la reine, pour que sa sœur ait rang à la Cour. Et pour n'être pas seule, Marie-Anne demande à être accompagnée de Diane, la quatrième sœur de Nesle, de quatre ans son aînée. Louise se sacrifie encore, cédant à cette dernière sa place de dame d'honneur avant de quitter Versailles. Les exigences de Marie-Anne sont énormes : elle réclame un appartement, un tabouret de duchesse et un carrosse tiré par six chevaux. Et, bien sûr, le traitement de favorite.

Pour mieux arriver à ses fins, elle ne cède toujours pas au roi. La tribu Nesle commence à faire jaser et les chansonniers se déchaînent :

L'une [Louise] est presque oubliée, l'autre [Pauline] presque en poussière,
La troisième [Marie-Anne] est en pied, la quatrième attend
Pour faire place à la dernière.
Choisir une famille entière,
Est-ce être infidèle ou constant ?

Et encore ceci, plus cavalier :

Grand Roi, que vous avez d'esprit,
D'avoir renvoyé la Mailly !
Quelle haridelle aviez-vous là !
Alléluia.
Vous serez cent fois mieux monté
Sur La Tournelle que vous prenez.
Tout le monde vous le dira.
Alléluia.

On voit que la vie privée du roi n'est un secret pour personne. Finalement, Marie-Anne cède au désir de Louis XV le 9 décembre 1742. Et de trois ! Marie-Anne s'occupe alors de son installation à Versailles. Provisoirement, sans pudeur, elle reprend l'ancien appartement de sa sœur Louise, ce qui n'est guère délicat, et s'intéresse au mariage de sa cadette Diane, future duchesse de Lauragais.

La troisième sœur aimée du roi devient la duchesse de Châteauroux

Quand Fleury disparaît, au début de 1743, Louis XV, qui a 33 ans, semble reprendre en main le pouvoir dans une crise d'autorité. Plus intelligent que Louis XIV, il est cependant plus indécis que son bisaïeul. Mais de même qu'il surveille les correspondances grâce à son cabinet noir, de même il suit de près le contrat de mariage de la quatrième Nesle, car Diane ne lui déplaît point. Une idée fixe ou un pari avec lui-même ? Les deux sœurs finiront par habiter deux appartements au-dessus des salons de Mars, Hercule et Apollon qui communiquent. Les soupers au vin de Champagne, qu'apprécie le roi, sont servis tantôt chez l'une, tantôt chez l'autre, et la question s'est posée de savoir si Diane, elle aussi, avait été la maîtresse du roi. Moins jolie que Marie-Anne, plutôt forte, Diane est très gaie. Louis XV la surnomme « la grosse réjouie » ! Si Diane partage, peut-être, le lit du roi, Marie-Anne s'en inquiète peu, car Louis XV est fou d'elle. En septembre 1743, il la titre duchesse de Châteauroux. Un an plus tard, des réjouissances sont organisées pour le mariage du grand dauphin avec l'infante Marie-Thérèse, fille du roi d'Espagne. Marie-Anne, qui n'est jamais rassasiée d'honneurs, se fait nommer surintendante de la maison de la dauphine. En juin 1744, le roi part pour la guerre dans les Flandres. Il a interdit à la reine et à sa favorite de le suivre. Pour contourner cet ordre, Marie-Anne profite d'une demande de la duchesse de Modène (une fille du Régent) qui veut saluer le roi. Marie-Anne et Diane l'accompagnant, les trois duchesses arrivent à Lille. La population n'est pas dupe de la raison de leur présence. Sous les fenêtres de Marie-Anne, on entend un plaisant refrain à la mode :

Belle Châteauroux
Je deviens fou
Si je ne vous baise,
Belle Châteauroux.

Par dérision, le nom est souvent écrit « Château Roux ». Louis XV est très heureux d'accueillir sa maîtresse et, si ses amours « familiales » amusent ou choquent, le roi est très populaire grâce à ses victoires.

Soudain, on apprend que le beau-frère de l'impératrice Marie-Thérèse vient de franchir le Rhin. L'Alsace est menacée par les Habsbourg. Louis XV décide de s'y rendre. Le 2 août, il arrive à Metz où le rejoint la duchesse de Châteauroux. Le roi s'installe dans le palais du gouverneur et Marie-Anne dans la résidence du président du Parlement, toute proche. On fait construire une galerie de bois qui joint les deux édifices afin de permettre aux amants de se rejoindre. Tout Metz est au courant, sans rire cette fois. Le 8 août, le roi est souffrant. Le lendemain, il est pris d'une forte fièvre et se sent terriblement mal, terrassé par de violents maux de tête ; on commence à craindre le pire. Faut-il appeler le confesseur de Sa Majesté ?

Portrait présumé de la troisième des sœurs de Mailly-Nesle, Marie-Anne, née en 1717, titrée duchesse de Châteauroux, par Nattier. Détestée à cause du scandale qu'elle incarne, elle est la plus audacieuse de la fratrie, la plus ambitieuse et la plus impitoyable et arriviste. Après avoir été écartée, elle meurt en 1744, à 27 ans, alors que Louis XV venait de lui signifier son retour en grâce.

Le 12 août, très affaibli, Louis XV reçoit Marie-Anne et lui dit :

– Je crois qu'il va falloir nous séparer. Je me meurs…

Mgr de Fitz-James, évêque de Soissons, déclare :

– Il faut que la concubine quitte la ville avant que le roi ne communie.

Marie-Anne et sa sœur sont chassées sans ménagement de Metz. Un officier, qui a pitié d'elles, leur trouve une voiture et elles s'enfuient au grand galop. Mgr de Fitz-James prend alors sur lui d'imposer au roi une très humiliante confession publique pour son absolution. Comme il est trop faible pour parler, c'est le prélat qui s'exprime à sa place. Les mots sont dégradants. Louis XV reconnaît qu'il est indigne de porter le nom de « Roi Très-Chrétien », demande pardon à ses peuples. Pendant ce temps, Marie Leszczyńska s'est mise en route pour Metz, suivie du dauphin accompagné de son gouverneur, le duc de Châtillon, lequel a pris l'initiative de ce déplacement. Quand la reine arrive le 17 août, le roi est recroquevillé au fond de son lit. Marie sanglote et l'embrasse pendant une heure. Il est moins mal et se rétablit le lendemain. On ne sait quel mal l'a assailli. À Paris, c'est une explosion de joie qui accueille la nouvelle de sa guérison dans des carillons de cloches. Le royaume avait eu peur pour le « Bien-Aimé ». Celui-ci décide alors de repartir pour les armées afin d'assiéger Fribourg, au pied de la Forêt-Noire.

Rentrée à Paris, la duchesse de Châteauroux n'ose même plus sortir de chez elle. Les dames de la Halle viennent la huer sous ses fenêtres, rue du Bac. Elle est détestée. Stupéfaite et anéantie par la confession de Louis XV à Metz, Marie-Anne est soucieuse de la réconciliation du roi et de la reine. La duchesse a des ennemis dont elle voudrait se débarrasser, et elle ne perd pas tout espoir de reconquérir les sens du roi.

Après la prise de Fribourg, Louis XV sévit. Il ne pardonne pas l'humiliation de Metz et fait envoyer une lettre de cachet au gouverneur de son fils, lui intimant l'ordre de quitter Versailles et de se retirer sur ses terres poitevines. Quant à l'évêque de Soissons qui avait eu l'idée saugrenue et dévastatrice d'exiger une confession publique du souverain, il est prié de rejoindre définitivement son diocèse.

Victorieux, Louis XV regagne Versailles le 13 novembre. Le 25, à l'issue du Conseil, le roi annonce à son ministre Maurepas qu'il a décidé de rappeler Mme de Châteauroux à la Cour. L'émissaire du ministre trouve une Mme de Châteauroux alitée, malade depuis plusieurs jours, mais il est évident que la nouvelle de son retour en grâce la comble de bonheur. Et, rancunière, elle songe déjà qu'elle pourra faire éloigner ceux qui ne l'aiment pas. Mais elle est si faible qu'elle ne peut se rendre auprès du roi pour le remercier. Elle ira le samedi suivant. En fait, Louis XV et Marie-Anne ne se reverront plus. Victime d'une congestion pulmonaire, la duchesse s'éteint dans la nuit du 7 au 8 décembre 1744, âgée de 27 ans seulement. Les amours successives du roi avec les sœurs Nesle tiendraient seulement du vaudeville si elles ne s'étaient achevées, pour deux d'entre elles, en tragédie. Du quatuor, Marie-Anne avait été la plus entreprenante, la plus ambitieuse et la plus impitoyable, notamment avec sa sœur dont elle s'était débarrassée pour prendre sa place sans le moindre scrupule. Arriviste, elle avait déchaîné des jalousies. C'est pourtant elle que le roi avait sans doute le plus aimée. Louis XV, très affecté, s'enferme huit jours au château de La Muette, presque seul. Son ultime attention pour Marie-Anne, sa préférée, sera de faire nommer sa sœur Diane de Lauragais dame d'atour de la dauphine. Ayant épuisé les ressources féminines de la famille de Nesle, réconcilié sans désir avec la reine, Louis XV, sans maîtresse, suscite des candidatures. Mais il ne les voit pas. Et on parle de ces femmes qui, par tous les moyens, tentent en vain de retenir son regard, comme les chevaux de la petite écurie, les moins racés, « toujours présentés, toujours refusés ».

Qui est donc la ravissante Mme d'Étioles remarquée par Louis XV ?

Au début de l'année 1745, de somptueuses festivités se déroulent à l'occasion du mariage du dauphin avec l'infante Marie-Thérèse d'Espagne.

Les bals succèdent aux bals, chez « Mesdames », dans les grands appartements, à l'Opéra. Au cours d'un bal costumé, le 29 février, on voit le roi, déguisé en if, converser avec la ravissante Mme d'Étioles. Celle-ci commençait à faire parler d'elle et la Cour bruissait de rumeurs. Le soir même de ce « bal des ifs », le roi, qui a troqué sa parure d'arbre contre un domino noir plus discret, la retrouve au bal de l'Hôtel de Ville et sollicite l'honneur de la reconduire chez elle. Il ne regagnera Versailles qu'à 8 heures du matin. S'agit-il d'une nouvelle passade ? D'un plaisir éphémère ? Sera-t-elle rejetée avant d'avoir été favorite ? Qui est donc cette Mme d'Étioles qui semble avoir vite consolé le roi de la perte de Mme de Châteauroux ?

Jeanne Poisson est née le 29 décembre 1721 à Paris. Son père, fils de tisserand, s'était mis au service des financiers Pâris[1]. Il

---

1. Les frères Pâris, venus du Dauphiné, ont fait fortune dans l'approvisionnement des armées. Exilés par le banquier écossais Law, ils reviennent au moment de sa faillite, sont chargés de liquider la banqueroute. Ils font le tri des créances, refusant d'en payer certaines mais acceptant celles des personnages les mieux placés, comme le duc de Bourbon, entièrement soumis à leur influence.

La marquise de Pompadour par François Boucher en l'année 1756. Le 7 février, elle avait été nommée dame surnuméraire du palais de la reine. Dans sa « robe à la française », il s'agit d'un portrait privé. Suspendant sa lecture, la favorite montre, par sa bibliothèque, son intérêt pour le mouvement des idées. Cultivée, elle n'est soutenue par aucune coterie ni famille puissante et ne songe pas à offenser la reine. Elle est la première favorite issue de la bourgeoisie fortunée et non de la Cour.

devint leur principal commis, préposé à l'approvisionnement de Paris. Compromis dans une affaire de créances fictives sur des achats de blé, il dut prendre la fuite en 1725. Sa femme, née Madeleine de La Motte, fille d'un fournisseur des Invalides, lui avait donné deux enfants : Jeanne, puis un garçon, Abel, en 1725. Dès lors, elle travailla d'une façon acharnée à la réhabilitation de son époux. A-t-elle eu des bontés pour le financier Pâris de Montmartel ? On l'a dit, et on a même soutenu qu'il serait le véritable père de Jeanne. Durant l'exil de son mari, Madeleine et ses enfants ont été recueillis par un fermier général, administrateur de la Compagnie des Indes, Charles Le Normant de Tournehem. Beau, célibataire, fortuné, intelligent, il est ami des artistes. Amant de Mme Poisson, il s'attache beaucoup aux deux enfants, sur lesquels, de loin, veille aussi leur père. Jeanne passera environ deux ans chez les ursulines. Sans être une beauté, elle est irrésistible, intelligente et surtout pleine de séduction. On la surnomme « Reinette ». Elle danse et chante merveilleusement, surtout les mélodies d'opéra. Sa mère et elle sont reçues dans les salons des gens de lettres et de théâtre. Chez Mme Geoffrin et Mme de Tencin, elles rencontrent Marivaux, Fontenelle et Crébillon.

En 1741, le galant protecteur de Mme Poisson marie Jeanne, qui a 20 ans, à un de ses neveux, Charles Le Normant d'Étioles, qui en a 24 et qui est le fils du trésorier général des Monnaies. La cérémonie est célébrée à Saint-Eustache. La mariée est plutôt grande, mince, son visage est un ovale parfait, sa bouche est charmante. La couleur de ses yeux est indéterminée, sans doute brun-vert, et ses cheveux sont châtain clair. Le couple vit dans une grande aisance ; leurs étés se passent au château d'Étioles, près de Choisy, château privilégié par Louis XV pour les grandes chasses royales. Jeanne donne deux enfants à son mari, un fils, mort en bas âge, et une fille en août 1744. À Paris ou à Étioles, elle réunit une société brillante : le vieux Fontenelle, Helvétius, Marivaux, Montesquieu et Voltaire, avec qui elle est déjà assez liée. Introduite et appréciée dans le milieu des philosophes, Jeanne peut être qualifiée de bourgeoise éclairée.

Cette réussite sociale ne lui suffit pas. Comme les sœurs Nesle, elle ne rêve que du roi et veut absolument attirer son attention. On rapporte qu'au cours des chasses, notamment en forêt de Sénart, elle surgissait souvent dans les allées que devait emprunter le souverain, très élégamment vêtue, conduisant elle-même son phaéton, et que le roi en était très amusé. Il l'avait enfin remarquée ! Sans doute grâce à Binet, le valet de chambre du roi dont elle est une parente, Mme d'Étioles obtient une audience afin de solliciter une faveur pour son époux. Aussitôt, le protecteur de sa mère charge son neveu, le mari de Jeanne, d'un très long et très opportun voyage en province. Tout cela se situe au moment des noces du dauphin. La rencontre du roi et de Mme d'Étioles n'était donc pas fortuite. On doit redire que Louis XV est l'un des plus beaux hommes de son temps et qu'on le considère comme sage ; il n'est pas étonnant qu'on l'ait surnommé « le Bien-Aimé ». On ne saurait compter le nombre de femmes ayant les yeux fixés sur Versailles. À dater de ces fêtes, on verra souvent le roi se rendre à Paris chez Mme d'Étioles, ou la belle Jeanne prendre le chemin de Versailles. Bientôt, d'ailleurs, en avril 1745, elle s'y installera en toute discrétion. Elle est devenue sa maîtresse deux mois plus tôt. En se mariant, elle avait gentiment averti son époux, qu'elle aimait : « Je ne vous abandonnerai jamais, sauf, naturellement, pour le roi. » Elle avait tenu parole !

Avant de repartir pour la guerre contre l'Autriche, Louis XV achète pour Jeanne le marquisat de Pompadour, en Limousin, dont elle va désormais porter le nom. C'est Pâris de Montmartel qui prête au roi l'argent nécessaire à ce présent. L'octroi de ce titre et de ce domaine est célébré par Voltaire dans un madrigal :

Il sait aimer, il sait combattre ;
Il envoie en ce beau séjour
Un brevet digne d'Henri IV,
Signé Louis, Mars et l'Amour.

Sincère et tendre Pompadour,
Car je peux vous donner d'avance
Ce nom qui rime avec l'Amour,
Et qui sera bientôt le plus beau nom de France.

Mécène des arts, la Pompadour ose aussi protéger l'*Encyclopédie*

La Pompadour ? Une bourgeoise devenue marquise, promue par les financiers et célébrée par Voltaire, voilà qui ne pouvait qu'irriter la Cour. De fait, elle y est accueillie avec réticence, voire avec méchanceté. On la surnomme « la grisette », et le nom d'Étioles est transformé en « bestiole » ! Deux mois plus tard, après la victoire de Fontenoy, Voltaire l'en félicite – bien qu'elle n'y soit pour rien ! – et compose un hymne pour célébrer ce triomphe. C'est ainsi que le philosophe, que le roi n'aime pas, reçoit pour récompense sa charge d'historiographe de Sa Majesté. C'est un signe : la marquise règne sur le monarque. Alors, comme pour chaque favorite, se pose l'éternelle question : est-elle sincère dans son amour ? Il est certain qu'elle aura pour le roi un long et sincère attachement, lui apportant le calme et la détente ; elle l'aime sans doute, mais n'est pas non plus indifférente à son statut. Louis XV est lassé des intrigues et des coteries ayant empoisonné ses précédentes amours. Jeanne n'appartient à aucun clan, n'a pas de faveurs à demander pour sa famille. On verra que l'ascension de son frère, le futur marquis de Marigny, ne sera due qu'à sa réelle compétence. Jeanne est un nouveau genre de favorite, une séductrice bienveillante. « Jusque dans le scandale brillant de sa liaison royale, elle porta, avec sa fidélité, quelque chose des sentiments bourgeois, des affections et des goûts de la vie privée », dira justement Sainte-Beuve. La présentation de Mme de Pompadour à la Cour a lieu selon le rite parfaitement maîtrisé de la triple révérence. Puis le roi repart pour Choisy avec elle et ses intimes. Jeanne va, pour la première fois, imprimer sa marque en y conviant aussi des penseurs et des écrivains, tels Voltaire et l'abbé Prévost. En présence du monarque, cette assemblée est sans précédent et ne sera pas renouvelée.

Qu'en pense la reine ? Après s'être émue de l'arrivée d'une nouvelle favorite et en avoir été bien contrariée, elle finit par l'accepter, disant : « Puisqu'il en faut une, mieux vaut que ce soit celle-là. » À l'égard de Marie Leszczyńska, Jeanne est respectueuse et, pour lui plaire, feint un intérêt soudain pour la religion, se cherchant même un confesseur. Ainsi, elle ne s'aliène pas la reine. Les deux femmes vivront en paix, car la Polonaise n'est

Vertumne et Pomone. Hommage à la relation entre le roi et sa favorite, cette sculpture de Jean-Baptiste Lemoyne (1760) évoque le triomphe de la Pompadour à Versailles dans le rôle de Pomone, nymphe protectrice des fruits, séduite par Vertumne dont elle serait la femme, selon Ovide. La représentation avait été donnée le 15 janvier 1749. La marquise apprécie la sculpture.

pas rancunière. Quant au roi, sans doute influencé par Jeanne, il adopte une nouvelle attitude à l'égard de son épouse. Il se montre déférent et attentionné et fait remettre à neuf ses appartements. « Mesdames », les filles du roi si importantes, sont plutôt conquises. Seul le dauphin est méfiant. Tous les charmes de la marquise ne lui arrachent pas le moindre sourire. Il ira même jusqu'à l'appeler vertement « Maman Putain » !

Le véritable rôle de la marquise est d'éviter que le roi ne s'ennuie. Après ce qui s'était passé à Choisy, Louis XV ne veut plus se compromettre avec les philosophes qui ont de « mauvaises idées », mais beaucoup de talent. S'il n'aime pas la lecture, en revanche le monarque apprécie le théâtre. Or, dans ce domaine, Jeanne est experte. Autrefois, à Étioles, elle avait fait aménager une petite salle. Elle devient donc de nouveau animatrice de spectacles, aussi bien d'art dramatique que de ballets et d'opéras. Cela deviendra une sorte de rituel : un théâtre démontable sera construit et les représentations auront lieu tous les lundis à Versailles, sous l'escalier des Ambassadeurs. Le roi prend goût à ces soirées, mais ce n'est pas assez pour l'arracher à son pessimisme. Alors, elle va inventer pour lui des surprises dans divers petits châteaux qu'elle achètera ou louera et fera décorer : Montretout, Bellevue, Champs, Ménars. Il s'agit d'émerveiller le souverain par de ravissants décors et des soupers intimes. On dira que tout cela coûte cher. Sans doute, mais Mme de Pompadour fait travailler les meilleurs artistes du moment, sachant mettre leurs talents en compétition. Le peintre Boucher, mais aussi Van Loo, puis Drouais vers la fin de sa vie nous ont laissé d'admirables portraits, et ils devront à leur illustre modèle une part de leur notoriété.

La marquise a une prédilection pour la porcelaine. Lorsque la manufacture de Vincennes vient s'établir à Sèvres, la Pompadour en devient la protectrice, dans le dessein qu'elle devienne aussi prisée que celle de Meissen, en Saxe. Elle suggère à tous ceux qui recherchent son influence d'acquérir des services créés par des artistes. Du Plessis conçoit le décor des grands vases ornementaux, Falconnet et Boucher fournissent des modèles pour les statuettes en biscuit. Dans divers domaines, des bronziers aux ébénistes, en passant par les tapissiers des Gobelins et de la Savonnerie, d'Oeben à Oudry, Mme de Pompadour est la mécène inspirée des arts. Toutes ses commandes révèlent la sûreté de son goût. Il y a, véritablement, un « style Pompadour » dont l'Europe s'émerveillera. Et elle fera bénéficier beaucoup de gens de largesses royales.

Après une liaison de six ans avec le roi, elle devient une amie dévouée

La favorite s'impose un rythme épuisant qui compromet sa santé. Elle est, en effet, atteinte de tuberculose depuis très longtemps, crache du sang dans ses mouchoirs de dentelles, est obligée d'absorber des drogues et des épices pour continuer à satisfaire le roi. En 1750, elle décide de renoncer à son rôle d'amante un peu caillette qu'elle assumait depuis près de six ans. Elle va devenir l'amie dévouée. Elle déclare publiquement qu'elle n'est plus la maîtresse du roi, elle abandonne ses appartements du deuxième étage (qui avaient été ceux de Mme de Châteauroux !), car, malgré l'installation d'une « chaise volante », précurseur de l'ascenseur, les innombrables escaliers de Versailles l'épuisent. Louis XV l'installe au rez-de-chaussée, sur le parterre nord, du côté du bassin de Neptune – les anciens appartements de Mme de Montespan ! Elle reste la confidente conseillère du roi, promue duchesse à tabouret en 1752. Même le dauphin, qui a épousé en secondes noces Marie-Josèphe de Saxe, oublie son attitude hostile. Il est devenu affable. « On vit même à Choisy le dauphin se montrer aimable. En privé, il ne l'appelait plus que Pompon, ce qui était plus amène[1]. »

Le frère de la Pompadour, devenu le marquis de Marigny par la grâce de Louis XV, est nommé surintendant des Bâtiments. Il excellera dans sa fonction, supervisant deux projets essentiels qui marquent encore Paris aujourd'hui : l'École militaire et la place Louis-XV, actuelle place de la Concorde. C'est la marquise qui le poussera à choisir Gabriel, son architecte préféré, pour la conception de ces deux chefs-d'œuvre. En 1753, elle acquiert à titre personnel l'hôtel d'Évreux, qu'elle fait aménager, décorer et agrandir ; il deviendra le palais de l'Élysée.

Pendant ce temps, il est évident que Louis XV n'a pas renoncé à ses plaisirs. Il fréquente une petite maison non loin du château de Versailles, appelée le parc aux Cerfs, dont on dira le plus grand mal en en faisant un lieu d'orgies. Il est exact qu'on lui fournit des jeunes filles plus que consentantes qu'on appela les « petites maîtresses », car elles ne paraissaient jamais à la Cour. Quoi qu'on en ait dit, il ne semble pas que le roi ait pratiqué la sexualité collective. La marquise était forcément au courant, mais elle avait renoncé et souffrit quand certaines demoiselles tombèrent enceintes. On a même accusé la Pompadour d'avoir

1. Jean-Christian Petitfils, *Louis XVI*, Perrin, 2010.

fourni ces jeunes personnes au roi. Cela fait partie de sa légende noire, colportée avec malveillance, pour discréditer une femme restée trop influente alors qu'elle n'est plus la favorite.

Une influence jugée beaucoup plus pernicieuse que celle que lui valaient les faveurs du roi, puisqu'elle en use pour soutenir la philosophie des Lumières. Et comme la Pompadour a déjà fait renvoyer le ministre Maurepas, on lui prête un rôle politique ; mais Louis XV étant, sur ce domaine réservé, peu influençable, le rôle de la marquise est sans doute limité, ses idées étant plus le reflet de la pensée du roi qu'une source d'inspiration pour ce dernier. En revanche, Mme de Pompadour s'intéresse beaucoup à ces écrivains jugés sulfureux. Elle en connaît plusieurs, et depuis longtemps. On lui rapporte les remous fomentés, à Paris et à Versailles, par les volumes de l'*Encyclopédie* publiés depuis 1751, notamment par Diderot et d'Alembert. Elle s'informe auprès du directeur de la Librairie, autrement dit la censure, M. de Malesherbes. Celui-ci, avec un courage admirable et une élévation intellectuelle rare, a sauvé, en les cachant chez lui, des planches prêtes à l'impression, mais dont le Parlement venait d'ordonner la destruction ! Il a fort à faire avec les ruses des auteurs qui promettent de tempérer leurs écrits, mais, en fait, contournent les recommandations du subtil Malesherbes, malmené entre autorisations et interdictions[1]. Elle le reçoit à Versailles, ce qui est déjà courageux, et l'écoute. Le résultat est plus qu'un soutien aux philosophes, c'est une défense de la liberté de penser, sous la forme de deux superbes tableaux.

---

1. Jean des Cars, *Malesherbes, gentilhomme des Lumières* (Grand Prix de la biographie d'histoire de l'Académie française), rééd. coll. « Tempus », Perrin, 2012.

À la date de ce pastel de la marquise de Pompadour par Maurice Quentin de La Tour (1755), qui privilégie son activité intellectuelle, et notamment la défense de l'*Encyclopédie*, elle n'est plus la favorite du roi depuis cinq ans. Mais elle demeurera son amie quatorze ans, jusqu'à sa mort, le 15 avril 1764, âgée de 42 ans. Si elle avait dépensé beaucoup, elle ne s'était pas enrichie. « Elle était des nôtres », selon Voltaire.

Maurice Quentin de La Tour, dans un pastel de 1755, montre le modèle en protectrice de l'esprit. C'est une peinture littéraire. Assise, la marquise des Lumières est vêtue d'une robe de taffetas blanc, brochée de palmes d'or, de roses crème et de corail. Elle ne porte ni bijou de rêve ni ruban faussement sage. Elle tient une partition de musique et porte son regard sur la droite. Rien de provocant ni de frivole dans son attitude. C'est à peine si le pied gauche, bien cambré dans un soulier soyeux et rose, évoque un soupçon de sensualité. La provocation est ailleurs, dans la partie droite du tableau. À côté d'un globe terrestre qui révèle une curiosité pour le monde, on voit de grands volumes amassés, dans le même éclairage que celui de la robe. Parmi les titres que l'on distingue facilement, il y a le tome IV de la grande œuvre, écrite ici *Enci Clopédie* sur deux lignes du dos. Ainsi, Mme de Pompadour ne séduit plus avec ses aimables rondeurs ni sa grâce, mais avec ses choix clairs, visibles comme un avertissement aux ignares et aux grincheux. La marquise invite Versailles à lire ; au moins, on s'y instruira avec de vrais sujets de conversation. Et Louis XV en entendra parler autrement que par des plaintes vertueuses et des rapports de police.

Sur un autre tableau dû au pinceau de Boucher, la marquise, dans une robe verte brodée de roses, tient un livre et s'arrête un instant pour y réfléchir, et peut-être écrire une pensée inspirée par sa lecture, puisque, dans le tiroir ouvert de la table de chevet, une plume attend de se plier aux mots. On connaissait la favorite royale, on découvre l'alliée des philosophes. Louis XV avait été heureux avec celle-là ; celle-ci le déconcerte. Quel jeu joue-t-elle ?

Qu'une ancienne favorite ait autant d'influence avec son esprit qu'elle en avait eu avec ses charmes est nouveau à la Cour. La

Pompadour parvient à réconcilier Voltaire avec la Couronne sans faire de lui un fidèle serviteur. Et qu'une femme comme elle tienne une telle place dans le mouvement des idées – et quelle révolution ! – est sans précédent. L'*Encyclopédie* a son représentant à Versailles, et c'est la Pompadour. Cette influence attise l'aigreur de ses ennemis. Au début de 1757, après l'attentat de Damiens contre le roi qui n'a été que blessé, l'opinion, un moment émue par cette tentative de régicide, se retourne contre Louis XV. L'incapacité politique du roi, les désordres de sa vie privée et les gaspillages de la Cour font grossir le nombre des mécontents. Une cabale oblige la marquise à quitter Versailles, mais le roi la rappelle, attentif à ses conseils. Peut-être à son instigation, le roi congédie d'Argenson et Machault, les deux principaux ministres, et fait appeler Choiseul aux Affaires étrangères. On jugera ses interventions contestables, mais elle se montrera une adroite auxiliaire dans l'alliance avec la maison d'Autriche, agissant plus par ses relations personnelles qu'au nom du gouvernement. Elle soutient la lutte contre les empiètements du parlement de Paris qui multiplie les remontrances au souverain. « Remontrances » souvent justifiées, comme l'explique l'inlassable Malesherbes à la marquise dans un fameux mémoire.

La Pompadour disparue, Louis XV ne prononcera plus jamais son nom

À la fin de février 1764, la marquise, qui se trouve chez elle à Choisy, souffre d'une congestion pulmonaire aggravée. À son frère, elle écrit : « On vous mandera de Paris que je crache le sang. Cela est aussi vrai qu'on le dit. »

Depuis longtemps, des fièvres tenaces, des toux épuisantes et des rhumes vidaient ses forces. Elle avait essayé les remèdes les plus bizarres, même des herbes. Louis XV est très pessimiste. Ramenée à Versailles, Mme de Pompadour est au plus mal. Au soir du 15 avril, elle se confesse au curé de sa paroisse parisienne, dans l'actuel quartier de la Madeleine. Lui ayant administré l'extrême-onction, le prêtre va se retirer. Dans un souffle, elle l'arrête :

– Ne partez pas encore. Nous partirons ensemble.

Quelques instants plus tard, la marquise s'éteint, à l'âge de 42 ans. Comme seul le roi peut trépasser à Versailles, on se hâte de porter son corps jusqu'à l'hôtel de la rue des Réservoirs et toute trace de sa présence est effacée. Il ne reste qu'un mouchoir au chiffre de cette femme qui avait quitté l'alcôve royale pour le salon des idées et n'avait jamais participé à l'affaiblissement de la France, bien au contraire. Du balcon de son cabinet d'angle, Louis XV, accablé, en larmes, regarde ce spectacle lugubre. Un valet se tient près de lui. Le roi lui dit son chagrin :

– Voici les seuls devoirs que je puis lui rendre… J'ai perdu une connaissance de près de vingt ans et une amitié sûre.

Deux jours plus tard, il pleut sur Versailles. Dans la soirée, un modeste cortège funèbre emporte le cercueil plombé jusqu'à Paris. Il est exposé dans l'hôtel d'Évreux (l'actuel Élysée), dont elle a fait don au roi. Puis Mme de Pompadour est inhumée dans la crypte du couvent des Capucines.

Voltaire, reconnaissant de sa protection souvent risquée, dit : « Elle était des nôtres. » Dans le livre de comptes de la marquise, qui était très bien tenu, on découvrira un legs particulièrement symbolique : « À Mme Lebon, pour m'avoir annoncé que je deviendrais la maîtresse du roi : 600 livres. » À 9 ans, la petite Jeanne Poisson avait entendu cette prédiction. Elle avait eu raison d'y croire. Après la mort de la Pompadour, Louis XV ne prononcera plus jamais son nom, ce qui inspirera à Marie Leszczyńska cette réflexion écrite et désabusée : « Voilà le monde, c'est bien la peine de l'aimer… »

L'année suivante, 1765, n'est pas plus gaie pour le roi. Son fils, le dauphin, atteint de tuberculose et malade depuis plusieurs années (comme l'avait été la Pompadour), meurt le 20 décembre. Louis XV est effondré. Dans une lettre à son petit-fils le duc de Parme, le roi s'épanche : « Je ne puis m'accoutumer à n'avoir plus de fils, et quand on appelle mon petit-fils, quelle différence pour moi, surtout quand je le vois entrer ! […] Un roi de 56 ans et un dauphin de 11 ! » Pauvre France, soupira-t-il avant d'aller cacher sa douleur à Choisy.

Louis XV a déjà beaucoup pleuré, est très sensible, mais on sait aussi qu'il est assez facile à consoler. La place de la favorite est libre, le parc aux Cerfs fermé. Sur quelle aimable personne le regard du souverain va-t-il se poser ? On sait, bien sûr, que c'est Mme du Barry, précédée de sa mauvaise réputation. Après les sœurs Nesle, aristocrates proches de la Cour, et Mme de Pompadour, qui s'y était difficilement fait admettre, le roi va-t-il se contenter d'une maîtresse dont on prétend qu'elle fut, au pire, pensionnaire de bordels et, au mieux, femme entretenue ? La vérité est, comme toujours, beaucoup plus nuancée. Et si l'on veut résumer l'état d'esprit du roi, il va rencontrer une très jolie femme – la plus jolie de toutes celles qu'il a possédées – qui va le rendre heureux.

La future Mme du Barry a un père moine et Jeanne d'Arc pour parente !

Jeanne Bécu est née le 19 août 1743 (année du sommet de la liaison du roi avec Mme de Châteauroux) à Vaucouleurs, sur la Meuse. Sa mère, couturière, de mœurs plutôt légères, travaille chez des particuliers, mais aussi chez les frères de Picpus, un ordre franciscain. Parmi ces religieux se trouve un certain Jean-Jacques Gomard de Vaubernier, en religion frère Ange. Il est sans doute le père de Jeanne, née ainsi d'un conte immoral. Mais comme par ailleurs elle serait une parente de Jeanne d'Arc, certaines commères y trouveront leur compte !

Quatre ans plus tard, sa mère Anne met au monde un garçon. Elle quitte Vaucouleurs pour Paris où vit une partie de sa famille. Elle est protégée par un financier lorrain, Billard du Monceaux, et engagée comme femme de chambre de la maîtresse de ce financier, la Frédérique, une des plus célèbres courtisanes parisiennes. Jeanne, une ravissante fillette blonde de 4 ans, conquiert le cœur de la courtisane, qui lui fait tailler des vêtements à ses mesures dans les plus beaux tissus. On se doute que la fillette trouve tout cela amusant et agréable. La vie n'est pas trop difficile, mais sa mère, prenant de l'âge, accepte d'épouser, en 1749, Nicolas Rançon, domestique, qui, grâce à Billard du Monceaux, devient commis aux écritures dans les affaires du financier. Le ménage s'installe dans sa propre maison.

C'est alors que frère Ange resurgit, devenu curé à Saint-Eustache. Il n'a oublié ni Anne ni la petite Jeanne, et c'est lui qui se charge de la faire admettre dans un pensionnat religieux, la

Jeanne Bécu, dite Mlle de Vaubernier puis comtesse du Barry (1743-1793), qui succède à la Pompadour auprès de Louis XV, est la dernière favorite de l'Ancien Régime et peut-être la plus ravissante. Tête frivole mais bon cœur et désintéressée, sa vie est présentée comme peu édifiante et souvent calomniée. Elle avait quelques excuses et ne manqua ni de charme ni de courage.

communauté des Filles de Sainte-Aure. Ce n'est pas une institution élégante, puisqu'elle est destinée « à des filles nées dans une famille honnête, courant le risque de se perdre ». Jeanne y entre à 7 ans, elle en sortira à 15. Elle n'a pas dû beaucoup se divertir à Sainte-Aure, mais elle y a appris beaucoup de choses, car elle a reçu une véritable éducation. Elle écrit joliment, sa graphie est régulière et fine ; son orthographe n'est pas parfaite, mais celle de Mme de Pompadour était pire ! Jeanne apprend à respecter les formes de la religion, des principes d'ordre et quelques notions de comptabilité. On ne sait pourquoi elle quitte ce couvent à 15 ans. Est-elle chassée pour indiscipline ? Ses parents n'avaient-ils plus les moyens de payer sa pension ? Grande, mince, toujours aussi délicieuse et blonde, contrairement à ce qu'on racontera plus tard elle ne se retrouve pas sur le pavé. Dans un premier temps, elle acquiert des notions de coiffeuse en chambre. Un métier bien rétribué et plus intéressant que celui de femme de chambre. Mais l'affaire se termine mal, car elle s'éprend de son professeur devenu son amant et dépense toutes ses économies. Grâce à frère Ange, devenu aumônier de la veuve d'un fermier général, Mme de La Garde (on dirait un roman de l'abbé Prévost !), qui vit dans son château aux environs de Paris, Jeanne entre à son service dans un rôle vague qui tient de la femme de chambre et de la dame de compagnie. La propriétaire reçoit beaucoup : des aristocrates, des ecclésiastiques ; Jeanne est plus souvent présente au salon qu'à l'office et reçoit, elle, les hommages des invités de la châtelaine. Mme de La Garde a deux fils, tous deux amoureux de Jeanne. Leurs jalousies respectives rendent l'atmosphère irrespirable. La trop jolie servante est renvoyée. C'est injuste. Comme le dira Choderlos de Laclos, qui s'y connaît en séduction, « la faute en est aux dieux qui la firent si belle ». Elle tente alors une nouvelle expérience, cette fois comme vendeuse chez un certain Labille, marchand de modes rue Neuve-des-Petits-Champs. En 1760, à 17 ans, Mlle Bécu fait partie de ces accortes filles de boutique préposées aux tissus, rubans, dentelles et fleurs, chargées de mettre en valeur toutes les tentations que M. Labille propose aux élégantes. Jeanne est logée au-dessus du magasin. Inutile de dire qu'elle est très courtisée ; elle papillonne de galant en galant. Elle ne quitte cette maison qu'au bout de trois ans.

À 20 ans, Jeanne est sûre de sa beauté et de son pouvoir de séduction. Et elle va en vivre. En pécheresse. Ses amants ne sont pas tous connus, mais elle les choisit plutôt dans les milieux aisés. C'est dans cette période qu'elle rencontre Jean du Barry, lequel devient son amant officiel. Jean du Barry, dit le Roué, a une réputation de mauvais sujet. Authentique aristocrate originaire de Toulouse, où il s'est marié et a eu un fils, il a vingt ans de plus que Jeanne. S'il s'est installé à Paris, c'est dans l'espoir de devenir diplomate, mais il n'aime que les femmes et le jeu. Certains de ses amis sont fortunés et brillants, comme le duc de Richelieu et le prince de Ligne. Grâce à eux, Jean du Barry est intéressé au commerce avec la Corse, qui n'est pas encore française.

Ses affaires le rendent à la fois riche et endetté. Car il mène grand train. Lorsqu'il fait la connaissance de Jeanne Bécu, il pressent l'avantage qu'il trouverait à avoir une aussi séduisante personne comme maîtresse dont il pourrait utiliser les charmes. Il investit même sur ce « capital », puisqu'il procure au beau-père de Jeanne une charge de receveur des gabelles en Mayenne (*exit* le beau-père !) et qu'il installe chez lui Jeanne et sa mère, la première pour qu'elle s'occupe de son fils de 15 ans, Adolphe, la seconde pour qu'elle tienne la maison. De la part d'un personnage aussi douteux, il s'agit à l'évidence plus de faire des affaires en agréable compagnie que d'une belle histoire d'amour. Beaucoup de gens viennent chez Jean du Barry. Ses amis profitent des charmes de Jeanne, bien entendu contre rémunération, mais avec des manières. Le boudoir, pas le trottoir. Parmi ses amants, elle « connaîtra » ainsi des ducs, des princes (Duras, Fitz-James, Richelieu, Ligne), des noms importants qu'elle retrouvera à la Cour. Lors de cette période de « formation », Jeanne apprend la sensualité. Elle est devenue experte en techniques amoureuses, mais pas seulement. Le milieu dans lequel elle évolue est raffiné, cultivé. Elle y apprend l'art de la conversation, y acquiert une aisance mondaine. Si on remarque sa beauté, on apprécie aussi son allure, sa jolie démarche et son goût pour s'habiller. Elle commence à se faire appeler la comtesse du Barry alors qu'elle n'est pas mariée avec son « protecteur ». Elle est prête à rencontrer le roi.

À sa présentation à Versailles, malgré son retard, Jeanne séduit la Cour

Sous prétexte de la suppression, par le ministre Choiseul, de sa rente sur les vivres de Corse et pour tenter de la récupérer, Jean du Barry envoie Jeanne à Versailles pour plaider sa cause. Défendue par une telle « avocate », il pense qu'elle sera gagnée. Choiseul se montre réticent et Jeanne devra renouveler ses visites. La légende veut que Louis XV l'ait aperçue dans la foule qui se pressait au château et ait chargé Lebel, son valet de chambre, de la retrouver. Il est plus vraisemblable que ce fut le duc de Richelieu qui attira

Buste de la du Barry par Augustin Pajou (1773). Inondée de pamphlets et de chansons, elle n'y répond pas et finit par en rire quand, caricaturée dans un tonneau, on la surnomme « Mme du Baril » ! Généreuse, elle se rend populaire et obtient du roi diverses grâces, favorablement commentées par l'opinion.

l'attention du roi sur la blonde quémandeuse. De toute façon, une nuit du printemps 1768, Jeanne fut introduite dans les petits appartements de Sa Majesté. Elle s'y trouvait encore le lendemain et s'y sentit très vite chez elle. Louis XV est immédiatement séduit. Mais la mort de la reine le 24 juin et le deuil de Cour qui s'ensuit obligent le roi à encore plus de prudence et de discrétion.

On dira que si Marie Leszczyńska, très populaire grâce à ses aumônes, s'entourait de gens vertueux, elle avait entendu des propos d'une grande liberté de langage, mais sans y répondre. En dépit de son deuil, le monarque désire que Jeanne soit auprès de lui, et donc présentée à Versailles comme nouvelle maîtresse officielle. Bien qu'elle se fasse appeler comtesse du Barry, elle ne l'est pas, puisque Jean du Barry est déjà marié. Dans sa vie galante, Jeanne avait utilisé des noms qui évoquaient son père, se faisant appeler « Mlle d'Ange » ou « Mlle de Vaubernier ». En réalité, pour l'état civil, elle est toujours Jeanne Bécu. Il faut donc la marier. On va au plus facile : comtesse du Barry elle était, comtesse du Barry elle restera en épousant le frère de Jean du Barry, Guillaume ! Un mariage blanc, mais bien rétribué pour l'époux qui aura la délicatesse de regagner sa campagne aussitôt les formalités expédiées. L'affaire est rondement menée. L'union civile a lieu le 23 juillet et la cérémonie religieuse le 1er septembre. Lebel étant mort entre-temps (le 17 août), on attribue à Mme du Barry l'ancien logement du valet, petit, mais évidemment à côté des appartements du roi. En revanche, il est plus difficile de lui trouver une dame pour patronner sa présentation à la Cour.

Finalement, après plusieurs refus, on convainc Mme de Béarn, ruinée par d'interminables procès. Mais une entorse l'empêche d'être disponible le jour prévu. Le sort s'acharne, puisque le

4 février 1769, le roi fait une chute de cheval en forêt de Saint-Germain. Il faut donc attendre son rétablissement. La présentation est reportée au samedi 22 avril 1769. La « présentée » aura une heure de retard ! Mais son apparition récompense tous les témoins de leur attente. Sublime, vêtue de satin blanc, parée de diamants, elle accomplit avec grâce et aisance les trois révérences d'usage. Elle est si stupéfiante de naturel qu'il n'y a aucun commérage ce jour-là. Un exploit et un triomphe ! « De 1769 à 1774, date de la mort de Louis XV, Mme du Barry régna sur Versailles et sur la France sans plus de façons qu'elle avait régné sur le ménage de Jean du Barry. Ce qui comptait pour elle, avant tout, ce n'était pas la passion amoureuse ni les plaisirs de la débauche, mais d'être admirée pour sa beauté, ses parures, sa bonne grâce, de se sentir aimée par un homme, déjà âgé, souvent mélancolique, et le plus puissant de France et le mieux élevé de son royaume[1]. » Comblée par le roi, la nouvelle favorite reçoit en plus le charmant château de Louveciennes, qu'elle fait réaménager par l'architecte Gabriel et enrichir d'un merveilleux pavillon qui existe toujours. Elle y est une hôtesse parfaite, offrant des soupers aussi élégants que somptueux, et l'on se bouscule pour y être reçu. Elle se montre généreuse avec les solliciteurs et obtient du souverain quelques grâces qui la rendent assez populaire, malgré les inévitables caricatures et pamphlets qui sont le lot de toute favorite. Elle a la sagesse de s'en moquer et de ne pas y répondre, à la différence de la Pompadour. La du Barry est affable, pas compliquée, et son intelligence l'incite à s'accommoder des situations. La seule intervention politique qu'on lui connaisse est d'avoir obtenu, le

1. Gérard Doscot, *Madame du Barry*, Rencontre, 1965.

24 décembre 1770, le renvoi de Choiseul qui s'était mal comporté à son égard, vexé que Jeanne ait obtenu le rôle qu'il ambitionnait pour sa sœur, Mme de Grammont. Ce motif officieux est sans doute plus important que la raison officielle invoquée par le roi, qui juge son ministre ayant des principes « trop contraires à la religion et, par contrecoup, à l'autorité royale ».

La dauphine, Marie-Antoinette, est maladroite avec la du Barry

Le dauphin, futur Louis XVI, a épousé, le 16 mai de cette même année, l'archiduchesse Antonia de Habsbourg-Lorraine, devenue Marie-Antoinette. La très jeune dauphine est déconcertée par la rivalité des coteries, ignorées à la cour de Vienne. Mais elle est surtout scandalisée que le roi ait une favorite et que sa passion soit telle qu'il songerait à en faire sa femme. Hélas ! la dauphine est maladroite. Malgré les mises en garde de sa mère, l'impératrice Marie-Thérèse, et de son ambassadeur Mercy-Argenteau, Marie-Antoinette multiplie les incidents et les scandales, sans autre résultat que de révéler à la Cour son immaturité. La du Barry ne pouvant, protocolairement, s'adresser à la dauphine, c'est celle-ci, mal inspirée, qui l'apostrophe dans la galerie des Glaces. La favorite s'incline, la dauphine lance alors une sorte de *mea culpa* pour tenter de s'attirer les bontés de la maîtresse royale :

– Il y a bien du monde aujourd'hui à Versailles.

Une banalité dont la du Barry feint de se contenter. En fait, Marie-Antoinette lui conserve sa rancune.

La chambre de Mme du Barry à Versailles. D'abord installée dans le logement de l'ancien valet Lebel, la favorite, après sa présentation à la Cour, a droit à un appartement, une suite de petites pièces au second étage où tout révèle son goût exquis. En dépit de ses relations orageuses avec la maladroite et trop jeune dauphine (Marie-Antoinette), elle restera près du roi jusqu'à la mort de ce dernier, le 10 mai 1774.

Le 27 avril 1774, alors que le roi se trouve au Petit Trianon en compagnie de la du Barry – ils ne se quittent jamais – et de quelques proches, il est pris de violents maux de tête, de frissons et de courbatures. Malgré sa faiblesse, il participe quand même à la chasse prévue, mais revient le soir brûlant de fièvre. Ses médecins lui rappellent que c'est à Versailles qu'il faut être malade. Louis XV regagne le château, atteint de la variole. Un protocole est établi : « Mesdames », ses filles, veillent sur le roi dans la journée, Mme du Barry les remplace la nuit. Conscient que sa fin approche, il demande à sa favorite de quitter Versailles, pour la protéger. La comtesse obéit. Vers 6 heures, le roi la fait demander. Son valet lui répond :

— Sire, elle est déjà partie...

— Où ?

— À Rueil.

Ils ne se reverront pas, car le roi meurt le 10 mai 1774.

Sur ordre du nouveau souverain, Louis XVI, bien chapitré par Marie-Antoinette, Mme du Barry est exilée à l'abbaye de Pont-aux-Dames, en somme comme prisonnière d'État. Comme toujours, malgré sa tristesse, Jeanne est exquise avec les religieuses, qui ne savent que faire pour adoucir son séjour forcé. Quelques mois plus tard, elle est autorisée à résider au château de Saint-Vrain. En octobre 1776, Maurepas obtient de Louis XVI un décret la rétablissant dans tous ses biens et dignités et la libérant de toute surveillance policière. Elle peut enfin regagner son cher Louveciennes et, selon son tempérament, s'adapte à sa condition. Elle a de nouveaux amants, dont un Anglais, lord Seymour, puis le duc de Brissac avec lequel elle entretient une heureuse liaison. Pendant les journées d'octobre 1789, Jeanne recueille chez elle quelques gardes blessés au cours des affrontements au château de Versailles. Touchée, Marie-Antoinette lui envoie une lettre de remerciements. Dans les premiers temps de la Révolution, elle parvient à se rendre plusieurs fois à Londres pour y négocier les bijoux qui ne lui ont pas été volés et elle finance les émigrés. On la soupçonne d'encourager l'insurrection vendéenne. Et, en toute inconscience, elle regagne Paris. Devenue « suspecte », elle est dénoncée et incarcérée à la prison de Sainte-Pélagie le 22 septembre 1793. Après un réquisitoire odieux de Fouquier-Tinville et son inévitable condamnation à mort, elle monte sur l'échafaud le 8 décembre. Elle lance une injonction devenue célèbre :

– Encore un instant, monsieur le bourreau !

On a pris ce cri désespéré pour de la lâcheté. Ce n'était que le dernier cri d'amour à la vie d'une femme qui l'avait tant aimée.

Zoé
du Cayla

L'égérie de Louis XVIII

Zoé Talon, comtesse du Cayla, avec ses enfants sur la terrasse
du château de Saint-Ouen, reconstruit pour elle par Louis XVIII en 1823.
Sous la Restauration, elle fut la dernière favorite de la monarchie française
et reste sans doute la moins connue.

Antoine Omer Talon, père de Zoé, appartient à la noblesse parlementaire. Lieute-
nant civil au Châtelet en 1789, attaché à la monarchie, il émigre après le fiasco de
Varennes. En Amérique, il spécule sur des terrains et constitue une fortune. Sa fille
Zoé ne le revoit pas pendant douze années. Elle souffre d'avoir un père proscrit.

Elle est sans doute la moins connue des favorites de la monarchie française, mais elle est la dernière femme ayant occupé cette position ; c'était sous la restauration des Bourbons. Naître en 1785 dans une famille aristocratique n'annonçait pas une existence de tout repos pour la jeune Zoé. Malgré elle, Mlle Talon va traverser et subir les contrecoups d'une période dramatique et riche en rebondissements : la Révolution, l'émigration, un retour difficile en France, le Directoire, l'Empire et enfin, contre toute attente, le rétablissement de l'ancienne dynastie. C'est au frère de Louis XVI, hissé sur le trône en 1814, qu'elle doit sa gloire libertine. Mais auparavant, que d'aventures !

Elle appartient à une famille qui, sans avoir les honneurs de Versailles, compte des magistrats au parlement de Paris dotés d'une belle aisance financière. Son père lui-même, le marquis Omer Talon, est conseiller aux enquêtes du Parlement. Il fait partie de ce qu'on appelle alors joliment la « noblesse de robe courte », par opposition à ces messieurs à « robe longue ». Le jour même où la petite Zoé est baptisée, le 25 août 1785, dans le château du Boullay-Thierry, près de Nogent-le-Roi, qui sera le lieu enchanteur de sa petite enfance, une tragédie se noue à la Cour : dix jours plus tôt, le cardinal de Rohan a été arrêté à Versailles sur ordre du roi et conduit à la Bastille. L'« affaire du collier » devenait une affaire d'État, Louis XVI n'ayant pas compris que la discrétion eût été préférable au scandale. La reine Marie-Antoinette n'était pour rien dans cette machination, mais aux yeux de l'opinion la dépensière

« Autrichienne » ne pouvait qu'être coupable. Le père de Zoé est désormais plongé dans cette affaire aux lourdes conséquences politiques. À Paris, le conseiller Talon et ses proches résident dans un des beaux hôtels de la rue Saint-Florentin, au n° 7.

En 1789, peu de temps après que la Bastille s'est rendue, Omer Talon, qui n'a que 29 ans, est nommé lieutenant civil au Châtelet, que l'Assemblée vient de transformer en Haute Cour pour juger les affaires politiques[1]. Et c'est là qu'il va connaître la ténébreuse affaire Favras dans laquelle le comte de Provence, frère cadet de Louis XVI, sera compromis. Zoé n'a que 4 ans.

C'est la première fois que sa famille croise la route du futur Louis XVIII. Pour celui-ci, l'affaire Favras restera un fardeau, une menace que même Napoléon tentera d'utiliser contre lui. Le marquis de Favras était un aristocrate très éprouvé par les événements révolutionnaires de 1789, le 14 Juillet et les journées d'octobre ; il ne songeait qu'à sauver le roi et sa famille. « Il offrit ses services, par un intermédiaire, au comte de Provence, lui proposant de négocier pour lui un emprunt de 2 millions nécessaires à l'accomplissement du plan [d'évasion][2]. » Favras parla trop, le projet fut éventé. La Fayette fit placarder une proclamation dénonçant un complot visant non seulement à faire partir le roi, mais aussi à se débarrasser de lui, La Fayette, ainsi que de Necker, cette conspiration ayant à sa tête le comte de Provence. À Paris, ce dernier se précipita à l'Hôtel de Ville pour affirmer qu'il n'était au courant de rien et n'avait aucune responsabilité dans cette

---

1. Le Grand Châtelet, siège de la juridiction royale, a été démoli en 1802.
2. Catherine Decours, *La Dernière Favorite*, Perrin, 1993.

affaire, tout en reconnaissant l'emprunt qu'il avait contracté. On fit semblant de le croire, mais il restait à juger Favras. Et c'est à Omer Talon qu'incombait cette charge.

Une jeune aristocrate dans la tourmente révolutionnaire

Celui-ci, tout aussi royaliste que Favras, réussit à convaincre l'accusé de se sacrifier en ne révélant aucun nom de conspirateur. Favras, que l'injustice de son sort révolte, rédige une confession complète qu'il a l'intention de lire au tribunal. Talon obtient, dans le secret de sa cellule, de récupérer le document contre le silence définitif de Favras.

Condamné à mort le 17 février 1790, Favras est pendu sans avoir parlé. Le futur Louis XVIII tiendra parole : il assurera une pension à vie à Mme Favras et se chargera de l'éducation de ses enfants. Quant à Omer Talon, toujours détenteur de la sulfureuse confession de Favras, ses convictions monarchistes s'accommodent de moins en moins de sa charge de lieutenant civil au Châtelet. Il démissionne et entre dans une semi-clandestinité. Il sert d'intermédiaire entre Mirabeau et la Cour, il intrigue auprès de Monsieur[1]. Arrêté au moment de la fuite du roi à Varennes, puis relâché, Talon décide de faire émigrer sa famille. La marquise

---

1. Louis XVI a deux frères, le comte de Provence, futur Louis XVIII, appelé Monsieur dès que son aîné règne, et le comte d'Artois, futur Charles X. Ce dernier émigre deux jours après la prise de la Bastille. Le comte de Provence quitte la France le 20 juin 1791, au moment du fiasco de la fuite de la famille royale et de son arrestation à Varennes. Il gagne Bruxelles, puis les deux frères se rejoignent à Coblence.

Talon et ses quatre enfants – Zoé, ses deux frères aînés et sa petite sœur née en 1787 – vont séjourner successivement à Jersey, en Suisse, puis en Italie. La marquise ne reverra pas son mari et les enfants ne retrouveront leur père que… douze ans plus tard. En effet, dans un premier temps, Omer Talon reste à Paris ; il défend les Tuileries le 20 août 1792 avec un beau courage. Après l'exécution de Louis XVI, il rencontre en Angleterre tous ceux qui tenteront de faire évader la « veuve Capet », jusqu'à ce que le comte de Provence le missionne auprès de George Washington, à Philadelphie. Il y retrouve Talleyrand ainsi que le vicomte de Noailles et le duc de La Rochefoucauld. Ces aristocrates, plus ou moins en mission, vont devoir survivre. Talon et Noailles spéculent sur des terrains d'Amérique qu'ils proposent à ceux qui voudraient s'y fixer. Talon devient immensément riche et se livre aussi à un commerce lucratif de grains entre la France et l'Angleterre, pendant que son épouse vit beaucoup plus chichement son émigration. La marquise Talon regagne Paris à l'été 1795, avec trois enfants, son fils aîné étant décédé.

Thermidor est passé, la vie reprend. Après les années sombres de la Terreur, le Directoire se livre à d'autres excès, la fête, la débauche, le luxe. Mais l'existence de la marquise Talon est bien loin de ces futilités. Si elle a récupéré son hôtel de la rue Saint-Florentin, c'est sans moyens, la Révolution l'ayant ruinée. Zoé a 10 ans. Pour elle, sa mère trouve un pensionnat à Saint-Germain-en-Laye qui, tout en fleurant bon l'Ancien Régime, a le mérite d'éduquer les jeunes filles du nouveau pouvoir. Or, la synthèse de ces deux mondes en apparence incompatibles est assurée par une personnalité étonnante, l'ancienne première femme de chambre de Marie-Antoinette, Mme Campan, âgée de 43 ans. Comment expliquer la survie remar-

Mme Campan (1752-1822). Ancienne lectrice de Mesdames, filles de Louis XV, puis première femme de chambre de Marie-Antoinette, cette survivante d'un monde disparu, remarquable éducatrice, fonde l'institution Saint-Germain dont Zoé est une pensionnaire comme les filles de la nouvelle élite bonapartiste. Elle s'y lie avec Hortense de Beauharnais, la fille de Joséphine.

quable de Mme Campan, si dévouée à la reine qu'elle avait souhaité partager son sort à la prison du Temple, ce qui lui avait été refusé ? Sans doute par sa grande intelligence et sa croyance dans les bienfaits de l'éducation qu'elle pourrait apporter aux jeunes filles d'une société nouvelle, mariant les raffinements de l'ancienne monarchie aux idées des philosophes. Cet enseignement, Mme Campan pense être la seule à pouvoir le dispenser. Trois de ses nièces, orphelines de mère, étant à sa charge, celles-ci sont bien sûr ses premières élèves. Très vite, la fille de Joséphine de Beauharnais, Hortense, vient les rejoindre. C'est bien naturel : la belle Joséphine, dont le mari a été guillotiné, est elle-même l'incarnation à la fois des temps révolus, des malheurs de la Révolution et du ralliement aux nouveaux maîtres de la France. Grâce à Joséphine, Pauline et Caroline, les jeunes sœurs du général Bonaparte, ses nièces Stéphanie et Émilie et celles qui deviendront les épouses des généraux les plus prestigieux du futur Empire prennent le chemin de la maison de Saint-Germain. Zoé y acquiert une solide instruction, apprend les langues étrangères (ce qui est assez nouveau), en particulier l'anglais et l'italien, se familiarise avec ce que Mme Campan appelle « le bel usage de la langue française », les mathématiques, l'astronomie, un peu de botanique, de physique et de chimie, la géographie, le dessin, le solfège, le chant, le piano et la danse.

Mme Campan, survivante de l'Ancien Régime, éduque Zoé

Mais surtout on y apprend l'art de la conversation. À Versailles, on n'avait pas besoin de l'apprendre, c'était naturel. On se souvient combien Louis XV avait été sensible au charme, à l'aisance et à l'esprit des propos de Mme du Barry. Mme Campan donne à ses élèves des thèmes sur lesquels elles doivent improviser. Mais c'est peut-être en racontant sa vie, qui avait été celle de la cour de Versailles, des fêtes, des conciliabules sur la mode entre Marie-Antoinette et Rose Bertin, que Mme Campan, cette femme remarquable, actrice et témoin d'un monde disparu, enchante le plus ses élèves.

Outre cette éducation, Zoé noue des amitiés avec la fine fleur de l'élite bonapartiste. Ainsi, elle devient très proche d'Hortense de Beauharnais et de Laure Permon, future épouse de Junot et future duchesse d'Abrantès. Toutefois, cette proximité a ses limites. En effet, si Hortense et Laure sont invitées à des soirées quasi officielles, comme le fameux bal offert par Talleyrand le 3 janvier 1798, Zoé, fille d'émigré, doit se contenter du récit de ces fêtes ; il est hors de question qu'elle y soit conviée. En revanche, Zoé est de toutes les invitations à la Malmaison lancées aux amies de sa fille Hortense par Joséphine. Il arrive même que les jeunes pensionnaires se produisent dans une pièce de théâtre, comme *Esther* où Zoé s'illustre. On voit bien que Mme Campan n'a pas oublié les demoiselles de Saint-Cyr de Mme de Maintenon.

Pour Zoé, ces années d'adolescence ne sont pas dépourvues d'angoisses. Son père est toujours un émigré. Au printemps 1796, sa mère est arrêtée sur une dénonciation anonyme l'accusant de complot royaliste. Les tantes de Zoé, sœurs de son père, se substituent à la mère emprisonnée auprès des demoiselles Talon, car la jeune sœur de Zoé a rejoint le pensionnat de Mme Campan. C'est encore Mme Campan qui, avec un courage certain, intervient auprès de Bonaparte lui-même pour faire libérer son médecin, le docteur Dubreuil, qui est aussi celui de Mme Talon. On l'avait arrêté pour la simple raison qu'il avait soigné le frère de Zoé. En prison, la mère de Zoé est très malade. Peu de temps après son élargissement, elle meurt, sans doute à l'automne 1800. Mme Campan se retrouve avec deux orphelines de mère et dont le père est toujours empêché de revenir en France. Omer Talon se démène ; il fait valoir sa fortune et son désir de revenir pour s'occuper de ses enfants, les doter convenablement. Le Consulat ne saurait se priver de cette générosité. Le ci-devant marquis obtient un « certificat d'amnistie pour faits d'émigration » et peut donc officiellement regagner la France à la fin de 1802. Zoé a 17 ans, sa sœur 15.

Après douze ans de séparation, Zoé revoit son père, dont la première volonté est de lui trouver rapidement un mari. Zoé n'en est nullement offusquée, car c'est le sort de toutes les pensionnaires de Mme Campan que d'être mariées aussitôt que leurs parents le décident. Les jeunes filles n'ont qu'à obéir, puisqu'elles n'ont aucun mot à dire sur le choix de leur époux. Caroline Bonaparte a épousé Murat, Laure Permon est devenue Mme Junot alors qu'elle n'avait que 16 ans, Hortense de Beauharnais a été sacrifiée à Louis Bonaparte, un frère névrosé de Napoléon. Pour Zoé, le choix de son père se porte sur Achille du Cayla, fils unique du comte du Cayla. Premier gentilhomme du prince de Condé, il avait suivi son maître à Coblence dès juillet 1789. Il s'était donc battu contre les armées de la Révolution. La mère d'Achille, née Élisabeth Suzanne de Jaucourt, avait été dame d'honneur de la comtesse de Provence. De nouveau, par sa belle-famille, Zoé se rapproche du futur Louis XVIII. Selon la tradition, elle ne rencontre son mari que le 2 août 1802, jour de la signature du contrat, lequel fait d'elle une épouse fort bien dotée et dont le père a veillé à ce qu'en aucun cas son mari ne puisse la priver du futur héritage Talon.

Zoé est une jolie brune avec de très beaux yeux noirs, un ravissant sourire et un très plaisant décolleté. Les meilleurs portraits que l'on ait d'elle sont plus tardifs, notamment celui dû au pinceau de François Gérard, quelque vingt années plus tard.

Sous le Consulat, la fille de proscrit épouse un mari insupportable

En 1802, malgré le concordat, la religion catholique se fait encore discrète, au point que le mariage de Zoé est célébré dans l'appartement qu'Omer Talon occupe, depuis son retour, rue de la Grange-Batelière, par un prêtre non assermenté. Le père du marié est toujours en exil auprès du prince de Condé ; Zoé ne le rencontrera que douze ans plus tard. L'émigration est décidément une complication permanente pour la jeune femme. Puis, Zoé et son époux gagnent Montpellier. Leur lune de miel se passe au château familial de la Piscine. Double peine pour Zoé : non seulement elle se retrouve exilée au fond de la province dans une vie sociale sans éclat, mais elle est pourvue d'un mari odieux, coléreux, brutal. Zoé feint d'ignorer sa mauvaise humeur, ce qui ne fait que l'accroître. Bref, cette union serait un vrai cauchemar si sa belle-mère ne lui manifestait une très grande affection et une réelle tendresse. Sa belle-fille s'attache à elle, finit même par l'appeler « maman », s'occupant d'elle car elle est souvent souffrante. Le mari, Achille le grincheux, n'ose pas s'attaquer à ce duo soudé que forment les deux femmes. Suzanne du Cayla, très fine, comprend que cette vie terne ne convient pas à sa belle-fille et décide de s'installer dans le château de la famille Jaucourt, aux Courtreux, la Brie étant proche de Paris. Le comte du Cayla

La Rose de Malmaison, de Jean Louis Victor Viger du Vigneau. Joséphine avait acheté la Malmaison en 1799 ; Bonaparte y vit sous le Consulat. Zoé, mariée et devenue la comtesse du Cayla, y rend visite à ses anciennes amies de la pension de Mme Campan. Elle déjeune avec Hortense de Beauharnais, Laure Junot et Félicité Savary, jusqu'au moment où son père est emprisonné en raison de ses sympathies monarchistes et où elle n'est plus reçue…

achète un appartement dans le quartier du Marais, et Zoé peut enfin faire son entrée dans le monde. Bien sûr, c'est le faubourg Saint-Germain qu'il faut fréquenter. Il ne saurait en être autrement pour une fille et une épouse d'émigré. On voit Zoé dans les meilleurs salons, chez Mme de Coislin et chez la duchesse de Châtillon. Elle y rencontre la perfide comtesse de Boigne qui la déteste immédiatement et ne cessera de la brocarder dans ses célèbres *Mémoires*, preuve que Zoé ne peut qu'être charmante et jolie pour provoquer tant de haine. Zoé semble beaucoup plaire au faubourg ; elle jouit d'une excellente réputation et va s'y tenir toute sa vie. Elle sera extrêmement discrète dans ses liaisons, même la plus fameuse avec Louis XVIII, ne faisant aucune confidence, soucieuse de ne pas alimenter les ragots et les critiques qui, cependant, seront inévitables. Si, avec sa belle-mère, elle fréquente le « monde ancien », cela n'empêche pas Zoé de rendre visite à ses amies de pension, Hortense, Laure Junot, Félicité Savary, à la Malmaison, lors de déjeuners autour de Joséphine. On demande même à Zoé de faire partie de la maison qu'on est en train de créer pour Hortense. Elle est tentée d'accepter, mais y renonce pour ne pas priver sa belle-mère de sa présence.

Coup de théâtre dans la vie de Zoé : le 28 septembre 1803, son père, Omer Talon, est arrêté par Savary sous le prétexte d'une conspiration royaliste. Encore une ? Il faut dire que Paris bruit de rumeurs de complot et le nom de Georges Cadoudal est sur toutes les lèvres. Bonaparte, qui songe déjà à établir l'Empire, veut étouffer toute tentative de restauration de la monarchie. Bien que la preuve manque, le véritable but de l'arrestation est d'obtenir la confession qu'avait rédigée Favras de manière à discréditer le comte de Provence, donc les Bourbons. Mais Talon ne parle pas. Il est exilé sur l'île Sainte-Marguerite, sous très haute surveillance. Pour sa fille Zoé, la première conséquence est que son amie Hortense lui ferme sa porte. Zoé redevient fille de proscrit et rebascule dans le monde de l'Ancien Régime ; d'autant plus que le 20 mars 1804, la France, stupéfaite, apprend l'assassinat du duc d'Enghien dans les fossés de Vincennes. Bonaparte prépare l'Empire de Napoléon, mais à quel prix ! Le beau-père de Zoé est encore en exil au service du prince de Condé, père du duc d'Enghien. Quant à sa belle-mère, terriblement frappée par cet assassinat car elle avait connu le prince enfant, elle quitte Paris et se réfugie avec sa bru dans leur campagne, aux Courtreux. Les deux femmes ne perçoivent donc que des échos lointains du sacre qui ravive les sarcasmes et la fureur du faubourg Saint-Germain. Le baron de Frénilly s'indigne de cette « mascarade ».

Parmi ses amants, qui est le père de la fille de Zoé ?

En 1806, Zoé met au monde son premier enfant, une petite fille baptisée Hugoline, mais qu'on appellera en réalité Valentine. Achille est-il le père de l'enfant ? C'est possible, mais les relations des époux sont fraîches, espacées. Comme la mère se veut très discrète, on a peu d'informations, sinon qu'elle a eu beaucoup d'amants. Le premier d'entre eux, Christian de Nicolaï, aristocrate revenu d'exil, pourrait être le père, car elle l'a beaucoup vu entre 1805 et 1808. Et dans son testament, Zoé lui laissera un tableau représentant *Corinne*, l'héroïne de Mme de Staël, qui devait évoquer pour eux d'agréables moments. Le deuxième amant, Sosthène de La Rochefoucauld, est beaucoup plus connu, car, ami ou amant ou les deux, il s'installera dans la vie de Zoé à partir de 1808 et pratiquement jusqu'au bout.

Ils échangeront une énorme correspondance. Ce La Roche–foucauld rédigera des *Mémoires* en plusieurs tomes ; malheureusement, il n'a pas la verve de l'auteur des *Maximes*. Il s'illustrera comme un membre influent du parti ultraroyaliste sous le règne de Louis XVIII et on l'accusera, peut-être exagérément, d'utiliser son amie Zoé pour influencer le roi. Néanmoins, Zoé continue d'avoir des préoccupations familiales ; sa belle-mère est profondément affectée par la nouvelle de la disparition, le 12 novembre 1810 à Hartwell (en Angleterre), de Marie-Joséphine, épouse du comte de Provence, dont elle avait été la dame d'honneur. Entre-temps, son père, Omer Talon, malade et épuisé, a été relâché en 1807. Zoé

Corinne au cap Misène (à l'ouest de Naples) est un tableau de Gérard (1819), illustration d'un roman de Mme de Staël, *Corinne* (1807). Par testament, Zoé léguera une copie de ce tableau à Christian de Nicolaï qui fut sans doute son premier amant. Il est peut-être le vrai père de la fille de Zoé, née en 1806. À partir de 1808, Zoé aura une très longue liaison avec Sosthène de La Rochefoucauld. L'œuvre devait rappeler à Zoé de tendres souvenirs…

prend soin de lui jusqu'à sa mort le 18 août 1811. On sait qu'il avait prévu de protéger l'héritage de sa fille ; or, le mari de Zoé est enclin à dévorer rapidement cette solide fortune. Alors commence pour elle une longue série de procès. Pourtant, c'est dans le domaine le plus intime que Zoé franchit un étonnant Rubicon.

Le 3 juin 1810, Fouché, ministre de la Police de l'Empereur, est remercié, car on lui trouve trop d'indulgence pour le faubourg Saint-Germain et ses « mauvaises idées ». Le régicide est remplacé par le général Savary, duc de Rovigo, responsable direct de l'assassinat du duc d'Enghien. Pour Zoé, il est aussi l'homme qui a exilé son père à l'île Sainte-Marguerite. Elle ne tarde pas à être convoquée par le nouveau ministre de la Police qui, selon ses propres termes, « inspire la frayeur à tout le monde », à commencer par Zoé. Contre toute attente, cet homme de fer et cette ravissante fille de proscrit tombent éperdument amoureux l'un de l'autre. Il a 36 ans, elle 25. Comment ce fidèle de Napoléon, intraitable, maniaque, qui agit plus vite qu'il ne pense et voit des espions partout, ne provoque-t-il pas la répulsion de Zoé ? Il est très beau garçon et ne manque pas de charme. De son côté, Savary est excusable de chercher une douce revanche. Il est l'époux d'une ancienne condisciple de Zoé du pensionnat de Mme Campan, Félicité, qui a multiplié les liaisons, osant abandonner Napoléon pour le général Sébastiani. « La réputation de son épouse était à ce point regrettable que lorsque Savary se plaignit au comte Beugnot de ce que lui coûtaient ses sept enfants, il lui fut répondu : "Tu n'as qu'à renvoyer chacun à son père et tu n'auras à t'occuper que de toi."[1] » Savary finira par faire un enfant à Zoé, Hugolin, né fin

---

1. Catherine Decours, *op. cit.*

1811 ou début 1812 (on ne sait), tellement signé qu'il ressemblait trait pour trait à son véritable père.

Les régimes passent, les liaisons de Mme du Cayla continuent...

Cette fois, la légendaire prudence de Zoé est prise en défaut. Consciente que cette liaison est une provocation, elle y met fin et en souffre sans doute beaucoup. Mme du Cayla a, dans tous les sens du terme, un tempérament qui lui permet de faire face à d'incroyables situations, politiques et personnelles. Avec charme, elle incarne un permanent paradoxe dans une époque qui n'en manque pas. Cet adultère lui aura permis de renouer avec Hortense, devenue reine de Hollande. Et rapidement, Zoé trouve l'occasion de se consoler avec Maurice de Balincourt, un séducteur patenté dont le tableau de chasse comprend, entre autres femmes célèbres, Pauline Borghèse, Désirée Bernadotte, princesse de Suède, ainsi que Laure Junot, duchesse d'Abrantès.

Sa liaison avec Zoé commence au printemps 1813, mais ne dure pas longtemps puisque l'Empire va s'effondrer. Le comte de Provence, appelé par le Sénat le 6 avril 1814, devenu officiellement Louis XVIII, débarque en France. Après une proclamation lancée au château de Saint-Ouen le 2 mai, le frère de Louis XVI s'engage à conduire une monarchie constitutionnelle, à garantir la liberté de la presse, le maintien des titres et décorations de l'Empire, ainsi que l'acquisition des biens nationaux. Le changement de régime permet à Zoé de faire enfin la connaissance de son beau-père, François-Hercule du Cayla, qui revient dans la suite du prince de Condé.

Louis XVIII (1755-1824) en majesté, par Gérard. En juin 1816, Zoé du Cayla accompagne son beau-père au mariage du second fils du comte d'Artois, le dernier frère de Louis XVI. Avant de mourir, en 1816, sa belle-mère la recommande à Louis XVIII, mais la comtesse du Cayla devra attendre un an avant d'être reçue en audience par le roi, au palais des Tuileries.

C'est cette période, particulièrement agitée, où rien n'est sûr, que choisit Achille du Cayla, le mari de Zoé, pour annoncer qu'il s'en va sur ses terres avec ses enfants afin de les soustraire à « une femme artificieuse » ! Un rude coup pour Zoé qui y pare avec l'aide de ses beaux-parents. Elle est reçue à la nouvelle cour des Bourbons et trouve sa place dans la première Restauration. On sait que l'accalmie politique va peu durer avec le retour de l'Aigle et les Cent-Jours. Zoé est à Paris, une ville abandonnée par le roi. Louis XVIII, de nouveau réfugié en Belgique, devient pour les royalistes « Notre Père de Gand » ! Zoé ne quitte pas ses enfants. Que peut-il se passer ?

Waterloo sonne le glas des Cent-Jours et l'Empereur abdique une dernière fois, en faveur de son fils. À l'instigation de Talleyrand, qui n'en est pas à un revirement près, Louis XVIII est obligé d'accepter l'appui de Fouché et sa participation au gouvernement. Cette fois, ce ne sont plus les Cosaques que l'on voit camper, affamés et bruyants, sur les Champs-Élysées, mais les Autrichiens et les Prussiens qui prennent leurs quartiers devant les Tuileries. La France est occupée, le roi est humilié. À la mi-août, les élections donnent une « Chambre introuvable », ultraroyaliste et largement hostile à la charte qu'avait « octroyée » Louis XVIII. Seul avantage : le roi va pouvoir se débarrasser de Fouché et le remplacer par Élie Decazes, tandis que le duc de Richelieu[1] succède à Talleyrand.

---

1. Le duc de Richelieu, petit-fils du maréchal, lui-même petit-neveu du cardinal, avait émigré en 1790, servi dans l'armée russe et, grâce à l'appui du tsar Alexandre Ier, était devenu gouverneur de la province et de la ville d'Odessa (1803-1814), à laquelle il imprima un urbanisme élégant, toujours visible. Rentré en France, il remplaça Talleyrand comme ministre des Affaires étrangères. Premier ministre, il signa le second traité de Paris en novembre 1815 et obtint le retrait des forces alliées qui occupaient la France. Ses succès féminins sont légendaires.

Pendant ce temps, Zoé est partie avec ses enfants et ses beaux-parents. François-Hercule du Cayla a été nommé pair héréditaire le 17 août 1815 et va s'occuper de remettre de l'ordre dans ses domaines, abandonnés depuis si longtemps. Zoé ne revient à Paris qu'en juin 1816 pour accompagner son beau-père au mariage du second fils du comte d'Artois (frère de Louis XVIII), le duc de Berry, avec la toute jeune et pétulante Marie-Caroline de Bourbon-Sicile[1] dont le roi dit, avec esprit : « Nez, bouche, menton, en elle rien n'est joli, tout est charmant. »

L'état de Mme du Cayla s'est aggravé. Zoé la rapatrie à Paris, où elle s'éteint le 19 décembre 1816. Sa belle-fille est effondrée de chagrin. Pourtant, c'est le dernier geste de cette femme qu'elle chérissait qui va changer sa vie.

Recommandée à Louis XVIII, Zoé du Cayla suscite la passion du roi

Avant de mourir, très inquiète des tourments affectifs et financiers que subissait Zoé à cause de son fils acharné à croquer son héritage, Mme du Cayla mère avait écrit une lettre à Louis XVIII lui recommandant sa belle-fille. L'attention royale met quelque temps à se porter sur Zoé. Après un été plutôt morose passé avec son beau-père et ses enfants chez le prince de Condé à Chantilly,

---

1. Rappelons que le comte de Provence et le comte d'Artois avaient épousé deux sœurs, princesses de Savoie. Louis XVIII n'avait pas eu d'enfants. Le comte d'Artois avait eu deux fils. Son aîné, le duc d'Angoulême, avait épousé sa cousine germaine, Madame Royale, fille de Louis XVI, dont il n'avait pas eu d'enfants. Le seul espoir de la dynastie était donc son fils cadet, le duc de Berry. Si ce dernier n'avait pas d'héritier, la Couronne reviendrait à la branche des Orléans. C'est ce qui arrivera en 1830.

La comtesse du Cayla (1785-1852) par Gérard, en 1823. Elle a 38 ans. De 1817 à la mort de Louis XVIII en 1824, elle succède d'une étrange façon aux Pompadour et du Barry dans le rôle de favorite du monarque, veuf et presque infirme. Par son influence considérable, elle n'est pas étrangère aux renvois des ministres Decazes et Richelieu et détourne le roi d'une politique libérale, pourtant indispensable.

la jeune femme appréhende les difficultés à venir. Décidant de prendre en main son destin, elle sollicite une audience royale. Sa première rencontre avec Louis XVIII a lieu en septembre 1817. Zoé est impressionnée par l'allure réellement majestueuse du frère de Louis XVI et son regard perçant, ce qu'ont remarqué tous ceux qui l'ont approché. *A priori*, le souverain n'a pourtant rien de séduisant. À 62 ans, lui qui a toujours eu tendance à l'embonpoint est devenu énorme, souffrant de diabète ; le visage enflé, il a des difficultés à se mouvoir, aggravées par de fréquentes et violentes attaques de goutte. Ses jambes sont enveloppées par de longues guêtres. Louis XVIII porte une étrange tenue qu'il affectionne, composée pour moitié de vêtements civils et pour moitié d'effets militaires. Zoé ne prête attention qu'à ses paroles bienveillantes lui rappelant l'attachement qu'il éprouvait pour sa belle-mère. Le roi laisse simplement entendre à sa visiteuse qu'elle peut compter sur son appui et qu'il est informé de sa situation. Rien de vraiment concret. La comtesse du Cayla repart des Tuileries un peu dépitée, mais elle le sera davantage quand elle apprendra que son mari, Achille, mis au courant de cette audience, a écrit au roi pour lui faire part de toutes les turpitudes de son épouse, de l'adultère (confirmé) jusqu'au détournement d'héritage (prétendu). Il ne reste à Zoé qu'à solliciter une deuxième audience, à laquelle elle se rend, inquiète de la mauvaise influence qu'a pu avoir la lettre de dénonciation rédigée par son mari.

Elle est si angoissée qu'après sa révérence, alors qu'elle se dirige vers un siège que Louis XVIII lui a indiqué, elle renverse un guéridon couvert de papiers qui se répandent sur le sol. Confuse, elle les ramasse, commence à les lire pour tenter de les classer en s'excusant et, stupéfaite, entend le monarque lui dire :

— Continuez, Madame, le charme de votre voix s'ajoutera à celui de vous voir[1].

Au comble de l'embarras, elle continue à lire, troublée, s'embrouillant dans les pages, ne comprenant rien au rapport ministériel dont elle ânonne le contenu !

Dès lors, les affaires de Zoé vont se régler comme par miracle. Elles sont confiées directement au Premier ministre Decazes qui charge un juriste bordelais de les résoudre. Le comte de Peyronnet devait être très efficace : le tribunal de première instance de la Seine prononce, le 6 mai 1818, un jugement de séparation de corps et de biens des époux du Cayla. La garde des enfants est bien entendu confiée à leur mère. Plus tard, le 31 mai 1822, le comte du Cayla sera condamné « à la restitution des dots, reprises et créances matrimoniales ». Réconfortée par la protection royale dont elle bénéficie, Zoé emménage dans ce qu'elle qualifie de « petit entresol » de l'hôtel de Praslin, rue de Bourbon. Elle adore cet endroit, y reçoit beaucoup, de plus en plus à mesure que sa proximité avec Louis XVIII se vérifie.

Quelle proximité ? Au début, Zoé vient voir le roi une fois par semaine, le mercredi. Bientôt, le monarque exige de voir les enfants de sa protégée une fois par mois, une faveur qui arrange bien Zoé, puisqu'elle lui permettra de dire : « Je dois tout à mes enfants. » Méfiante, la mère refuse de rencontrer trop souvent le roi ; il commence donc à lui écrire, d'abord tous les jours, puis plusieurs fois par jour, entraînant un ballet de messagers des Tuileries. Très vite, il apparaît que Zoé a su se rendre indispensable au monarque. Bientôt, le rythme des visites s'emballe,

---

1. Catherine Decours, *op. cit.*

passant à trois fois par semaine, de 3 heures à 5 heures de l'après-midi. Puis elles deviennent quotidiennes. La question se pose alors de la nature de leurs relations. S'agit-il d'amour ? Certainement de la part du roi, veuf, car Mme du Cayla est jolie, fraîche, a de l'esprit, l'amuse, le distrait et sait l'écouter dans ses récits de jeunesse, souvent enjolivés. Quant à Zoé, elle ne peut qu'être flattée d'être l'unique objet de la passion du roi de France dont elle est la favorite. Aucune rivale ! Elle lui prodigue une grande tendresse, à laquelle il n'était guère habitué et qui le rend heureux. Bien entendu, ces entretiens intimes sont vite connus et suscitent autant de sarcasmes que d'interrogations. Ainsi, un jour, le vieux chancelier Dambray frappe à la porte du roi au moment où Louis XVIII attend sa favorite. « "Entrez, Zoé", dit le roi, qui voit paraître le vieux chancelier rouge et confus. L'histoire fit le tour des Tuileries. On n'appela plus Dambray que le chancelier Robinson, parce qu'on l'avait... cru Zoé[1] ! »

Une relation amoureuse où le tabac est prisé... d'une étrange manière

Lamartine se révèle déjà poète en analysant ce culte coquin : « Il eut dès le premier jour le caractère d'un amour qui se dérobe à lui-même sous le nom d'amitié et que l'âge du monarque et la réserve de la jeune femme ne permettent pas d'avouer. » En effet, ils ont trente ans de différence. Mme de Boigne est beaucoup plus cruelle – comme d'habitude ! –, dénigrant celle dont on dit qu'elle règne sur la France : « Elle possédait un fond de

---

1. Évelyne Lever, *Louis XVIII*, Fayard, 1988 ; et *Journal du maréchal de Castellane*.

bassesse que rien n'épouvantait. Les tristes séductions employées aux pieds du vieux roi ne le cédaient qu'à l'ignoble salaire qu'elle en recevait. »

Que peut-il se passer entre eux ? Les chansonniers et les caricaturistes ont leurs réponses ! Béranger, qui a baptisé Zoé « Octavie », écrit :

Tendre Octavie, ici rien n'effarouche,
Le dieu qui cède à qui mieux le ressent,
Ne livre plus les roses de ta bouche,
Aux baisers morts d'un fantôme impuissant.

Il ajoute :

Peins-nous ses feux qu'en secret tu redoutes,
Quand sur ton sein il cuve son nectar,
Ses feux infects dont s'indignent les voûtes
Où plane encore l'aigle du grand César.

Des lithographies érotiques accompagnent ces allusions égrillardes où Zoé est représentée « en posture libertine, découvrant ses formes pour permettre au roi de priser sur son séant[1] ». Dans d'autres versions, « la tabatière royale » se situerait plutôt sur les seins de la belle comtesse. De toute manière, son physique était

---

1. Jean-François Chiappe (sous la direction de), *Le Monde au féminin*, Somogy, 1976.

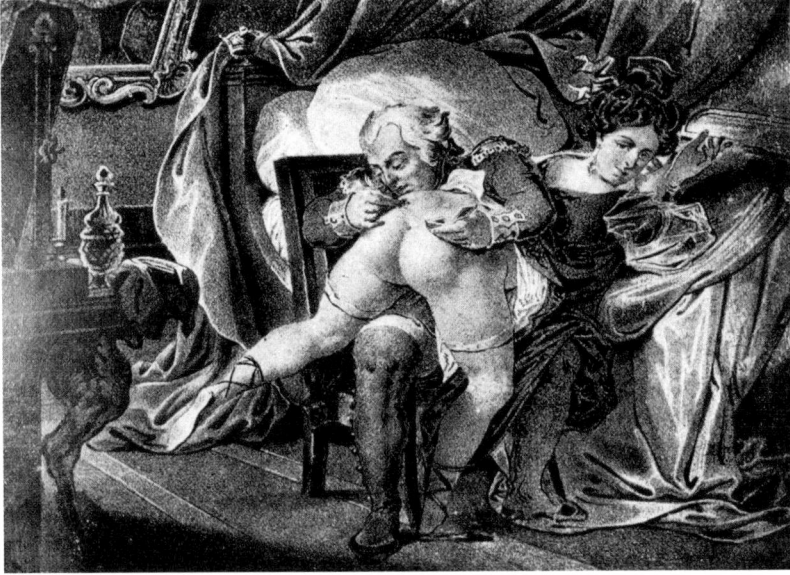

Louis XVIII prisant son tabac sur la croupe de Mme du Cayla. Cette lithographie, évidemment anonyme et qui circule vers 1820, révèle les fantasmes de l'opinion sur la liaison entre le roi et sa favorite. On suppose, bien sûr, que cette relation est platonique mais d'incroyables rumeurs accumulent les détails scabreux ! S'il ne peut voir Zoé, Louis XVIII lui écrit plusieurs fois par jour…

commode. Selon M. de Vitrolles, « le roi prenait dans sa tabatière une pincée de tabac qu'il déposait sur les seins de sa favorite comme il l'aurait fait dans le cœur d'une rose ». Mme du Cayla est très prisée à la Cour !

Plus tard, en 1823, tandis que le roi est désormais cloué sur son fauteuil roulant, le maréchal de Castellane racontera une anecdote sulfureuse. Pendant les visites de Zoé, la porte du souverain était condamnée. Le futur maréchal, ayant entendu un fracas épouvantable suivi de cris perçants, obligea les valets et les officiers de service à entrer dans la pièce. Ils trouvèrent le fauteuil roulant basculé en avant et Sa Majesté, effondrée et incapable de se relever, mollement étendue sur Zoé ! Les ravages d'une passion acrobatique ? On rit dans Paris. Zoé reste imperturbable et, en secret, docile. Outre sa position sociale qui, malgré les libelles, est avantageuse, le roi lui apporte une sécurité et une tranquillité d'esprit qu'elle n'avait jamais connues. Après tout ce qu'elle avait vécu… Grâce à lui, elle est séparée de son mari et sur le point de récupérer sa fortune. Et le roi tient à s'occuper lui-même de ses enfants. Un amoureux très attentionné et généreux. Malgré les protestations de Zoé, il la couvre de cadeaux, lui offre des parures, lui fait remettre de très importantes sommes d'argent et lui offre bientôt le domaine de Saint-Ouen, un lieu cher à Louis XVIII qui regrettait le château détruit par les Prussiens en 1815. Pour Zoé, il le fera reconstruire.

Égérie du parti ultraroyaliste, la favorite fait nommer des ministres

Cette passion aux développements curieux va être bousculée par une tragédie qui secoue la monarchie : l'assassinat du duc de Berry en 1820. L'avenir de la branche aînée des Bourbons est compromis. Fort heureusement, à la mort de son époux, la duchesse est enceinte de celui qu'on appellera « l'enfant du miracle[1] ».

La disparition de l'héritier potentiel du trône affecte gravement Louis XVIII, qui renonce à la politique libérale et soutient le parti ultraroyaliste. Zoé est alors accusée d'être à l'origine de

---

1. Futur duc de Bordeaux, puis comte de Chambord (1820-1883), prétendant légitimiste au trône, il refusera le drapeau tricolore, ce qui entraînera l'avènement définitif de la République et fera de la maison d'Orléans la seule héritière des rois de France.

cette nouvelle orientation. Elle est même baptisée « l'égérie des ultra ». C'est sans doute excessif, mais son influence est réelle. Ainsi la favorite fait-elle nommer quelques-uns de ses amis à des postes clés. L'avocat Peyronnet, qui avait su si bien plaider sa cause, devient garde des Sceaux dans le gouvernement Villèle de 1821. Louis XVIII, fataliste, sait que son frère, le comte d'Artois, lui succédera et que de toute manière il pratiquera cette politique autoritaire que Mme du Cayla approuve. Les lois d'exception qu'elle fait voter par ses protégés auront de désastreuses conséquences et favoriseront la révolution de 1830.

Le château de Saint-Ouen, aux portes de Paris. Offert par Louis XVIII à sa très chère Zoé, il est inauguré lors d'une fête splendide, le 3 mai 1823. Mme du Cayla réconciliera avec Dieu le roi voltairien mourant en septembre 1824. Après la chute de Charles X, Zoé s'entremettra pour trouver un mari à la duchesse de Berry, enceinte après son épopée vendéenne et prisonnière à Blaye.

La dernière grande fête dont Zoé est l'héroïne est l'inauguration, le 2 mai 1823, du château de Saint-Ouen reconstruit – un présent de son royal amant. Un déjeuner pour huit cents invités est donné sous des tentes dont les croquis sont d'Isabey. On découvre un grand tableau en pied de Louis XVIII par Gérard. Sous le tableau, une plaque de marbre blanc : « Ici, le 2 mai 1823, a commencé une ère nouvelle. » Le roi ne peut assister à la fête, mais il est venu le matin même vérifier les moindres détails des festivités.

Au printemps 1824, Louis XVIII s'affaiblit. Zoé n'est plus la favorite, mais une garde-malade. L'ultime geste qu'elle accomplit à la demande de la famille royale est que Sa Majesté reçoive les derniers sacrements. Il s'éteint le 16 septembre 1824 à 4 heures du matin. Sa passion pour Zoé a duré sept ans. En écoutant les gauloiseries royales, en acceptant quelques manies qui donnaient au vieil homme un frisson de plaisir, elle avait fait battre son cœur, à défaut de réveiller ses sens.

La dernière favorite royale, dont le goût artistique est très sûr, s'occupera ensuite de la manufacture des Gobelins et d'agronomie avec une réelle compétence. Fidèle à la branche aînée des Bourbons, qui est remplacée par la monarchie de Juillet de Louis-Philippe en 1830, la comtesse du Cayla s'entremet pour organiser le mariage, urgent et secret, de la duchesse de Berry, internée à la forteresse de Blaye et compromise par la naissance d'un enfant naturel.

L'ancienne « tabatière royale » s'éteint, âgée de 67 ans, à la veille du Second Empire, dans son château de Saint-Ouen, le cadeau le plus spectaculaire mais le moins ambigu du vieux roi.

Lola Montez

La muse maudite
du roi Louis Ier de Bavière

Ce portrait, bien sage, de la fausse danseuse espagnole mais authentique aventurière est celui d'une femme scandalisant l'Europe et qui provoqua l'abdication du roi Louis Ier de Bavière, en écho à la révolution de 1848.

La « galerie des beautés du roi Louis Ier de Bavière » rassemble, au château de Nymphenburg, à Munich, des portraits de jolies femmes des années 1800-1850, célèbres ou non, de toutes conditions sociales, selon la volonté du roi Louis Ier. Toutes ont été peintes par ce même artiste, Joseph Stieler. Sur le panneau de gauche, en haut à droite, l'archiduchesse Sophie, mère de François-Joseph. En bas : la reine Marie, mère du roi Louis II. Sur le panneau de droite, en bas à gauche : Lola Montez.

Munich, château de Nymphenburg, à l'ouest de la capitale bavaroise.

Dans l'ancienne résidence d'été des princes électeurs puis rois de Bavière, le visiteur s'arrête devant la principale curiosité du pavillon sud. On l'appelle la « galerie des beautés du roi Louis Ier ». Autrefois exposés dans le palais de la Résidence, en centre-ville près de l'Opéra, ces portraits de femmes de la première moitié du XIXe siècle, ravissantes et d'âges différents, ont une première particularité : toutes ont été peintes par le même artiste, Joseph Karl Stieler (1781-1858), à la demande du souverain qui venait souvent admirer le résultat de sa commande. Seconde particularité : ces modèles sont de conditions sociales mélangées, l'archiduchesse Sophie, mère de l'empereur François-Joseph, côtoyant la fille d'un cordonnier ou l'épouse d'un marchand de volailles. « Qu'importe la naissance. Seule la beauté compte », estime le roi devant les sarcasmes. Un provocant brassage, insolite pour l'époque, et qui avait beaucoup choqué... Trente-six beautés, dont une seule fut le cauchemar de la Bavière où elle a joué un rôle politique si scandaleux qu'elle a entraîné l'abdication du roi Louis Ier dans le climat révolutionnaire de 1848. Mais qui pourrait deviner que la femme représentée ici, à hauteur des yeux, dans une sage robe noire à col de dentelle blanche, bouleversa le royaume créé par Napoléon en 1806 après que les Bavarois se furent judicieusement rangés à ses côtés lors de la bataille d'Austerlitz ? Cette créature à la chevelure noire ornée de fleurs rouges sur la tempe droite, c'est Lola Montez[1]. Elle ne regarde pas le peintre. Une fuite de la réalité ? Après l'avoir rencontrée, Alexandre Dumas père avait mis en garde ses amis : « Elle est fatale à tout homme qui ose s'éprendre d'elle. » Son nom est d'abord un symbole de beauté, mais aussi, inévitablement, d'impudence et d'esclandre dans toute l'Europe, et même au-delà des mers. Une jeune Bavaroise[2] a fait d'elle un portrait qui la résume comme un instantané :

« Le 9 octobre 1846, comme je descendais la Briennerstrasse, je vis venir à ma rencontre une dame vêtue de noir, la tête couverte d'une mantille et tenant un éventail à la main. J'éprouvai comme un éblouissement et m'arrêtai net, plongeant les yeux dans les yeux qui m'avaient fascinée. Le regard ardent de leurs prunelles sombres me fixa quelques instants ; un merveilleux et pâle visage sourit, en passant, à mon air égaré. Sourde aux observations de ma gouvernante, je m'élançai pour la rejoindre, elle avait déjà disparu. Telles, me disais-je, doivent être les fées qui paraissent dans les contes et s'évanouissent dans l'air. Je rentrai chez mes parents à qui je rapportai cette aventure. "Ce doit être, dit dédaigneusement ma mère, cette Lola Montez, la danseuse espagnole dont on parle tant." »

C'était bien elle… Lola Montez a réussi : on parle d'elle à Munich. Mais les sujets du roi Louis Ier ne sont pas encore informés des mauvais renseignements réservés à quelques hauts

---

1. L'orthographe de l'époque étant souvent variable, on trouve aussi bien Montès que Montez. C'est cette dernière que l'Histoire retiendra.

2. Luise von Kobell, *Unter den vier ersten Köningen Bayerns*, Munich, 1894. Elle épousera un M. de Eisenhart qui sera longtemps secrétaire du cabinet royal.

personnages. Cette femme est une fausse danseuse espagnole, une mauvaise fée, et elle arrive de Paris où, de scandale en scandale, un journaliste en vue, fils de famille, s'est battu en duel pour elle et est resté sur le gazon… De très nombreux gouvernements européens et leurs polices considèrent cette intrigante comme un danger public. Et l'expulsent *manu militari.* Oui, mais… tous les hommes qu'elle approche deviennent fous d'elle. Qu'a-t-elle donc d'exceptionnel ? Et que vient-elle tenter dans cette capitale à l'architecture néoclassique, puisque son souverain admire l'Antiquité ? Munich est une ville paisible, dont le roi Louis Ier a voulu faire « l'Athènes de l'Isar », cet affluent du Danube né au sud, dans les Alpes.

Très belle, la fausse danseuse espagnole aguiche les hommes

Chez Lola Montez, tout est mensonge, audace, hardiesse, énergie, arrogance, insolence et indécence. Quand elle se dit « danseuse espagnole », cela lui sert d'état civil, de prétexte, d'alibi et de moyen d'existence ; et cache mille et une vies. Elle est née, dit-on, en 1818 à Limerick, en Irlande, sous l'identité, réelle, de Maria Dolores Eliza Rosanna Gilbert, fille d'Edward Gilbert, un sous-officier qui sera affecté aux Indes, et d'Eliza Oliver, fort belle, employée chez une modiste. L'enfant a environ 5 ans quand son père meurt à Calcutta. La veuve se remarie vite avec un Écossais, camarade du défunt. À 10 ans, la fillette est envoyée en Angleterre, dans un pensionnat très strict. Elle y apprend les bonnes manières et les langues étrangères. Elle se passera des unes et se servira des autres. Vers l'âge de 16 ans, elle

LOLLA MONTÈS

Lola Montez, telle qu'elle se présente en « danseuse espagnole » maniant le fouet pour écarter les innombrables mécontents… Née vers 1818-1821, d'origine irlandaise, mariée plusieurs fois, provoquant des protestations et des incidents partout, elle est le cauchemar des polices européennes. Elle reconnaît elle-même qu'elle n'a aucun talent chorégraphique. Elle survit à coup de provocations, « victime de la jalousie des épouses » selon elle.

repart pour l'Inde (plus de trois mois de voyage), où sa mère veut la marier à un juge de la Cour suprême de Delhi, qui a l'inconvénient d'avoir quarante-cinq ans de plus que la jeune fille, mais l'avantage d'être très riche ! Horrifiée, elle s'enfuit. Sur le bateau du retour, elle se laisse séduire et enlever par un Irlandais, le lieutenant Thomas James, qui a le même âge qu'elle. Leur conduite à bord est si choquante que le commandant refuse de les recevoir à sa table. Ils se marient à Dublin, mais la passion ne dure pas ; leurs deux caractères, incompatibles, s'affrontent en scènes et en coups. Le charme irrésistible de la jeune mariée la précède, car lorsque, une nouvelle fois, elle revient aux Indes à l'appel pathétique de sa mère, une de ses amies, Emily Eden, écrit, le dimanche 8 septembre 1838 : « Nous attendons la venue de Mrs James, dont on a dit tout au long de cette année qu'elle est une grande beauté, de celles qui jettent dans l'effroi toute autre femme ayant quelque prétention de ce côté-là[1]. » Lassé, le lieutenant James s'enfuit avec une autre femme. La fille d'Eliza repart pour l'Angleterre, y débarque sans le sou après une autre aventure extraconjugale, se réfugie en Écosse, hébergée par des relations de son beau-père, mais est convoquée devant un tribunal pour adultère, car son dernier amant était marié ! Nouvelle fuite, nouveau pays : la voici en Espagne. Elle veut monter sur scène pour danser. C'est alors qu'elle choisit un nom très ibérique, à rallonge, Maria Dolores de Porris y Montez, qu'elle raccourcit vite en Lola Montez lorsqu'elle revient à Londres. Elle n'a aucun don pour le ballet (elle le reconnaît elle-même) et s'efforce de compenser son absence de talent par sa beauté et des poses

---

1. Leigh Eduardo, *Maîtresses et courtisanes*, Acropole, 2007.

suggestives… Quand on l'interroge, elle s'invente deux passés, selon ses interlocuteurs. Soit elle prétend être une enfant volée dans un berceau, en Andalousie, par des gitans qui l'ont obligée à danser pour survivre. Elle vient de s'enfuir. Soit – et c'est plus chic dans la bonne société ! –, elle affirme être la veuve d'un hidalgo désargenté, mais dans un cas comme dans l'autre, ayant appris un peu d'espagnol, parlant avec un accent qui ne prolonge pas les conversations et fumant des cigarillos, elle assure qu'elle est d'origine andalouse, ne précisant jamais son âge ni son lieu de naissance. Son subterfuge fonctionne : une artiste étrangère, même inconnue, a des chances d'être acceptée dans un pays qui n'est pas le sien…

Ayant séduit le consul d'Espagne à Southampton, elle obtient une recommandation auprès du directeur du théâtre Haymarket, une salle londonienne qui, depuis le XVIIe siècle, a le privilège d'être « le » théâtre de Sa Majesté. Le samedi 3 juin 1843, elle apparaît dans un intermède entre deux actes du *Barbier de Séville*, l'opéra de Rossini créé à Londres dans ce même théâtre en 1818. Si sa prestation chorégraphique est décevante, sa présence sur scène est incontestable. Le *London Illustrated News* écrit que « cette nouvelle danseuse est apparue, surgie de nulle part, a fait sensation de la façon la plus novatrice et délicieuse. On n'a plus entendu parler d'elle depuis[1] ». En effet, la soi-disant Espagnole a été reconnue par un spectateur, lord Ranelagh, qu'elle avait éconduit quelques mois plus tôt à Madrid ! Il ne s'est pas trompé : c'est bien Mrs James, accusée d'adultère, et elle n'est pas Espagnole, mais Irlandaise de naissance. Sifflets et chahut ont bouleversé

---

1. *Ibid.*

la fin du spectacle. Sommée de s'expliquer, avec le fantastique aplomb qu'elle aura toute sa vie, Lola Montez fait paraître une lettre ouverte dans le *Times,* mélangeant le vrai et le faux. Mais craignant d'être finalement démasquée, elle quitte Londres pour Bruxelles, après avoir payé son voyage en vendant ses costumes de scène[1].

L'aventurière sème le scandale dans toute l'Europe

Après la Belgique et des spectacles mouvementés, elle se retrouve à Varsovie où le vice-roi, mis en place par le tsar de Russie, tombe amoureux d'elle. Lola l'ayant repoussé, elle devient une héroïne de la résistance polonaise aux Russes ! Pour la première fois, l'aventurière est considérée comme une victime politique. Barricadée dans sa chambre, elle menace d'abattre les policiers qui viendraient l'arrêter et finit par être raccompagnée à la frontière sous bonne escorte. À Baden-Baden, elle démontre sa souplesse en passant une jambe par-dessus l'épaule d'un jeune homme ébahi, puis retrousse sa jupe pour que l'on admire ses si jolies jambes. Nouvelle expulsion. Le registre de Mlle Montez n'a plus rien à voir avec l'organo et la guaracha qu'elle soutient avoir appris au Théâtre royal de Séville, mais

---

1. Sur cette même scène du Haymarket, vers la même époque, une autre jeune femme avait fait ses débuts, également peu convaincants, dans l'art dramatique : une certaine Elizabeth-Ann Harriet. C'était la future Miss Howard, qui mettra sa fortune au service du prince Louis Napoléon Bonaparte, alors exilé à Londres, lequel allait devenir le premier président de la République française en 1848, puis l'empereur Napoléon III en 1852. Voir chapitre suivant, p. 250.

Lola Montez en 1846. Une fois de plus, elle a été contrainte de s'enfuir, après avoir provoqué un duel fatal à un journaliste parisien, Léon Dujarrier. De Londres à Varsovie en passant par Paris, on a hurlé à l'aventurière qu'elle ne savait pas danser mais que des hommes se font tuer pour elle. À Munich, seuls le gouvernement et des policiers ont entendu parler d'elle…

s'installe dans la provocation permanente. Sa mère, toujours aux Indes, mais qui finit par être informée du scandale permanent qu'est devenue sa fille, s'habille en grand deuil, informe ses correspondants sur du papier à lettres bordé de noir que, pour elle, Eliza est morte…

À Berlin, essayant d'approcher le roi Frédéric-Guillaume IV de Prusse, elle gifle un officier et échappe de peu à la prison. En Saxe, après un récital de Franz Liszt, elle bondit dans sa loge, lui assure que, comme lui (il voyage dans une roulotte), elle est une artiste itinérante et n'a eu qu'un amant dans sa vie. Il la croit, oublie la comtesse Marie d'Agoult, mère de ses enfants, et vit avec Lola une passion aussi torride que brève. Lola essaie d'aguicher Richard Wagner, qui la traite publiquement de « femme au regard effronté et au mauvais œil ». À Dresde, après une ultime querelle avec Lola, Liszt la quitte pendant qu'elle dort, non sans laisser à l'hôtelier une liasse de billets « pour remplacer le mobilier que ne manquerait pas de casser Mme Lola Montez en se réveillant » après avoir constaté que son cher Franz était parti ! À Paris, sous la monarchie de Juillet, la cible de Lola est, comme d'habitude, l'Opéra, alors situé rue Le Peletier. Que, depuis 1832, avec *La Sylphide* et la sublime Maria Taglioni, la danse se soit ouverte à l'ère du ballet romantique, du tutu flottant et des pointes maintenues n'effraie pas une Lola Montez « danseuse espagnole » ! Mais, cette fois, la rumeur du scandale l'a précédée. Le directeur Léon Pillet se laisse convaincre car, dit-il, elle a « quelque chose », sans savoir quoi exactement… La beauté ne suffit pas : l'engagement de Mlle Montez est résilié à la deuxième représentation. La catastrophe est résumée par le critique Théophile Gautier, dans *La Presse* du 28 mars

1844 : « Ayant eu vent de ses exploits équestres, nous avons des raisons de penser que Mlle Lola est plus à sa place sur un cheval que sur une scène. » Gautier voit juste : Lola est une écuyère et elle aura sa place dans un cirque. Malgré une rencontre avec George Sand, l'émotion de Chopin, l'admiration de Delacroix et les conseils de Victor Hugo, l'échec est accablant. Léon Pillet conclut : « Elle a de jolies jambes mais ne sait pas s'en servir. » On pourrait ajouter « du moins pour danser », car Lola attire les hommes comme l'or.

À Paris, un journaliste est tué en duel à cause de Lola Montez

Au théâtre de la porte Saint-Martin, on se bouscule pour la voir. Il faut dire que ses mouvements et ses gestes s'apparentent à des poses presque érotiques ! Théophile Gautier corrige en partie son jugement : « Vos débuts, Mademoiselle, avaient suscité des doutes quant à votre ascendance. Mais après cette soirée, je suis entièrement convaincu que vous avez bien du sang andalou. » On ne parle pas de talent… mais quelle victoire pour Lola : elle est reconnue comme étant une bouillante Andalouse !

Nouvel amant, nouveau scandale, tragique cette fois : le journaliste Léon Dujarrier meurt lors d'un duel pour venger l'honneur de Lola, dans l'aube glacée du 11 mars 1845. Un procès pour non-respect par l'adversaire des règles de la rencontre conduit Lola Montez au tribunal de Rouen, dans une salle comble. Elle y est entendue comme témoin d'un meurtre. Elle impressionne l'assistance par sa dignité – presque celle d'une veuve – et son étrange regret de ne pas avoir pris la place de la victime. « Contrairement au disparu, je tire très bien. J'aurais affronté son adversaire d'égale à égal[1]. » Plusieurs policiers d'Europe l'avaient constaté. Très éprouvée par ce drame stupide qu'elle ne pourra jamais oublier, Lola n'a plus qu'à quitter Paris et tenter sa chance ailleurs. Pourquoi se rendre en Bavière ? Parce qu'elle pense que dans une Allemagne politiquement morcelée, on ne la connaît pas encore à Munich.

Toutefois, on peut ajouter ici cette confession ultérieure livrée à son mémorialiste Albert Vandam : « Dès que j'aurai réussi à me constituer une jolie petite cagnotte bien rondelette, je mettrai en œuvre le plan qui était le mien au départ, à savoir essayer de mettre le grappin sur un prince. J'en ai assez de m'entendre dire que je ne sais pas danser. On me l'a dit à Londres, on me l'a dit à Varsovie, on me l'a dit à la porte Saint-Martin où je me suis fait huer. Je ne crois pas que les hommes, s'il ne tenait qu'à eux, me siffleraient ; ce sont leurs femmes et leurs filles qui les y poussent[2]. »

En 1846, Lola Montez est un ravissant fléau ambulant. Elle a l'immense privilège de ne laisser personne indifférent. Là où elle passe naît la passion ou la haine.

Comme toute l'Europe, elle a entendu parler de la fameuse galerie des beautés du roi de Bavière, un homme qui, à l'évidence, met l'art au-dessus de tout. N'ayant pas encore eu l'occasion d'ex-

---

1. Leigh Eduardo, *op. cit.*
2. Albert Vandam, *An Englishman in Paris*, Londres, 1894, et *My Paris Notebook*, Londres, 1896.

ploiter ses « talents » divers dans ce royaume, Lola est convaincue, selon son projet, qu'elle doit atteindre le monarque, un esthète à n'en pas douter. Et pour l'atteindre, elle doit se faire remarquer, encore et toujours. Tapage et scandales sont les mamelles de sa vie chaotique. Pour une fois, elle dispose d'argent, car le malheureux journaliste parisien tué en duel – à cause de ses charmes – avait eu le bon goût de la coucher sur son testament. La somme permet donc à Lola de financer son voyage et de se constituer une garde-robe fracassante, idéale pour ne pas passer inaperçue. C'est ainsi que l'avait croisée la jeune Bavaroise, encore sous le choc de cette apparition.

Mlle Montez, qui n'a ni scrupules ni illusions, mais un culot fantastique, commence par approcher le baron von Maltitz, un familier des coulisses de toutes les salles de spectacles. Celui-ci, ébloui, la présente à Freys, l'intendant des théâtres royaux, et obtient qu'elle puisse se présenter au concours de danse de l'Opéra de Munich. Lola met en pratique son habileté à exciter la jalousie masculine. Le baron von Maltitz n'étant pas assez efficace, selon elle, la « danseuse espagnole » (ainsi se présente-t-elle !) s'adresse à son rival au cabinet du roi, le comte Reichberg. De celui-ci, elle obtient la certitude que Sa Majesté lui accordera une audience si ses « dons artistiques » ne sont pas reconnus. Une hypothèse probable ! « Je suis habituée à l'ingratitude ! », soupire-t-elle. Ce qu'elle avait prévu est vérifié : Frenzel, le premier danseur de l'Opéra, la refuse pour « incompétence notoire » ! L'intendant Freys remet un rapport très défavorable au souverain. Mlle Montez « qui s'est produite sur les plus grandes scènes d'Europe » (en effet !) proteste et obtient d'être reçue.

Devant le roi Louis Ier, Lola se présente la poitrine dénudée !

Mais le roi la fait attendre longtemps, trop longtemps selon cette impatiente visiteuse. Il semble que, prise d'une colère très « espagnole », Lola se soit levée brusquement dans l'antichambre et ait bondi sur la porte conduisant au roi. Un garde l'aurait empêchée d'aller plus loin et, dans l'empoignade, il aurait déchiré, involontairement, son corsage. Confus, le soldat relâche cette femme mal élevée au moment où elle tente d'ouvrir la porte, tandis que le chambellan se précipite. À l'instant, le souverain paraît, très contrarié de cette agitation déplacée. La rumeur prétend que le monarque eut un regard stupéfait devant la poitrine presque dénudée de l'inconnue. Et même, selon certains, Lola Montez, dans un défi résumant sa vie, aurait coupé ce qui restait du vêtement et serait apparue « la poitrine triomphante à demi révélée par le corset » ! Il n'y a que Lola Montez pour transformer une audience royale en exhibition de ses arguments.

Que s'est-il passé dans le cabinet du monarque, une pièce rouge et noir, copiée sur la maison du Faune découverte dans les ruines de Pompéi ? Il n'y a pas eu de témoin. Très grand, Louis Ier a plus de 60 ans et semble fatigué. Il règne depuis 1825. Souverain populaire aux manières simples, mais parfaites, cet homme, qualifié de rêveur, souffre d'une surdité héréditaire inguérissable à l'époque. Il est vêtu d'une curieuse façon qui le fait passer pour excentrique ; en fait, il est très économe dans sa vie quotidienne, presque avare, allant jusqu'à porter des redingotes élimées et, dit-on, une robe de chambre graisseuse pendant dix ans… En

Portrait du roi Louis Ier de Bavière dans son costume du couronnement. Deuxième monarque Wittelsbach, monté sur le trône en 1825, il fait de Munich une ville d'art de réputation mondiale, rendant hommage à l'Antiquité. Il ouvre de superbes musées. Incorrigible poète, atteint de surdité précoce et avare, il reçoit Lola Montez qui se plaint d'être empêchée de se produire à l'opéra de Munich. « Une injustice ! », crie-t-elle.

revanche, le monarque aime se fondre dans la foule, observer ses sujets et admirer le travail des architectes à qui il a confié le soin d'honorer, par leurs arcs de triomphe, loggias et palais, Athènes et Rome, deux véritables patries artistiques pour ce souverain surnommé le « Périclès bavarois ». Munich est devenu un véritable musée de reconstitutions en plein air où l'on peut « voir » des monuments de référence. Quelle fierté pour le roi que son second fils, Othon, ait été élu, en 1832, le premier roi de la Grèce libérée du joug ottoman !

En apparence muré dans ses réflexions, Louis Ier s'évade en écrivant des poèmes pour se divertir des dossiers préparés par son Premier ministre. Versificateur appliqué, il déteste être dérangé lorsqu'il compose. Or, s'il a fait attendre Lola Montez, le manque d'inspiration en est responsable. En pleine élégie, le roi a été dérangé par son chambellan. Lola Montez ? Il n'a jamais vu ni même aperçu cette personne, mais le nom ne lui est pas inconnu. Un rapport du chef de la police et de l'intendant des théâtres royaux a été mis sous le regard de Sa Majesté. Et voici que cette personne ose l'interrompre dans une élégie ! On peut penser qu'à ce moment, le roi, dont la veine poétique est provisoirement tarie, s'est décidé, peut-être aussi par curiosité, à recevoir cette femme dont la conduite est jugée scandaleuse, le talent inexistant et qui est la cible de ragots et de commérages incroyables… Elle entre, pratiquement de force. Que veulent ces yeux et ce front dominés d'un tricorne de velours noir ? Que demande cette bouche sensuelle ? Que cherche ce corps qui provoque des passions et des jalousies viscérales ?

Lola Montez réclame justice, c'est-à-dire une faveur, selon sa stratégie bien rodée. En l'occurrence, elle exige l'autorisation, refusée – refus déjà entériné par le roi –, de danser sur la scène du Théâtre royal. Est-ce donc la générosité de son décolleté qui a ému Louis Ier ? On constate seulement que les charmes de Lola – fussent-ils, ce jour-là, platoniques – sont efficaces. Son seul regard « brun d'Espagne » promet déjà des ardeurs charnelles. Le roi aux cheveux en bataille et à la moustache hérissée est subjugué.

À l'Opéra, Lola danse devant un public de policiers

Que Lola ait dénudé partiellement ou intégralement sa poitrine, elle quitte le palais de la Résidence dans une tenue peu protocolaire, mais avec un sourire triomphal et, le soir même, l'intendant Freys reçoit l'ordre d'engager Mlle Montez. Elle n'en doute pas : Munich va l'acclamer, le roi aussi… Le public lui réserve un accueil mitigé. La nouveauté du spectacle ravit les uns, le passe-droit qui est à son origine exaspère les autres. Qu'importe ! Il manquait à Lola un roi comme mécène et admirateur, c'est chose faite. Après tant d'expériences houleuses, Lola reste lucide. Si le public ne l'a pas trop sifflée, c'est parce qu'elle a dansé le fandango devant un parterre de policiers en civil répartis dans la salle. Immédiatement, comme par enchantement, l'inspiration poétique est revenue sous la plume du roi rimeur. Louis Ier attribue cette fortune à la « danseuse espagnole » et lui dédie une ode où se glisse cet hommage reconnaissant :

Tu viens régénérer l'inspiration lasse.

Alors, tout va très vite. Le roi de Bavière n'est plus le même. Certes, il avait eu des aventures avec de jolies étrangères, mais elles ne duraient jamais longtemps. Certaines avaient eu l'honneur d'être peintes par Joseph Karl Stieler et de voir leur portrait dans la galerie des beautés. La bonne reine Thérèse ne s'est jamais inquiétée des infidélités de son époux ; elles n'étaient mues que par des pulsions physiques, donc, selon l'épouse philosophe, brèves et sans importance. Mais avec Lola Montez, l'affaire est immédiatement grave. Cette fois, la reine, le gouvernement et la population sont dans l'erreur. Cet homme, réputé si pingre, délie les cordons de sa bourse. Il installe « sa danseuse » dans un hôtel particulier qu'il fait transformer et meuble somptueusement, puis la comble de cadeaux, à la stupéfaction de la famille royale et des Munichois. Les visites de Louis Ier chez sa protégée se multiplient, de plus en plus longues. Il est totalement en son pouvoir. Si la révélation physique ne peut être exclue, l'influence intellectuelle joue aussi un rôle dans cette métamorphose d'un souverain jusque-là discret, mécène seulement pour son peuple ou employant les *gulden* versés par ses sujets à la modernisation économique du royaume, par exemple en faisant construire le premier chemin de fer reliant Munich à Augsbourg et en commençant le percement d'un canal entre la mer du Nord et la mer Noire.

Inévitablement, le peintre Stieler est convoqué pour ajouter le portrait de Lola Montez à ceux ornant la galerie des beautés. On parlera même, en français, d'une *pièce de résistance* de cette étonnante collection. Mais il y a plus grave : Lola, qui passe des heures avec le roi, commence à lui parler politique, jugeant, par exemple, trop envahissante l'influence des jésuites. On suppose que les idées libérales qu'elle avait entendues dans quelques milieux progressistes parisiens sont à l'origine de ce jugement inattendu. Puis Louis Ier prend le risque de présenter la « danseuse » aux ministres. Il déclare qu'elle est sa « meilleure amie », se dit fier de la connaître, ajoutant :

– Vous m'obligeriez, je vous prie, en la traitant avec le même respect que celui que vous m'avez toujours témoigné.

L'intrigante commence à se mêler de la politique bavaroise

Stupeur et indignation silencieuse suivent cet ordre donné au Premier ministre Karl von Abel, un clérical en poste depuis dix ans, et aux membres du gouvernement. Il n'a pas fallu un mois à Lola Montez pour que ses provocations habituelles deviennent une affaire d'État dans la conservatrice Bavière. De quel droit cette étrangère, dont la vie n'est qu'une succession de scandales et qui est même la cause d'un assassinat maquillé en duel, ose-t-elle se mêler des affaires du royaume des Wittelsbach ? Du droit que Lola s'estime investie de la mission d'éclairer les monarques sur les bienfaits du libéralisme, alors que couve ce que l'Histoire retiendra bientôt sous l'expression de « Printemps des peuples ». La fausse Espagnole s'attaque au catholicisme, très fervent en Bavière. Les jésuites répliquent en la traitant de « catin de l'Apocalypse » ! Elle incarne la débauche, l'absence de morale et l'anéantissement de la vie sociale. Louis Ier reste sourd, aux sens propre et figuré, devant les mises en garde et les protestations. Certains grands personnages proposent discrètement à l'aventurière des millions ou une rente confortable pour quitter Munich ou, à défaut, ne plus être l'âme

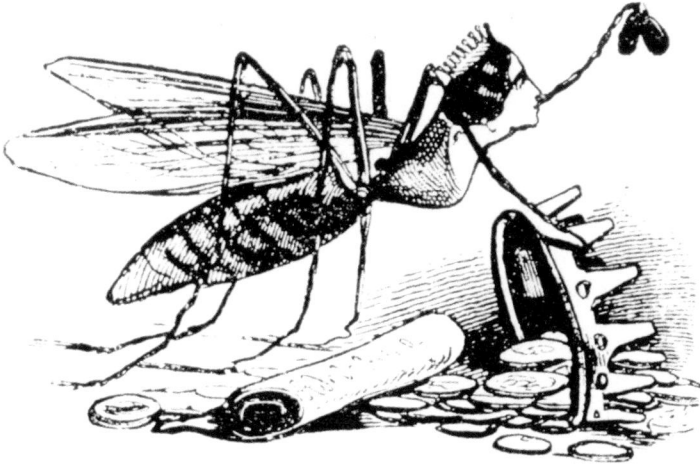

Caricature bavaroise de 1848 désignant Lola Montez, « la mouche espagnole », qui épuise le Trésor du royaume en recevant des cadeaux du souverain, une résidence avec du personnel, une escorte et des titres de noblesse. La favorite se mêle de politique, affichant des idées considérées comme révolutionnaires, provoquant même la démission du gouvernement au bout de huit semaines.

damnée du souverain. Évidemment, elle refuse, amusée de ces marchandages. La fortune est à la portée de Lola : n'est-ce pas ce qu'elle recherchait depuis si longtemps ? Sans doute, mais détenir un pouvoir sulfureux sur un monarque régnant est plus exaltant. Pour celle qui avait prétendu avoir rempli une mission diplomatique délicate pour le tsar de Russie Nicolas Ier en Pologne (une affabulation de plus !), tenir Louis Ier en son pouvoir est un plaisir subtil. Face à cette situation, le gouvernement riposte. Il fait surveiller sa résidence, établit que Lola reçoit de jeunes amants. Questionnée par le roi, elle nie avec cet art du mensonge dans lequel elle excelle depuis longtemps. Elle obtient la démission du Premier ministre et exige qu'on lui délivre un passeport bavarois. N'ayant plus besoin de faire semblant de danser, puisque le roi glisse des diamants dans les feuillets des poèmes qu'il tire à chaque instant de sa poche, Lola se permet une lettre ouverte dans certains journaux européens. Elle explique – et sur ce point elle pense être sincère : « Quant à mes qualifications dans le domaine théâtral, je n'eus jamais la prétention d'en posséder aucune ; les circonstances m'ont contrainte à adopter la scène comme profession, profession à laquelle j'ai renoncé pour toujours, étant à présent naturalisée Bavaroise avec l'intention de faire de Munich ma résidence à l'avenir[1]. » Une bonne nouvelle pour le ballet, une catastrophe pour la Bavière ! La rumeur assure que Louis Ier, soumis à tous ses caprices et à toutes ses extravagances, lui fait servir une pension par l'État.

Se croyant tout permis puisque le roi ne lui interdit rien, la favorite commet une faute irréparable : elle n'a aucune retenue et n'en a d'ailleurs jamais eue… Les incidents en public se répètent : ici, elle brise son ombrelle sur la tête d'un passant qui l'insulte, là, elle crache au visage d'un évêque, ici encore, elle lacère les mécontents de son inséparable fouet, maltraite ses domestiques, lance son molosse sur un professeur de philosophie respecté. Pour enrayer cette vague de scandales, le roi lui fait donner une escorte, mais c'est encore pire. La rubrique des faits divers ne lui suffisant pas, Lola s'acharne sur le gouvernement, obtenant son renvoi ! Au bout de seulement huit semaines… L'événement dépasse les frontières européennes, puisque dans l'importante revue juridique *American Law Journal* on peut constater les ravages causés par l'incontrôlable Lola : « Sous son influence et d'après ses conseils, une révolution totale s'est opérée dans le système de gouvernement de la Bavière. Le ministère existant a sauté ; on a choisi

---

1. *Fraser's Magazine*, Londres, janvier-mars 1848, et Leigh Eduardo, *op. cit.*

La légende veut que, à cause d'une bousculade, Lola, furieuse qu'on la fasse attendre, se soit présentée à l'audience royale la poitrine en partie dénudée… Le roi est subjugué. À la surprise générale, il satisfait tous ses caprices, oublie ses devoirs et inonde sa favorite de poèmes. « Tu viens régénérer l'inspiration lasse ! », lui écrit-il la nuit. Il lui fait porter ses vers chaque matin, au petit déjeuner.

de nouveaux conseillers, plus libéraux ; c'en est terminé de l'influence des jésuites, et les premières bases ont été jetées pour faire de la Bavière un membre indépendant de la grande famille des Nations[1]. » À Munich, il y a désormais un « Lolaministerium », un « ministère Lola ». Cela ne fait pas rire. Au lieu de se contenter des bienfaits en tous genres que lui octroie un roi au comportement insensé, Mlle Montez (qui revendique son nom d'artiste) se vautre dans la surenchère. Aux frais du monarque esclave et du Trésor bavarois, elle se fait construire un petit château luxueusement meublé dont elle surveille le moindre aménagement. De faux soldats en uniforme d'opérette y montent la garde. Se croirait-elle une personnalité de la maison régnante ?

La « Jeanne d'Arc sauvant la Bavière du joug des jésuites », selon l'heureuse formule de Ghislain de Diesbach[2], se surpasse dans la provocation en se faisant anoblir par le souverain, en qualité de baronne de Rosenthal et comtesse de Landsfeld, titres assortis de privilèges et d'immunités pour « services artistiques rendus à la Couronne » par cette « descendante de Grands d'Espagne » ! Le vrai service qu'elle rend à Louis Ier est de l'écouter ou de lire ses interminables poèmes quotidiens qu'elle reçoit au petit déjeuner. La question qui se pose est celle-ci : le roi, amoureux fou, a-t-il perdu l'esprit ? S'il n'avait jamais connu le plaisir, on ne peut que s'inquiéter de la nature des rapports physiques entre lui et sa favorite puisque, selon certaines lettres, au bout de quelques mois il n'était plus admis qu'à lécher les orteils de l'ancienne danseuse… non lavés, est-il précisé !

---

1. Cité par Leigh Eduardo, *op. cit.*
2. Voir Jean-François Chiappe (sous la direction de), *op. cit.*

La scandaleuse Lola est le détonateur de la révolution à Munich

La déflagration finale survient par l'accumulation de défis de moins en moins tolérés. Lola est coupable de ridiculiser le souverain et son pays, de soutenir des idées progressistes, d'avoir fait agresser par son chien un représentant de la prestigieuse université et de prétendre être si pudique qu'elle mérite d'être nommée chanoinesse de l'ordre de Sainte-Thérèse, honneur réservé aux dames de la haute noblesse – sans oublier les millions versés à cette sorcière. L'exaspération populaire éclate début février 1848. La presse d'opposition, d'habitude censurée, qui s'était servie de Lola, se retourne contre elle. Tout Munich prêche la croisade contre « l'Espagnole » : l'armée, l'aristocratie, la Cour, la bourgeoisie, le clergé, les journaux. Seuls manquent les étudiants. Ils se joignent au mouvement lorsque, le 8, le roi fait fermer l'université, une grave erreur car la décision est ressentie comme un nouveau caprice de Lola. Ils viennent manifester sous ses fenêtres, exigeant son départ. En guise de réponse (il faut lui reconnaître un certain courage ironique), elle verse sur leurs têtes du chocolat chaud et du champagne frappé. L'affaire tourne à l'émeute et la police à cheval doit intervenir. Le roi est non seulement sourd, mais aveuglé par la calamiteuse passion qui l'entraîne. Les Munichois sont en colère contre le monarque dont la devise, « Juste et persévérant », est souillée, comme l'est la dignité du royaume. C'en est trop ! Alors, l'émeute enfle en insurrection. Au cœur de ce bastion de l'absolutisme qu'est la Bavière, Lola Montez, fausse intellectuelle comme elle était fausse danseuse et fausse révolutionnaire, est elle-même emportée par une véritable révolution qui éclate dix

Dès 1847, la presse de Munich se moque, cruellement, du roi Louis Ier tenu en laisse par sa « danseuse » insupportable dont les multiples aventures amoureuses rendent le monarque ridicule. En un peu plus d'un an, elle provoque un chaos complet et permanent dans la capitale bavaroise. Mais à la différence des autres révolutions européennes, on réclame le départ de Lola Montez et non l'abolition de la monarchie. C'est la personne du roi qui est en cause, non le régime.

jours plus tard. La foule exige le départ de l'étrangère, obligeant le roi à choisir : la couronne ou Lola. À regret, Louis Ier signe le décret d'expulsion de sa favorite, qui lui jure fidélité pour l'amadouer, mais il est trop tard. Protégée par un escadron de cavalerie, la baronne-comtesse traverse la ville en ébullition et gagne la gare sous les huées et les flots d'injures. De toutes les expulsions qui lui ont été signifiées, celle-ci est la plus spectaculaire. Mais comme son départ ne suffit pas, sa résidence est pillée. C'est la vengeance des partisans de l'ordre et de la moralité. « Justice est faite », penseront certains Munichois devant le sac de son château d'où elle narguait la capitale. D'autres mécontents se sont servis de Lola comme d'une amorce et ce n'est pas sa fuite vers la Suisse qui peut éteindre l'incendie, car en février 1848 l'Europe est secouée par une fièvre révolutionnaire et les barricades de Paris ont trouvé un écho favorable à Munich. Pourtant, les événements bavarois sont essentiellement une affaire de personne, Lola Montez étant devenue insupportable. Elle n'a généré que des scandales, des provocations et du mauvais goût. La révolution ne vise qu'elle et non le régime politique. La reine Victoria, enceinte de son sixième enfant, s'inquiète des soulèvements européens et de leurs conséquences sur les peuples. Après qu'elle a reçu de son ambassadeur à Munich un rapport très complet sur la « danseuse espagnole », on prête à la souveraine britannique une remarque fort pertinente : « Toute cette affaire stupide se résume à un affrontement entre les jésuites et Lola Montez, et non pas entre la royauté et les républicains. » En effet, si c'est bien Lola Montez qui, en quinze mois, a provoqué un rejet de sa présence par son inconduite et son emprise illimitée sur le roi, la monarchie n'est pas en cause. Et personne ne réclame une république en Bavière.

Après vingt-trois ans de règne, le roi Louis Ier abdique à cause de Lola Montez

La révolution bavaroise reste la seule en Europe dont le détonateur soit une femme. Louis Ier, autrefois un peu original, mais si attachant, peut-il se ressaisir et retrouver sa popularité après la fuite de sa favorite ? Il se dit brisé de chagrin. À quoi bon rester sur le trône, puisque celle qui avait illuminé ces mois extravagants n'est plus là et qu'elle fut, peut-être, son seul véritable amour ? Certaines concessions libérales au « mouvement de mars » lui étant imposées, il prend ce prétexte officiel pour abdiquer le 20 mars 1848 en faveur de son fils Maximilien II. L'ex-souverain se fixe à Rome, ne pensant plus qu'à l'art antique.

La vie de Lola Montez sera de plus en plus mouvementée. Remariée au moins deux fois, on la verra à New York où elle racontera, au théâtre puis dans un cirque, des épisodes – souvent inventés – de sa vie ; puis dans l'Ouest américain, puis en Australie. Elle continue à ne pas porter chance aux hommes : un de ses amants allemands meurt dans un accident sous ses yeux et, trois ans plus tard, le jeune comédien qui la console de son veuvage se noie dans le port de Melbourne. Le 17 janvier 1861, revenue à New York pour y donner des conférences sur le spiritisme, Lola Montez meurt à l'âge probable de 43 ans. Le prêtre qui l'assiste dans ses derniers instants est face à une « créature démoniaque et hurlante ». Il dira : « De toute ma vie, je n'ai vu une fin plus horrible. » Vers la même époque, l'ex-protecteur de Lola, Louis Ier, sur le chemin de Nice où il allait s'éteindre en 1868, est le voisin de l'impératrice Eugénie lors d'un déjeuner officiel. Il lui lance un compliment gaffeur :

Cette caricature (vers 1852) illustre les adieux, pittoresques et douloureux, de Lola Montez aux souverains européens (Louis Ier a abdiqué à cause d'elle le 20 mars 1848) alors qu'elle s'embarquait pour les États-Unis. Après deux nouveaux mariages calamiteux, un périple particulièrement mouvementé en Australie et ayant raconté sa vie (très arrangée !) dans un cirque américain, elle meurt à New York en 1861, à l'âge probable de 43 ans.

– J'ai toujours aimé les belles Espagnoles. J'en sais quelque chose : il y en a une qui m'a coûté mon trône !

Devenu totalement sourd, il parla si fort que tout l'entourage entendit sa confession[1].

---

1. En 1955, le grand cinéaste Max Ophuls présente son film *Lola Montès* d'après le récit romanesque de Cécil Saint-Laurent (rééd. Presses-Pocket, 1972). Martine Carol, étonnante, y trouve son meilleur rôle. Salué par la critique enthousiaste, le film est un lourd échec commercial. Quarante ans plus tard, remarquablement restauré dans l'esprit du réalisateur, le film est projeté, en 2008, au 62e festival de Cannes. Sortie en France six mois plus tard, cette version, définitive, est considérée comme un chef-d'œuvre.

Miss Howard

L'amante anglaise, providence du futur Napoléon III

Portrait d'Elizabeth-Ann Harriet, dite Miss Howard (1823-1865), maîtresse du prince Louis Napoléon Bonaparte en exil à Londres puis favorite du prince-président de la République de 1848 à 1852. Elle n'eut jamais le droit de résider à l'Élysée. C'est largement grâce à la fortune de cette jolie Anglaise que le neveu de Napoléon Ier a pu faire campagne et devenir l'empereur Napoléon III.

Dessin du prince Louis Napoléon Bonaparte en 1839 par son ami le comte Alfred d'Orsay, qui introduit l'exilé dans la bonne société de Londres. Conspirateur malchanceux, le neveu de Napoléon Ier est né à Paris en 1808. Il tente, à plusieurs reprises, de renverser la monarchie de Juillet du roi Louis-Philippe.

Un immense lotissement au sud de La Celle-Saint-Cloud, près de Paris, dans les Yvelines. Au milieu de ces immeubles construits dans les années 1960, sans recherche, mais agrémentés d'espaces verts, ils sont sans doute rares les habitants et les visiteurs qui savent l'histoire exacte de ces lieux sous le Second Empire. Et pourtant, ici a vécu et s'est éteinte une femme dont la vie a joué un rôle essentiel dans la France de cette époque. Pourquoi une route Napoléon III (il y en a peu en France) relie-t-elle une sortie d'autoroute à cet ensemble résidentiel ? Qui était donc la personne ayant droit à son nom et à un double titre, en lettres blanches sur une plaque bleue : « Avenue Miss-Howard (1822-1865), comtesse de Beauregard et de Béchevet » ?

Beauregard ? Autrefois, s'élevait ici un château entouré d'un domaine de deux cents hectares. Il appartint à cette mystérieuse Miss Howard qui y vécut une douzaine d'années et y mourut. Cent ans plus tard, n'ayant pas été classé monument historique et victime d'un urbanisme alors frénétique, il n'en reste plus que quelques « concier-geries », des maisons aux toits pentus d'un style vaguement fores-tier, jadis gardiennes des grilles d'entrée, aujourd'hui témoins isolés des accès à un ancien vaste parc entourant le château. « Domaine de Beauregard » : le quartier s'appelle ainsi, une véritable ville de 2 500 logements, soit approximativement 10 000 habitants. À la suite d'une donation et d'un procès, l'ensemble est géré par la ville de Paris. Première surprise… Qui était donc Miss Howard ?

Londres, un soir de juin 1846. Près de Buckingham Palace, devenu résidence officielle du souverain par la volonté de la jeune reine Victoria, dans l'élégant et nouveau quartier de Belgravia, qui deviendra, plus tard, celui des ambassades, lady Blessington offre une réception. Fastueuse, comme d'habitude : ses invités, accueillis par une double haie de laquais en livrée et perruque blanche, gravissent le monumental escalier de marbre de Gore House. L'hôtel particulier a cette distinction un peu froide des majestueuses façades néoclassiques. Un Français reçoit avec lady Blessington, veuve. Il vit avec elle, après avoir été le mari de… sa belle-fille. Il est le comte Alfred d'Orsay, fils d'un général de Napoléon qui a servi Louis XVIII. D'Orsay, né en 1801, ancien officier, est établi à Londres depuis une quinzaine d'années ; il y est devenu une célébrité en vue, l'arbitre recherché de la mode. Son élégance vestimentaire, parfois audacieuse, donne le ton ; son coupé à deux places est suspendu par huit ressorts et, en aimable dilettante, il aurait même songé à mettre au point un ancêtre du signal d'alarme dans les chemins de fer. Il s'intéresse à tout, mais d'une manière superficielle. Artiste, cultivé, il est d'une nature généreuse. Ce soir, celui qu'on a surnommé « le prince des dandys » honore un de ses amis intimes, un homme qu'il a toujours aidé et défendu, un proscrit, un condamné, un fugitif, mais aussi un prince étranger que tout Londres a surnommé, en souriant, *the victim of Louis-Philippe* : Louis Napoléon Bonaparte, régulièrement croqué avec cette mention par les caricaturistes. Le prince est une légende. Et une curiosité : un mois plus tôt, cet aventurier s'est évadé de la prison de Ham, en Picardie, sous le déguisement d'un maçon, Badinguet. En principe détenu à vie, le fils de la reine Hortense (elle-même fille de l'impératrice Joséphine) et d'un frère de Napoléon, Louis, un temps souverain de Hollande, a retrouvé la liberté dans des conditions dignes d'un roman d'Alexandre Dumas et ridiculisant le roi des Français ; cette évasion intrigue, mais fait surtout rire tout le monde, sauf Louis-Philippe et le commandant de la forteresse de Ham, mis aux arrêts… dans sa propre prison ! Sans grands moyens pour vivre, l'évadé envoie une lettre à l'ambassadeur de France auprès de Victoria, le comte de Saint-Aulaire, l'assurant que s'il est de nouveau « libre […] ce n'est point pour [s]'occuper de politique ni pour tenter de troubler le repos dont jouit l'Europe ». Le neveu de Napoléon affirme ne vouloir que remplir un « devoir sacré » en se rendant auprès de son père, l'ex-roi Louis de Hollande, très malade, qui vit à Florence. Ayant rassuré le représentant du gouvernement français, le Bonaparte fait des démarches pour gagner la Toscane. Son passé de *carbonaro* et sa réputation de perpétuel conspirateur ne plaident pas en sa faveur : ses passeports pour les États italiens lui sont tous refusés. Personne ne croit réellement qu'il a changé au point de se tenir tranquille. Depuis la mort du duc de Reichstadt en 1832, Louis Napoléon se considère comme le prétendant au trône impérial, persuadé qu'il est appelé à rétablir le régime institué par l'Empereur, son oncle. Mais jusqu'ici, ses tentatives de coup d'État à Strasbourg en 1836 et à Boulogne en 1840 ont été des échecs humiliants. Il n'a réussi que son évasion ! Et à faire deux enfants naturels à une certaine Éléonore Vergeot, une jeune lingère s'occupant des vêtements du prince emprisonné[1]… Toutefois, même s'il semble insouciant, absent même, il n'a pas renoncé à une action politique. Pour peu que les événements lui soient, enfin, favorables…

---

1. Eugène est né en 1843 et Louis en 1845.

À Londres, Louis Napoléon tombe sous le charme de Miss Howard

Il a déjà vécu à Londres, où on l'a toujours reçu avec amabilité et curiosité. « Il faut rendre justice aux Anglais. Ils ont beaucoup d'indépendance dans le caractère », dit-il à un ami. On le trouve sympathique, rêveur mais intelligent, développant des idées sociales nouvelles auxquelles il semble très attaché. Sa situation financière est précaire, il ne cesse d'emprunter, mais ne se plaint jamais. Fréquentant les clubs les plus chics, ramant en barque sur la Tamise, participant à des chasses, il s'est intégré à la haute société londonienne et ne cesse de montrer son intérêt pour la vie « à l'anglaise ». En réalité, qu'espère-t-il ? Une révolution en France. Encore une ?

Après s'être entretenu avec cet hôte qu'il protège, le comte d'Orsay s'approche d'une jeune femme délicieuse à laquelle il est lié ; on dit qu'elle a « une tête de camée antique sur un corps superbe ». Elle se fait appeler Miss Howard, bien qu'elle se nomme Elizabeth-Ann Harriet. L'intéressée n'a pas bonne réputation car c'est une courtisane. Selon certains, sa vie dissolue devrait lui interdire d'être invitée chez lady Blessington. Selon d'autres, plus incisifs, elle est reçue grâce – ou à cause – de sa fortune, cette richesse n'étant que le tribut perçu par une demi-mondaine, et lady Blessington n'est pas elle-même irréprochable. Miss Howard a officiellement 24 ans, en réalité 23. De même, elle dit être née à Preston, dans le Sussex, alors qu'en réalité elle a vu le jour à Brighton, où son père était bottier-cordonnier – autre tricherie d'une existence qui n'en manque pas. Ces petits arrangements avec la vérité sont sans importance, mais ils révèlent un art maîtrisé du double jeu chez la jeune femme. Vers l'âge de 16 ans, la fille du bottier avait voulu

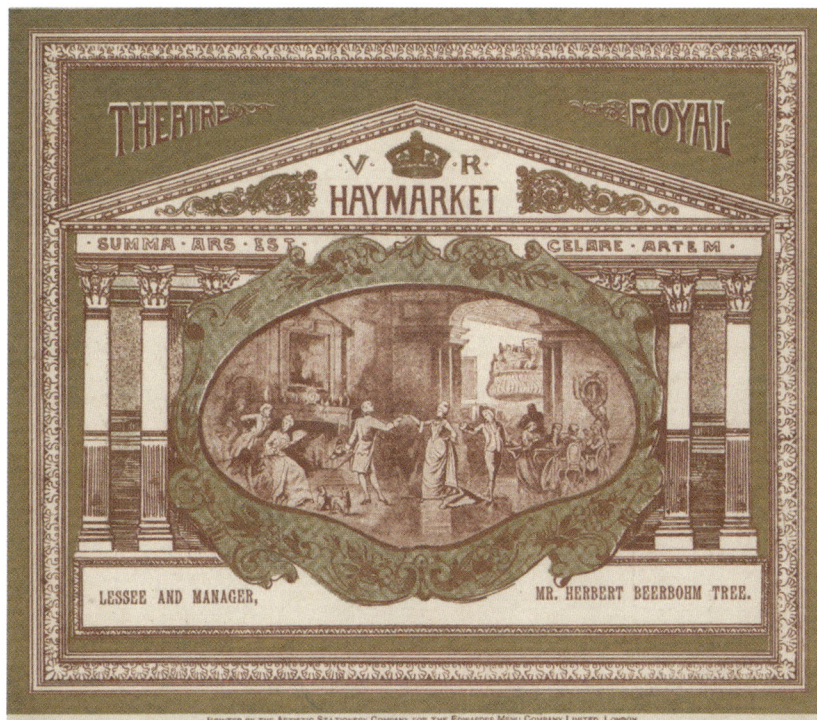

Gravure représentant le Théâtre royal de Haymarket, à Londres, où Miss Howard a fait des débuts si peu convaincants qu'elle a renoncé à une carrière d'artiste au profit de la galanterie dans les milieux huppés. Miss Howard, qui a rompu avec son amant fortuné dont elle a un fils (qu'elle fait passer pour son frère), met ses revenus à la disposition du Bonaparte. Il accepte, attendant une révolution en France…

faire du théâtre, jouer Shakespeare, bien sûr. On la chassa de chez elle. Pour se rendre à Londres, elle accepta d'y aller à cheval avec le fils d'un maquignon, dénommé Jim Mason, qui lui promettait de l'aider. Il l'aida à perdre sa vertu, prix de son voyage.

Non seulement sa famille avait été horrifiée à l'idée d'avoir une fille saltimbanque, même sur la scène du Théâtre royal de Haymarket

– un privilège datant du XVIIᵉ siècle –, mais l'absence de talent de la prétendue comédienne l'avait vite condamnée à des rôles mineurs, puis à rechercher une autre voie, nettement plus lucrative. Très vite, sa beauté, son charme et son esprit lui indiquent le chemin du succès : la galanterie. Mais pas n'importe laquelle : celle de haut vol ! Elle ne fréquentera que des hommes utiles et riches, évitera de se brouiller avec eux et saura se constituer des relations stables dans les milieux influents. Elle est si jolie que les femmes en sont jalouses et les hommes épris ; le patronyme de Howard, qu'elle a finalement adopté comme « nom d'artiste », serait celui d'un de ses amants. En ce début d'été 1846, Miss Howard est somptueusement entretenue par un officier des *life guards* nommé Francis Mountjoy Martin. Elle lui a donné un fils, Martin Constantin, né en 1842. Afin de masquer sa situation de fille mère, elle prétend que ce petit garçon est son jeune frère. Encore un mensonge… Le major étant, bien entendu, marié, il est exclu qu'il reconnaisse l'enfant. Mais en parfait gentleman, il admet une dette morale assortie d'une fortune. Bien placée, celle-ci permettra à sa mère de régner sur le demi-monde, en attendant mieux.

Le comte d'Orsay a l'idée de présenter Miss Howard au prince Louis Napoléon Bonaparte. Elle ne sait rien de lui. Un Napoléon à l'aise en Angleterre, n'est-ce pas étrange ? Et excitant ? Il y a toujours eu des Anglais fascinés par Napoléon. D'Orsay, intraitable sur le savoir-vivre, lui précise :

– Vous lui ferez une belle révérence et l'appellerez Monseigneur…

À 38 ans, le prince voit la jeune femme plonger devant lui. Une vraie courtisane a des manières. Il la relève. D'Orsay s'est éloigné, certain qu'ils vont se plaire. Et sans cette rencontre dont le comte, fidèle au Bonaparte, a eu l'initiative, il manquerait un étonnant roman d'amour à l'histoire du XIXᵉ siècle.

D'après les témoins, Louis Napoléon, d'habitude si taciturne, parle beaucoup à Miss Howard. Il n'est pas volontiers bavard, mais c'est un causeur, comme tous les conspirateurs. Il évoque sa condition d'exilé en Suisse, ses échecs lamentables qui l'ont fait passer pour un velléitaire, la difficulté de porter un nom qui a fait trembler l'Europe. Tout cela n'est ni grandiose ni brillant. Mais Miss Howard l'écoute et nul doute qu'il soit comblé d'avoir une auditrice aussi jolie, raffinée et spirituelle. Sait-elle qu'il a la réputation d'être un séducteur ? On lui prête moins d'argent que de bonnes fortunes. Peut-il conquérir des cœurs malgré sa petite taille (1,66 mètre), son corps épais, ses jambes courtes, son pas traînant, sa tête enfoncée dans les épaules et son accent suisse allemand acquis lors de son séjour à Arenenberg, cette Malmaison helvétique dans le canton de Thurgovie ? Les femmes, unanimes, lui trouvent « un charme inexplicable ». Debout, il n'a guère d'allure, mais il a des usages d'homme du monde, simples et distingués, sans doute hérités de sa mère, la reine Hortense. Assis, il a curieusement de la prestance. À cheval, il est imposant. Miss Howard est bonne cavalière. Ils ont en commun l'amour de l'équitation. Louis Napoléon ne résistera jamais à une amazone. S'il veut plaire et s'amuser, le regard voilé bleu grisâtre du prince devient vif, enflammé, caressant. George Sand, qui sera un de ses adversaires politiques les plus acharnés, avouera : « Il a le don de se faire aimer, il est impossible de ne pas l'aimer… » Il se dit « torturé » par la chair. Pour mettre fin à ce supplice, il cédera à toutes les tentations. Ce soir-là, le visage du prince s'éclaire devant la jolie et intelligente jeune femme. D'emblée, l'Anglaise est captivée, envoûtée, intriguée. La soirée s'achève sur un coup de foudre réciproque.

– J'espère, Monseigneur, dit Miss Howard en regardant le prince bien dans les yeux, que Votre Altesse impériale me fera l'honneur de venir me voir. Je suis tous les jours chez moi à la fin de l'après-midi.

Comment ce célibataire résisterait-il à une telle invitation ? Pour se justifier, il dira, non sans humour, en évoquant sa détention :

– Que voulez-vous, j'ai six ans d'isolement à rattraper[1] !

La riche Anglaise Miss Howard est amoureuse du neveu de Napoléon !

À cet aveu s'ajoute, le 26 juillet, une triste nouvelle aux heureuses conséquences financières. Le roi Louis, son père qu'il n'a pas revu, décède en lui laissant environ 3 millions de francs. Certes, cette somme est une aubaine, mais il doit rembourser ce qu'on lui a consenti. Il a toujours des dettes… Par ailleurs, des rumeurs assurent que le prince est fiancé. À qui ? On parle de Miss Burdett Coutts, fille d'un richissime banquier. Selon d'autres assertions, il s'agirait de la fille de sir John Kirkland, gentilhomme du Sussex ; ou encore de la fille de lady Jersey, Clementine. Un proche de Louis Napoléon, lord Malmesbury, souvent invité à la table de Miss Howard qui sait réunir les aristocrates influents, raconte dans ses *Mémoires* qu'un soir il a fait avec lui deux fois le tour de Berkeley Square, dans le quartier de Mayfair, devisant en marchant le long des belles demeures de brique à encadrement de pierre sculptée. Le prince lui avait demandé s'il avait une chance d'être accepté par la jeune lady Clementine. « Aucune. »

---

1. André Castelot, *Napoléon III*, tome 1 : *Des prisons au pouvoir*, Perrin, 1973.

Miss Howard est une concubine qui tient à être respectable. Elle juge préférable d'héberger son prince français désargenté chez elle. Il l'appelle « ma logeuse » ou « ma belle hôtesse ». Son fils vivant avec elle, elle recueille aussi les deux enfants naturels que Louis Napoléon a eus de la lingère du fort de Ham : Eugène, né en 1843, et Louis, né en 1845. Devant cette « famille recomposée », le prince s'amuse : « Nous avons trois fils ! »

Elle refusera ce prétendant « pas suffisamment sérieux », selon son verdict. On remarquera que toutes ces fiancées britanniques, réelles ou supposées, passades ou utopies, ne sont pas dans la misère ou qu'elles ont des espérances. C'est le cas de Miss Howard. Elizabeth-Ann est immédiatement tombée amoureuse du prince. Lui aussi éprouve un sentiment fort envers elle. Amour ou désir ? Il confondra souvent les deux. Dans l'immédiat, l'héritage de son père lui permet de s'installer, au début de 1847, dans une jolie demeure au n° 1 de King Street, quartier de Saint-James, à côté de la salle des ventes de Christie's, établie en 1766. Le prince se sent tellement londonien qu'il s'inscrit comme *constable*, c'est-à-dire officier de police pour deux mois, chargé d'assurer l'ordre dans la paroisse de Saint-James ! Un Bonaparte prêtant serment au service de Sa Gracieuse Majesté, voilà qui n'est pas banal ! Il avait déjà été capitaine de l'artillerie suisse ! « Quelle carrière ! » note Georges Roux[1]. Cette éphémère mission est d'autant plus savoureuse que l'intéressé (volontaire !) avait été recherché par presque toutes les polices européennes ! Décidément, sa vie est un prodigieux roman.

C'est Miss Howard qui relance ce prince surprenant après leur rencontre. Honnête, elle décide qu'elle ne peut continuer à vivre avec Mountjoy Martin, car il ne serait pas décent qu'un Bonaparte ait pour maîtresse une femme entretenue par un major de l'armée royale.

À l'officier, elle avoue son nouvel amour :

– La passion vient de m'être révélée. Un grand prince m'aime. Je partage sa flamme. Je suis trop loyale pour trahir en secret le

---

1. Georges Roux, *Napoléon III*, Flammarion, 1969.

père de mon enfant. Je suis venue spontanément vous exposer mon cas de conscience. Arbitrez la situation.

L'officier arbitre avec élégance : il lui rend sa liberté. Miss Howard pressent que Louis Napoléon va lui apporter une vie exaltante, différente, avec un parfum d'aventure. N'est-il pas le neveu de celui qui fut le plus entêté des ennemis de l'Angleterre ? Pour la jeune femme, un homme chargé d'une telle légende est irrésistible, même – et surtout ! – si cette situation est provocante. Et puis, cela s'ajoute à son charme que lui reconnaissent même ses détracteurs. Elizabeth-Ann, incontestablement orgueilleuse, prouve de nouveau qu'elle a tout de même un talent de comédienne : si elle se sépare honnêtement de l'homme qui lui a constitué une dot considérable, elle n'est pas désintéressée ; elle conserve les revenus qu'elle perçoit d'un capital auquel elle ne peut toucher. Elle les met au service de ce Français qui ne doute pas que la France fera appel à lui. À l'une de ses parentes vivant aussi à Londres, lady Douglas, fille de Stéphanie de Beauharnais, qui l'avait supplié de renoncer à ses chimères, « à ces illusions qui [lui] ont coûté si cher », le prince Bonaparte avait répondu :

– Non, ma cousine. Je ne m'appartiens pas. J'appartiens à mon nom et à mon pays. Parce que la fortune m'a trahi deux fois, ma destinée ne s'en accomplira que plus sûrement. J'attends.

Miss Howard aime le théâtre. Bientôt, elle sera au premier rang du spectacle politique[1].

---

1. Relevons deux coïncidences dans la rencontre, décisive, organisée par le comte d'Orsay : son ex-épouse, fille d'un premier mariage de lord Blessington, se prénommait Harriet, comme le vrai patronyme de Miss Howard, et elle aussi était actrice…

Quittant la confortable Rockingham House de son protecteur, elle emménage dans une petite maison à trois étages sise au n° 9 de Berkeley Street, proche de l'ancienne adresse du prince. C'est un premier degré dans leur relation. On les voit de plus en plus souvent ensemble, aux courses, aux régates, au spectacle et dans tous les lieux où il est utile d'être vu. Quels sont les moyens d'existence du couple ? Principalement ceux de Miss Howard, enchantée d'être la compagne d'un homme sans doute plus intéressant que le major avec lequel elle a vécu et mettant à la disposition de son nouvel amant des fonds qui permettent à l'exilé de mener une vie décente. Cette générosité est prodiguée en accord avec les *trustees* (« administrateurs ») de ses biens. De même, en 1847, Elizabeth-Ann achète à son « locataire » la propriété qu'il a héritée de son père en Italie, l'ancien roi Louis de Hollande. On ignore la somme de la transaction. Mais « elle la lui revendit l'année suivante pour un prix de 3 millions de francs payables en 1851, ce qui permit à Louis Napoléon de l'hypothéquer aussitôt au marquis Pallavicino, moyennant un prêt de 324 000 francs[1] ». Par ces audacieuses opérations financières, Miss Howard investit sur l'avenir du Bonaparte ; le soutien matériel permanent qu'elle lui accorde vivifie leur attirance physique, principal ferment de leur entente. Il échafaude des projets, elle a les moyens de l'aider à les mettre en œuvre ; de lui permettre aussi d'éviter la prison pour dettes, la gêne. Des moyens de vivre et aussi d'exister. À l'inverse d'une longue tradition, c'est Miss Howard qui va, pour une large part, entretenir son amant. Mais la maîtresse du prince tient à sa réputation. Si elle a quitté la sécurité pour l'aventure, elle se rend compte qu'en vivant offi-

---

1. Adrien Dansette, *Les Amours de Napoléon III*, Fayard, 1938.

ciellement seule, elle prend le risque d'être considérée comme une prostituée. Il est préférable de cohabiter avec son amant ; il y aurait moins de rumeurs sur ses mœurs de jolie femme libre… Dans la biographie, très fouillée, qu'elle lui a consacrée, Simone André Maurois souligne cette volonté d'une apparence de dignité : « Une fille galante eût choisi la liberté ; Harriet présentait, dans le concubinage, tous les signes extérieurs de la respectabilité. Son intérieur était bien tenu ; ses manières, irréprochables ; jamais elle n'eût toléré qu'à sa table des propos malsonnants ou grivois fussent tenus. Au cours de trois liaisons successives, nous la voyons vivre maritalement, sous un toit quasi conjugal[1]. » Aussi, elle propose au prince d'habiter avec elle, lui offrant le vivre et le couvert. Il se hâte d'accepter. Miss Howard épouse, avec application, une cause audacieuse. Elle est à la fois amoureuse et néophyte, d'un zèle sans faille. Le prince, amusé, la surnomme « ma logeuse », ou ma « belle hôtesse », ce qui est plus aimable. Dans cet esprit, en somme familial, elle décide d'héberger aussi son fils et les deux bâtards du prince, nés de sa relation fortuite avec la lingère de la forteresse de Ham.

– J'ai trois fils ! déclare-t-elle, heureuse.

– Merci, ma chère, répond Louis Napoléon. Dites que *nous* avons trois fils !

Ainsi, Miss Howard, qui avait été entretenue, entretient le neveu de Napoléon. Certes, dans Mayfair, on jase et on raille cette idylle entre ce prince « laid et vulgaire, avec de grosses moustaches et des yeux de cochon, et une actrice de quinzième ordre, fort belle d'ailleurs ».

---

1. Simone André Maurois, *Miss Howard, la femme qui fit un empereur*, Gallimard, 1956.

1848.

PAS LE SOU !...
Si j'allais chez Miss. Howard.

Au début de 1848, cette caricature de Louis Napoléon Bonaparte, prince exilé et couvert de dettes, amuse Londres. On se moque de cette liaison entre le neveu proscrit du plus implacable ennemi de l'Angleterre et une comédienne de quinzième ordre, certes ravissante. Miss Howard soigne son amant, souvent malade. Il n'a alors aucune activité politique et on les fréquente avec curiosité.

La révolution de 1848 transforme une idylle en destin politique

Elizabeth-Ann se moque que certaines portes de la haute société lui soient désormais fermées ; elle ouvre volontiers les siennes aux gens bien élevés. Elle veille sur la santé de l'homme auquel elle est dévouée, car il souffre de migraines, de rhumatismes et de maux d'estomac, séquelles d'une vie aventureuse et de six années de captivité. Leur existence a toutes les apparences du bonheur. Contrairement à ses précédents séjours londoniens, le prince n'a aucune activité ni aucun contact politiques. Nul ne sait ce qu'il en serait advenu si des événements, imprévisibles, n'avaient transformé cette paisible organisation en destin historique.

1848. À Paris, Louis-Philippe est dépassé par une insurrection inattendue. Le 24 février, le monarque, âgé de 75 ans, s'enfuit en fiacre avec ses proches après avoir abdiqué en faveur de son petit-fils, le comte de Paris. Les émeutiers envahissent les Tuileries. Une fois de plus, le palais du pouvoir est victime d'une révolution, la salle du Trône est ravagée. Deux jours plus tard, à Londres, par un ami et les journaux, Louis Napoléon apprend ce qui s'est passé : une révolution ! C'est exactement ce qu'il attendait… sans l'avoir vue venir. Il se trouve alors au British Museum. Pris au dépourvu, comme la plupart des exilés quels qu'ils soient, il fait face. Le prince quitte si vite le musée qu'il en oublie ses gants et son parapluie. Sept mois plus tôt, Lamartine avait lancé un cri qui avait diverti tout Paris : « La France s'ennuie. » Le prince – il n'en doute pas ! – va la réveiller. Il court chez lui, c'est-à-dire chez Miss Howard, et fait préparer ses bagages. Il part le lendemain, promettant à Elizabeth-Ann de revenir, après lui avoir expliqué qu'il lui est impossible de rester à Londres alors que les Français ont chassé la monarchie des Orléans. On peut imaginer l'excitation de la jeune femme. Elle partage les rêves d'un prince qui ose dire :

– Je crois que, de temps en temps, des hommes sont créés que j'appellerais *providentiels*, dans les mains desquels les destinées de leur pays sont remises. Je crois être moi-même l'un de ces hommes.

Sur un bateau en direction de Calais, qui pourrait reconnaître, ce 27 février 1848, le neveu de Napoléon, la tête prise sous un bonnet noir, les yeux agrandis derrière de grosses lunettes et la moustache dissimulée par un foulard ? Un passager anonyme et enrhumé… En sens inverse, dans un inattendu chassé-croisé digne d'une pièce de Labiche, Louis-Philippe, depuis Honfleur, cherche à gagner l'Angleterre, singulièrement « accueillante » pour les souverains français détrônés. La Manche est un boulevard de l'émigration !

Miss Howard est-elle consciente des risques pris par son amant ? Ce retour précipité est dangereux. En effet, non seulement il n'y a aucun parti bonapartiste en France, mais ce sont les idées républicaines qui dominent dans le mouvement révolutionnaire. Même si celui-ci a permis la libération des amis du prince-conspirateur, un redoutable obstacle s'oppose à son retour en France : la loi d'exil de 1832… Si on le reconnaît dans une rue de Paris, il est perdu. Autrement dit, huit ans après le retour des cendres de Napoléon, personne n'attend précisément le retour de son neveu… Aussi, sur un conseil de Lamartine, préoccupé de son apparition, moins d'une semaine plus tard, le 2 mars, le prince regagne Londres par prudence. La République s'est installée en un gouvernement provisoire à l'Hôtel de Ville, mais Louis Napoléon ne croit guère à sa durée. Il reviendra, il en est certain, et l'assure à sa « logeuse ». Le fruit du pouvoir n'est pas encore mûr !

Miss Howard s'est-elle préparée à être la participante, non seulement financière, mais aussi intellectuelle, d'une aventure aussi risquée ? Sachant que son éducation a des lacunes, elle a voulu prendre des leçons d'histoire européenne chaque matin, chez elle. Son professeur, Alexander William Kinglake, futur témoin de la guerre de Crimée et parlementaire, âgé d'une quarantaine d'années, trouve l'élève tellement charmante qu'il lui propose de continuer ses leçons dans son lit : elle a eu trois amants, elle peut bien en avoir un quatrième ! Il est vertement remis en place par une Miss Howard indignée. Elle lui fait comprendre qu'elle n'est pas ce que l'on pense... Bassement, le politicien éconduit se vengera plus tard en écrivant des horreurs sur ce Bonaparte auquel elle réservait son intimité.

Comme on le sait, le prince revient en France après avoir été élu triomphalement en juin dans quatre départements. L'opinion est stupéfaite, partagée entre l'enthousiasme et l'exaspération, alors que le gouvernement est fragilisé par ses promesses illusoires, ses échecs et surtout les émeutes de juin ; la IIe République s'est imposée dans le sang. Et dans ce chaos, l'incroyable est arrivé : un courant bonapartiste s'est révélé autour de cet homme qui écrit à l'Assemblée que « si le peuple [lui] impose des devoirs, [il] saur[a] les remplir ».

Après la révolution de 1848 qui a chassé le roi Louis-Philippe, Louis Napoléon Bonaparte a fait une campagne présidentielle – sans précédent – grâce aux fonds que lui a prêtés Miss Howard. Le 10 décembre, il est élu premier président de la République au suffrage universel, avec 74 % des voix. Il s'installe à l'Élysée tandis que la favorite anglaise réside dans un hôtel particulier voisin, rue du Cirque... où ils se retrouvent le soir.

Le 25 septembre, c'est donc un membre de l'Assemblée nationale convaincu que l'Histoire l'attend qui s'installe à l'hôtel du Rhin, place Vendôme, à l'ombre de la colonne… alors dépourvue de la statue de son oncle, mais qu'il ne cesse de regarder.

Avec tact, Elizabeth-Ann Howard arrive quelques jours plus tard et choisit de résider à l'hôtel Meurice tout proche. Un voisinage comme, un temps, à Londres. Ils peuvent donc se retrouver, selon un usage mondain, au bois de Boulogne, à cheval. Le Français et l'Anglaise caracolent côte à côte, sans doute très amusés des commentaires qu'ils suscitent. Un habitué des promenades équestres s'exclame :

– Qui donc disait que Louis Napoléon n'avait pas d'esprit ? Il a ramené de Londres la plus belle femme et le plus beau cheval du monde !

Paris apprend que la jument se prénomme Lizzie, mais il est déjà notoire que la jeune Anglaise est une certaine Miss Howard…

L'amante anglaise finance la campagne présidentielle du candidat Bonaparte

Automne 1848. C'est à ce moment, crucial, que la fortune de Miss Howard vient spectaculairement appuyer le dessein du prince qui ne se contentera pas d'être député. Certes, plusieurs prêteurs et souscripteurs répondent à son appel et la jeune femme n'est pas la seule à engager des fonds importants pour la victoire de son champion. Mais ses apports – des prêts – sont considérables. Et originaux : une Anglaise qui finance régulièrement un Bonaparte ! Sur les 600 000 francs qu'il a empruntés à ses partisans, Elizabeth-Ann lui a fait remettre 80 000 livres. Est-elle intéressée par le défi politique qui donne du piquant à sa vie ? Sans doute un peu. Mais il est vraisemblable que pour cette étrangère, jouer un rôle, plus ou moins dans l'ombre, est passionnant. Et n'est-ce pas une preuve d'amour en même temps qu'un crédit sur l'avenir ? Et le bénéficiaire ? Est-il toujours amoureux d'elle ? « Si elle n'occupe probablement pas toute la place qu'on a dit dans sa vie sentimentale, elle saura lui apporter une aide inestimable à un moment décisif[1]. » Ce soutien est d'autant plus nécessaire qu'il n'y a jamais eu de campagne électorale pour la présidence de la République. Miss Howard aide celui qui se fait traiter de « gloire d'emprunt », tandis que le *Times* de Londres considère l'éventualité de la victoire du candidat Bonaparte comme une « aberration ». Le prestigieux journal se trompe : le 10 décembre, le député Bonaparte est élu président de la République (la deuxième en France, mais il est le premier à porter ce titre) avec les trois quarts des suffrages (cinq millions et demi de voix), infligeant une défaite cuisante à ses adversaires. Miss Howard est témoin de ce miracle laïc : « son » prince a eu le vote populaire, tirant à la fois le bénéfice de la crainte du « péril socialiste » et de la résurrection de l'épopée napoléonienne dont la magie reste encore très présente dans les campagnes. De ce résultat inouï, qu'aurait écrit Chateaubriand, mort le 4 juillet ?

---

1. Philippe Séguin, *Louis Napoléon le Grand*, Grasset, 1990 (Grand Prix de la Fondation Napoléon).

Fille du roi Jérôme Bonaparte et donc nièce de Napoléon Ier, la princesse Mathilde est née en 1820. Après l'élection de son cousin Louis Napoléon, célibataire, elle tient le rôle de première dame à l'Élysée.

Avec son installation à l'Élysée le 16 décembre, le prince-président n'est pas superstitieux : son oncle y avait signé son ultime abdication le 23 juin 1815. Mais, en cet hiver 1848, dans ce palais mal tenu, poussiéreux, où « l'appartement [du prince] est aussi fané que le président », selon le jugement sévère du comte Apponyi, ambassadeur d'Autriche, le nouveau locataire, officiellement célibataire, affronte un problème à la fois personnel et politique : où installer Miss Howard ? Immédiatement, la princesse Mathilde, cousine de Louis Napoléon qu'il avait songé épouser lors de leur exil en Suisse, fait savoir qu'il n'est pas question que la maîtresse, princière ou présidentielle, vive à l'Élysée ! Miss Howard devra être discrète. Très discrète. Mathilde déteste le scandale, elle en a trop souffert dans sa vie d'épouse, désormais libérée. Alors, les amants feront comme aux premiers temps de leur romance à Londres : ils seront voisins. Dans l'ancien hôtel d'Évreux où Victor Hugo se plaint d'avoir faim en sortant de table, la maîtresse de Louis Napoléon ne sera pas la maîtresse de maison. Pendant plusieurs mois, c'est la princesse Mathilde, venue de son proche hôtel de la rue de Courcelles, qui fait fonction de première dame de la République à l'Élysée, recevant avec son cousin, organisant le protocole, les préséances, toute la vie mondaine du palais, et surveillant les fréquentations féminines du président – car il ne craint pas d'afficher plusieurs liaisons simultanées. L'Anglaise comprend qu'elle ne peut être, officiellement, la favorite du prince-président. Son intérêt est de ne pas se faire trop remarquer, car elle a deviné que l'aventure politique de son amant ne fait que commencer, tandis que, de l'avis général, le prince-président est toujours épris d'elle. On assure qu'il l'aime.

Pour sauver encore les apparences, même si cela ne trompe personne, Miss Howard s'installe dans un petit hôtel particulier

La salle à manger de la princesse Mathilde Bonaparte, dans son hôtel de la rue de Courcelles. La cousine de Louis Napoléon (qu'il avait failli épouser) tient un salon brillant. Elle n'apprécie pas Miss Howard qu'elle soupçonne de vouloir se faire épouser par le prince-président en récompense du soutien financier décisif qu'elle lui a apporté.

de l'autre côté de l'actuelle avenue de Marigny, au 14 de la rue du Cirque. L'Anglaise y reçoit à partir de l'hiver 1849, dans une atmosphère convenable, mais très chaleureuse. Elle est une hôtesse parfaite. Le général comte Fleury en témoigne : « Le marquis de Hertford, Persigny, Ney, moi, Toulongeon, Béville […], nous allions quelquefois dîner ou passer la soirée chez elle en compagnie du prince ; Mocquard et le comte Baciocchi étaient devenus ses confidents. Quelques étrangers, un médecin, des artistes gravitaient autour de cette intimité. Ils composaient une petite cour discrète […]. Les choses se passaient avec convenance et une

Le palais de l'Élysée en 1849. Par un décret de l'Assemblée constituante du 12 décembre 1848, c'est désormais la résidence officielle du président de la République. Louis Napoléon n'est pas superstitieux : il installe son cabinet de travail dans le salon d'argent où son oncle avait signé son abdication en 1815... L'Élysée est en mauvais état, le mobilier rare et sans goût. Miss Howard, consignée rue du Cirque, se demande : « Quand donc pourrai-je traverser la rue ? »

parfaite réserve [...]. Le prince était célibataire ; presque tous, nous-mêmes, n'étions pas mariés. Rien donc, dans cette conduite, ne pouvait offenser l'opinion publique[1]. » L'hôtel de la rue du Cirque n'a pourtant rien d'un couvent ! Pour retrouver sa maîtresse le soir, Louis Napoléon emprunte une petite porte discrètement ouverte dans le fond du parc sur l'avenue de Marigny, qui n'était pas aussi dégagée que de nos jours. Et une seconde petite porte, ouverte dans le jardin de l'hôtel de la rue du Cirque, aujourd'hui disparu, lui

---

1. Comte Fleury, *Souvenirs*, Plon, 1897-1898.

permet de passer la nuit chez Elizabeth-Ann. Par un hasard facétieux, au même moment, le comte d'Orsay, divorcé et criblé de dettes, s'installe avec lady Blessington dans un appartement également rue du Cirque ! L'homme qui avait présenté Miss Howard au Bonaparte reste ainsi le proche témoin de leur relation. Hélas ! lady Blessington est frappée par une crise cardiaque le 5 juin 1849. Le comte d'Orsay se retrouve dans une situation précaire, mais Louis Napoléon n'aura pas la mémoire courte... N'est-ce pas grâce à lui qu'il a rencontré sa bienfaitrice amoureuse ?

Passant une bonne partie de la nuit chez Miss Howard, le prince-président se lève tard à l'Élysée, travaille en fin de matinée, préside quand il le faut le Conseil des ministres. En début d'après-midi, surtout si le temps est clément, le rite de la promenade au bois de Boulogne est respecté. Écoutons encore le comte Fleury dans sa très cavalière description de ce rendez-vous : « Tous les jours à 2 heures, Louis Napoléon va au bois de Boulogne dans une calèche découverte à deux chevaux. Une autre voiture de service à deux chevaux le suit. Cela fait quatre chevaux. Il arrive à un rond-point où il trouve deux chevaux de main, gardés par deux valets de pied à cheval. Cela fait huit chevaux. Presque en même temps que lui arrive au même rond-point une belle dame, une Anglaise blonde, Mlle Howard, aussi en calèche découverte à deux chevaux et suivie de deux valets à cheval. Cela fait douze chevaux. Le président et Mlle Howard descendent de voiture, montent à cheval et s'en vont dans le bois. On caracole une heure ou deux, selon le temps. Puis, on vient descendre à cheval à un pavillon du bois célèbre pour le bon grog "anglais" qu'on y fait. On y boit de ce bon grog. Cependant, les deux calèches sont arrivées au pavillon. Le grog bu, le président sort avec Mlle Howard au milieu de la foule d'habitués qui les attend presque tous les jours ; il baise la main de la belle blonde, l'aide à monter en calèche puis rentre dans sa voiture, et tous deux reprennent le chemin de l'Élysée[1]. » Même si elle regagne son hôtel, il est clair que, de maîtresse plus ou moins cachée, Miss Howard est devenue la favorite officielle, au bord de la vie publique du prince-président.

Elle ose poser la question :

– Quand pourrai-je enfin traverser la rue ?

Elle n'obtient pas de réponse. En province, lors des voyages officiels de l'été 1849, les amants doivent ruser encore davantage. La révolution n'est pas encore celle des mœurs.

À Tours, le président s'étant retiré dans son appartement à la préfecture, Elizabeth-Ann a été contrainte de s'installer, pour une nuit, dans la demeure du receveur général des Finances, un certain M. André, qui a eu la délicatesse d'aller faire une cure dans les Pyrénées. À son retour, ce fonctionnaire puritain est scandalisé : la concubine du président a « souillé » sa maison ! On peut supposer que les draps ont été changés ! La réaction de M. André, furieux, se lit dans une lettre qu'il envoie au chef du gouvernement, Odilon Barrot : « [...] Serions-nous revenus à cette époque où les maîtresses des rois promenaient leurs scandales à travers les villes de France ? » Perfidement, Odilon Barrot transmet cette lettre à son frère, secrétaire général de la présidence de la République, lequel se fait un devoir – ou un plaisir ! – de la remettre au président. Celui-ci répond en donnant une leçon de morale à l'expéditeur, dénonçant son hypocrisie : « Combien de femmes cent fois moins pures, cent fois moins dévouées, cent fois moins excusables que celle qui a logé

---

1. *Ibid.*

Nymphe endormie. Tout Paris parle de ce tableau de Théodore Chassériau. Alice Ozy, qui a servi de modèle au peintre, vient à l'Élysée où elle croise la tragédienne Rachel. Les réceptions ont lieu deux fois par semaine. La princesse Mathilde monte la garde : connaissant les problèmes financiers de son cousin et son tempérament de séducteur, elle est informée que dans ses voyages en province Miss Howard ne cache plus sa liaison avec le prince-président qui a besoin de son aide.

chez M. André eussent été accueillies avec tous les honneurs possibles par ce M. André parce qu'elles auraient eu le nom de leur mari pour cacher leurs liaisons coupables [...]. Je m'avoue coupable de chercher, dans des liens illégitimes, une affection dont mon cœur a besoin… Comme, jusqu'à présent, ma position m'a empêché de me marier [...] on peut bien me pardonner, je crois, une affection qui ne fait de mal à personne et que je ne cherche pas à afficher [...][1]. »

_____

1. François d'Orcival, *Le Roman de l'Élysée*, Le Rocher, 2007 ; et Patrice Duhamel et Jacques Santamaria, *L'Élysée, coulisses et secrets d'un palais*, Plon, 2012.

Le président de la République a-t-il promis à sa maîtresse de l'épouser ?

Le prince-président est célibataire, Miss Howard aussi ; ils ont uni leurs destins, en essayant de ne pas (trop) choquer les usages. La vraie question est celle-ci : alors exilé, Louis Napoléon a-t-il promis à Miss Howard de l'épouser ? Président, a-t-il renouvelé sa parole ? Elle l'a certainement espéré, mais rien ne prouve que lui se soit engagé alors que sa situation était encore une chimère. « En fait, le nouveau président a surtout besoin de Miss Howard pour financer sa carrière politique, ce qu'elle ne cessera de faire avec une générosité portée par l'espoir d'épouser un jour son grand homme[1]. » Elizabeth-Ann a l'intelligence de ne pas s'offusquer des incartades du président. Beaucoup de femmes invitées aux réceptions de l'Élysée deux fois par semaine se comportent presque comme si elles étaient chez elles. Voici la tragédienne Rachel, souriante et qui, n'étant pas venue réciter du Corneille, s'amuse à défier la princesse Mathilde dans son rôle d'hôtesse officielle de la République. Voilà une certaine Alice Ozy qui a servi de modèle au peintre Chassériau pour *La Nymphe endormie*. Si tout Paris s'est extasié pour son corps, sublime, représenté sur le tableau, l'original, vêtu, fait beaucoup d'effet dans un salon du palais… Mais la princesse Mathilde monte la garde ! Elle sait que, du point de vue financier, l'élection présidentielle n'a rien réglé des problèmes de son cousin. Jusqu'en 1850, le traitement qui lui est accordé par l'Assemblée et les frais de représentation qui lui sont alloués ne suffisent pas à couvrir son train de vie, l'entretien d'une petite « cour élyséenne »

---

1. Patrice Duhamel et Jacques Santamaria, *op. cit.*

et les intérêts de ses dettes. Miss Howard est donc toujours aussi précieuse comme commanditaire et favorite. La première doit être efficace, la seconde presque invisible. Or, avec le recul de l'Histoire, on constate que la situation de l'Anglaise est un malentendu. En effet, puisque c'est elle qui depuis trois ans subvient aux besoins de Louis Napoléon (ce que très peu de gens savent à l'époque), c'est lui le favori et elle la protectrice. Et même si elle n'est plus la seule à le financer régulièrement, son rôle reste déterminant.

Les mois passant et le ralliement de nombreux légitimistes et orléanistes conférant au prince-président une stature de plus en plus imposante, la favorite se montre davantage, aux courses par exemple. Assistant aux défilés, elle ne se cache plus au milieu de la foule. Et si elle n'est pas dans les détails secrets d'une opération, elle constate son importance, puisqu'il faut de l'argent, encore de l'argent. Elle l'avance.

Dans ce contexte, nul doute qu'à l'été 1850 Miss Howard songe à se faire épouser, donc à se faire remarquer, sans doute de manière à évincer les éventuelles rivales. Elle sait que si Louis Napoléon l'aime plus que d'autres, elle n'est pas son unique maîtresse, mais la seule qui finance ses projets afin qu'il prenne sa revanche. Une rumeur assure que Louis Napoléon lui a fait aménager un petit appartement au château de Saint-Cloud, là où son oncle avait fomenté le coup d'État du 18 brumaire. Compagne et soutien des mauvais jours, l'Anglaise pressent que les relations exécrables du prince-président avec l'Assemblée vont se tendre. À Strasbourg, le 31 août, lors d'une parade militaire, « tout de suite après les troupes venait une pimpante voiture, conduite par une femme vêtue en paysanne alsacienne, et cette femme c'était Miss Howard !… » écrit, stupéfaite, lady Eddisbury à son mari. Même si l'Assemblée finit par voter une dotation exceptionnelle au prince-président impatient de faire des travaux, la volonté de ce dernier de transformer son mandat de quatre ans, non renouvelable, en élection à vie se précise[1]. Le neveu aura son 18 Brumaire. Pour séduire et entraîner les fidèles (et d'autres !) dans ce coup de force, l'argent manque. Miss Howard se montre héroïque, c'est-à-dire une « conspiratrice passionnée » donnant l'exemple apparent de l'abnégation ; en réalité, sans elle le coup d'État risquait d'échouer. Elle hypothèque ses maisons de Londres, met ses bijoux en gage, vend ses chevaux, éteint les dettes gênantes de Louis Napoléon chez un changeur du Palais-Royal. Et comme cela ne suffit pas, elle remet à son prince encore 200 000 francs-or en espèces. La princesse Mathilde ne peut avancer que 4 000 francs. Quasiment hystérique, l'Anglaise se ruine, ou presque, au milieu d'autres importants donateurs. Au comte d'Orsay, aux prises avec des difficultés financières inextricables, elle résume son engagement en le comparant à la démarche de Bernard Palissy « jetant ses meubles dans la fournaise[2] ».

L'une des conséquences du coup d'État est le changement de résidence du prince-président. Le 24 février 1852, il quitte l'Élysée pour les Tuileries. Miss Howard est peu visible. On parle même de disgrâce. Ingratitude de Louis Napoléon ? En fait, dans la perspective d'une restauration de l'Empire, Louis Napoléon songe à se marier pour avoir un héritier légitime. C'est urgent : il a 44 ans. Et chez sa cousine Mathilde, il a rencontré une très belle

---

1. Georges Poisson, *L'Élysée, histoire d'un palais*, Perrin, 1979.

2. Au XVIe siècle, ce céramiste et verrier huguenot avait brûlé ses meubles et le plancher de sa maison pour maintenir la température de son four. Il découvrit ainsi le secret de la cuisson des émaux.

aristocrate espagnole, Eugénie, comtesse de Teba, dite à tort de Montijo. Subjugué par son allure, sa classe et sa beauté, il songe à demander sa main. Miss Howard est consciente du danger. Viel-Castel, concierge caustique de l'époque, note dans son journal, à la date du 18 août 1852 : « Au bal de Saint-Cloud, le président était préoccupé. Miss Howard, sa maîtresse, était depuis le matin au château et, comme elle s'était éloignée à cause des négociations de mariage, son retour était presque un raccommodement. Le prince a été se reposer près d'elle une demi-heure, vers 10 heures et demie, et il s'est retiré à une heure[1]. » L'Anglaise, qui s'était sentie menacée deux fois, pense gagner contre l'Espagnole. Elle jurera qu'à Saint-Cloud le futur empereur lui avait promis de l'épouser. Elle pouvait le croire, n'ayant que trois années de plus qu'Eugénie, mais Louis Napoléon aimait déjà ailleurs.

Qui sera impératrice des Français : l'Anglaise ou l'Espagnole ?

Le pire pour Miss Howard est que l'opinion, qui ne voyait en elle que la maîtresse préférée de Louis Napoléon, s'est retournée contre elle, ce qui est très injuste. Discrète, elle était admise. Proche de la loge présidentielle, à l'Opéra, le 28 octobre 1852, elle dérange. Elle n'est qu'une courtisane couverte de diamants. Viel-Castel l'exécute sans pitié : « Ceci n'est plus de notre temps […]. L'entourage du président est détestable. » Derrière ces piques moralisatrices et naïves, c'est l'origine de la fortune

---

1. Comte Horace de Viel-Castel, *Mémoires sur le Second Empire*, Guy Le Prat, 1942 (en fait, il s'agit d'un journal).

Louis Napoléon allait-il épouser l'Anglaise Miss Howard ? Il choisit l'Andalouse Eugénie de Montijo, comtesse de Teba (ici en impératrice, par Winterhalter), fille d'un des rares Espagnols partisans de Napoléon Ier. Après la restauration de l'Empire, leur mariage religieux est célébré à Notre-Dame le 30 janvier 1853. Miss Howard pourrait se venger en publiant les reconnaissances de dettes de son amant Bonaparte. Il lui remboursera ses prêts pendant deux ans jusqu'en 1855.

de Miss Howard qui est en cause. Son argent ? Le résultat de sa débauche ! Son statut ? Une fille mère qui n'a pas réussi à se marier ! Son ambition ? Se faire épouser. Et l'une de ses ennemies les plus farouches n'est pas Eugénie, mais toujours la princesse Mathilde. Lorsque celle-ci, bientôt altesse impériale, croise Miss Howard, l'Anglaise plonge dans une grande révérence de cour. Peine perdue ! Mathilde rend à peine cette courtoisie, ne s'arrête pas et échange « des sourires ironiques avec sa dame d'honneur ». Pour Mathilde, l'Anglaise n'est qu'une ambitieuse et une déclassée.

Finalement lucide, Miss Howard soupire :

– La rue du Cirque, si proche de l'Élysée, ne mène pas aux Tuileries !

En avril 1852, le comte d'Orsay, sculpteur aux abois, est nommé directeur des Beaux-Arts. Il ne profitera guère de ce sauvetage : il meurt quatre mois plus tard.

L'Empire rétabli après un raz-de-marée électoral, l'empereur marié à la belle Andalouse le 30 janvier 1853, que peut faire Miss Howard ? Elle peut se venger en révélant, reconnaissances de dettes à l'appui, que le nouveau souverain lui doit… 5 millions de francs-or ! Avec ces créances, elle pourrait ajouter une volumineuse correspondance commencée à Londres, allant des espoirs d'un proscrit évadé au programme d'un Bonaparte candidat à l'aventure politique. Si l'Anglaise, vexée d'être éconduite, cherchait à nuire à son amant de plus en plus distant, ce pourrait être catastrophique.

En réalité, la favorite ne cherche pas le scandale ; elle en serait éclaboussée. En femme ayant connu l'infortune, très méticuleuse dans ses affaires et ayant bien tenu ses comptes, elle demande à être remboursée. Elle refuse de tout perdre, à défaut de pouvoir

Sur les hauteurs de La Celle-Saint-Cloud, Miss Howard a acquis ce château du XVIIIe siècle, Beauregard, aujourd'hui disparu. Elle y reçut l'empereur, seul, « venu prendre congé ». Napoléon III lui a octroyé un titre de comtesse d'Empire. Le 15 mai 1864, elle épouse un aristocrate britannique. Ce mariage de convention ne dure pas : elle s'éteint le 19 août suivant. À 42 ans, elle était encore belle.

continuer à être la maîtresse de Napoléon III, qu'elle aurait aimé garder en son pouvoir physique, au moyen de ce que le maréchal de Castellane appelle « de vieilles chaînes anglaises » !

Avant d'être protocolairement éloignée de l'homme qu'elle avait aidé à survivre et du prince à qui elle avait permis de redorer le blason des Bonaparte, Miss Howard a acquis un château du XVIIe siècle en Seine-et-Oise, très délabré, sur les hauteurs de La Celle-Saint-Cloud : Beauregard, ainsi que la ferme de Béchevet et un haras. En somme, elle s'assigne volontairement à résidence…

La Celle-Saint-Cloud aujourd'hui. Dans la vaste résidence qui a succédé au château, cette plaque ne rappelle pas que grâce à cette Anglaise méconnue, ancienne comédienne sans talent mais fortunée, le neveu de Napoléon fut le premier président élu de la République française puis l'empereur Napoléon III. De 1846 à 1852, elle avait été sa favorite… en espérant devenir sa femme.

Cinq jours avant son mariage, l'empereur lui verse un premier acompte, important (un million de francs), sur les dettes qu'il doit apurer. Les remboursements dureront près de deux ans, jusqu'en 1855, assortis d'un complément de 500 000 francs pour les indispensables travaux exigés par le domaine de Beauregard. Du point de vue comptable, tout est en ordre. Tout ? Non, car il y a encore les lettres et des documents compromettants que Miss Howard a conservés rue du Cirque. Par sécurité, le souverain fait cambrioler l'hôtel de la rue du Cirque… par la police !

Ainsi, l'Anglaise retrouvera, dans un désordre soigné, ses bijoux, ses fourrures et autres souvenirs, mais les papiers dangereux auront disparu. L'opération a été bien conduite : le ministre de la Police générale, Maupas, avait d'abord été l'un des artisans du coup d'État. Un compagnon sûr !

Ayant soldé ses dettes à l'égard de l'Anglaise, Napoléon III en profite pour faire un mot :

— Je la quitte, je m'acquitte, partant quitte.

Si l'on en croit une lettre écrite par Miss Howard à l'une de ses compatriotes[1], après quelques infidélités dont elle fut la bénéficiaire et qui exaspéraient Eugénie, moins sensuelle que son époux, la rupture finale n'est guère romantique : « Sa Majesté est venue, hier soir, m'offrir une indemnité de renvoi : oui, le comté, titre personnel, transmissible ; un château, et un mari français convenable par-dessus le marché… Oh ! Quelle pitié que tout ça ! Une dose de laudanum ferait mieux mon affaire… Le seigneur tout-puissant a passé deux heures en discussion avec moi… Plus tard, il s'est endormi sur le sofa rouge et a ronflé pendant que je pleurais… »

C'était bien fini. Miss Howard ne s'est pas suicidée. Le 15 mai 1864, elle n'a pas épousé un Français, mais un sujet de Sa Majesté britannique, sir Clarence Trelawny, baronnet gallois. Mariage de convention, l'union ne dure pas. Elle vit avec son fils, Martin Constantin, enfant naturel reconnu qu'elle avait eu du major à l'origine de sa fortune. Elizabeth-Ann Harriet au théâtre, lady Trelawny en terre britannique, comtesse de Beauregard en France, dévouée à ses bonnes œuvres, cette femme, toujours

---

1. Citée par Simone André Maurois, *op. cit.*

aimable et encore belle, s'éteint brusquement le 19 août 1864, dans sa quarante-deuxième année. Plus qu'un soutien financier, à Louis Napoléon – le fugitif dont on se moquait à Londres et en Europe – elle avait offert la possibilité de réaliser son objectif. Sans Persigny pour la politique et sans Miss Howard pour toutes les autres raisons, Napoléon III n'aurait pas existé. Répétons-le : elle l'a choisi, sauvé, soutenu. Et aimé. Il fut son favori. Et Beauregard allait bien à cette inoubliable beauté britannique : ses yeux aussi étaient magnifiques…

Katia

Le bonheur volé du tsar
Alexandre II de Russie

Derrière la beauté et la jeunesse de ce doux visage se cache la détermination
de Katia Dolgorouki (1846-1922). Dès le début de sa liaison passionnée
avec le tsar Alexandre II de Russie, elle envisage de se faire épouser alors
que le souverain est marié. Elle parviendra à ses fins dès la mort de l'impératrice
Maria Alexandrovna, en 1880, au prix d'un scandale familial et politique.

Six poses de Katia en 1866. Elle a 19 ans. Elle est la maîtresse du tsar depuis l'été. Il a trente ans de plus que la jeune fille. Leur passion physique est une double révélation qui leur fera surmonter toutes les épreuves de cette liaison interdite et réprouvée.

Pour un chef d'État, arriver au pouvoir en héritant d'une guerre qu'il n'a pas déclarée et s'est transformée en défaite est sans doute une redoutable épreuve. Ce legs négatif est celui que reçoit le nouveau tsar de Russie, Alexandre II, lorsque, le 18 février 1855, il succède à son père Nicolas Ier, mal aimé et dont le caractère entier lui avait valu le surnom de « tsar de fer ». Le cauchemar est double. D'une part, la guerre de Crimée a tourné au désastre pour la Russie, bien que Sébastopol, dont la citadelle est en ruine, résiste encore aux assauts français. D'autre part, accepter une paix honteuse serait encore plus infamant, car le tsar devrait s'incliner devant le neveu de l'homme qui avait fait trembler l'Empire russe, Napoléon III. Encore un Bonaparte ! Mais avec la prise de la redoute de Malakoff le 8 septembre par Mac-Mahon, qui décide d'y rester, Alexandre II doit se résoudre à rendre les armes. Sébastopol tombe au terme d'un siège de trois cent quarante-neuf jours qui a coûté la vie à des dizaines de milliers de combattants. L'esprit patriotique de 1812 et le souffle vengeur de 1814 n'ont pas suffi à sauver le prestige russe. Mais pour le tsar, le pire est peut-être de se voir contraint d'accepter les conditions du traité de Paris, signé le 30 mars 1856 dans le tout nouveau bâtiment du Quai d'Orsay dont la peinture était encore fraîche à l'ouverture du congrès. Humiliation supplémentaire, les débats ont été placés sous l'autorité du ministre français des Affaires étrangères, le comte Walewski, fils naturel de la Polonaise Marie Walewska et de Napoléon Ier. Toujours l'ombre des Bonaparte ! Paradoxalement, ce conflit qui voit triompher Napoléon III n'était déjà plus une guerre napoléonienne. Militairement, en Crimée, on avait changé de siècle avec les premiers reportages photographiques, souvent insoutenables, et l'apparition des tranchées, soixante ans avant 1914. Le nouveau tsar doit accepter que l'Europe du congrès de Vienne, élaborée en 1815, appartienne au passé.

Dix-septième tsar de la dynastie Romanov, Alexandre II a 37 ans. Son éducation a été soignée, sous l'autorité d'un brillant précepteur, le célèbre poète Vassili Joukovski, fils illégitime d'un gentilhomme russe et d'une prisonnière turque. Outre le russe, Alexandre a appris le français, l'allemand, l'anglais et le polonais. On lui a enseigné deux disciplines nouvelles, l'économie politique et la statistique, diverses sciences et le goût des arts. Quand ses notes étaient mauvaises, son père refusait de l'embrasser le soir, ce qui était une sanction épouvantable.

À 19 ans, Alexandre apprit sa plus importante leçon : au cours d'un long voyage à travers l'Empire, il fut le premier des Romanov à fouler, librement, la terre sibérienne et à se rendre compte des conditions épouvantables dans lesquelles vivaient les décembristes, ces conspirateurs déportés par son père quand le tsarévitch avait 7 ans. Ému, le grand-duc héritier avait amélioré leur régime. On avait remarqué sa sensibilité aux malheurs des bannis. Son mentor Joukovski insistait sur l'idée que la véritable liberté était la justice, que la Russie n'était pas une caserne mais une nation et que « le vrai pouvoir d'un souverain ne réside pas dans le nombre de ses soldats, mais dans la prospérité de son peuple ».

Le nouveau tsar est un dandy aimable, mais la tsarine est malade

Puis il avait parcouru l'Europe pendant deux ans. Jamais un futur tsar ne s'était rendu dans des pays si différents. Grand, élancé, courageux, celui que sa famille surnomme Sacha séduit ceux qui pourront l'approcher plus tard, tels Balzac, Alexandre Dumas père et Théophile Gautier. Ce dernier écrit : « Les cheveux du souverain étaient coupés court et encadraient de belle façon son haut front. Les traits de son visage étaient parfaitement réguliers et semblaient avoir été taillés par un artiste. Ses yeux bleus se détachaient particulièrement sur son visage tanné par le vent de ses longs voyages. Le dessin de sa bouche était si fin et si net qu'il rappelait une sculpture grecque. L'expression de son visage était solennelle et calme, éclairée de temps en temps par un sourire charmant. »

Couronné à Moscou, le 26 août 1856, dans la splendide cathédrale de la Dormition du Kremlin, Alexandre est, depuis le 16 avril 1841, l'époux d'une très jolie femme. Encore une princesse allemande. Depuis Catherine II, la dynastie russe pour- suit, par ses mariages, ses « importations » germaniques. Fille du grand-duc de Hesse-Darmstadt, Maximilienne Wilhelmine Marie est devenue, par son union et sa conversion à la reli- gion orthodoxe, Maria Alexandrovna. Elle a six ans de moins qu'Alexandre. Outre son éclat, on vante sa bonté et son dévoue- ment, car elle dirige, avec une souriante autorité, plusieurs asso- ciations de bienfaisance. Le couple aura huit enfants, dont six garçons. Avec Maria, Alexandre forme un couple attrayant. Les années ont dégarni le front du souverain et ses favoris sont moins

Moscou, 26 août 1856. Dans la splendide cathédrale de la Dormition, au Kremlin, après avoir été couronné, Alexandre II pose la couronne sur la tête de son épouse Maria. Elle est sa femme depuis le 16 avril 1841. Princesse d'origine allemande, elle est belle, a six ans de moins que le tsar et est réputée pour sa bonté. Sa santé, déjà fragile – elle est tuberculeuse –, est très compromise par ses nombreuses grossesses : le couple aura huit enfants.

fournis que ceux de François-Joseph. Le tsar a l'élégance d'un dandy. D'un naturel gai, ouvert, sociable, de manières exquises, lorsqu'il est en civil il ne ressemble pas à un militaire malheureux d'être déguisé, mais plutôt à un intellectuel au regard posé avec une nonchalance britannique qui – on ne le sait pas encore vraiment – cache un extraordinaire sang-froid. En 1850, il avait fait face à une attaque de Tchétchènes. Amoureux de son épouse bien qu'il ait eu quelques maîtresses éphémères, le tsar cache son inquiétude ; il est préoccupé par la santé fragile de Maria. Elle est souvent malade.

Celle dernière avait toujours été opposée à la guerre de Crimée et s'était emportée contre son beau-père aveuglé d'orgueil, qui se prenait pour le gendarme de l'Europe. À l'annonce du traité de paix provocant la colère inutile de ses dames d'honneur dans son salon du palais d'Hiver, la tsarine demeura calme. À ses suivantes, elle déclara en souriant, mais d'un ton ferme :

– Notre malheur consiste en ceci que nous devons nous taire. Nous ne pouvons dire au pays que cette guerre a été commencée de façon inepte par l'occupation indélicate des principautés danubiennes[1], qu'elle a été menée en dépit du bon sens, que la nation n'était pas préparée à cet affrontement, que nous n'avions ni armes ni obus, que toutes les branches de l'administration étaient mal organisées, que nos finances étaient à bout, que notre politique était, depuis longtemps, engagée sur une mauvaise voie et que tout cela nous a amenés à la situation où nous sommes.

Un réquisitoire implacable de vérité. Maria, comme Alexandre, avait pressenti que la Russie n'était pas prête. Le bilan était désastreux avec la perte de près de 100 000 Russes, de plusieurs territoires et l'interdiction d'avoir une flotte en mer Noire, brisant les ambitions et les conquêtes de la Grande Catherine contre l'Empire ottoman. Désormais, l'accès aux détroits est refusé à la Russie. Alexandre partage l'opinion de son épouse et assume cette faillite qui, pourtant, n'est pas la sienne. On comprend qu'en réaction à l'obstination de son père, sa grande œuvre sera

---

1. Il s'agit de la Moldavie et de la Valachie, qui formeront, plus tard, le royaume de Roumanie, exemple de la nouvelle Europe issue du congrès de Paris.

la paix assortie de réformes, dont la plus saisissante est celle du servage. Deux de ses prédécesseurs avaient tenté d'améliorer le sort de millions de gens. En vain. La moitié des sujets de l'empire d'Alexandre II sont, à des degrés divers, des serfs. Dans des proportions à peu près égales, leurs maîtres sont soit des propriétaires, soit la Couronne. Le principal obstacle est constitué par les traditions ; elles sont ancrées dans la mémoire russe.

Rien n'est simple et les milieux les plus libéraux demeurent partagés sur cette délicate question. Les uns soutiennent que, malgré ses défauts, le système est une nécessité. Les autres clament que cet archaïsme est une honte et accentue le retard de la Russie sur le reste de l'Europe. Des serfs à l'âge du chemin de fer, est-ce admissible ? Alexandre est conscient qu'une réforme est d'autant plus indispensable que le mécontentement paysan est réel et que plusieurs révoltes ont secoué les campagnes. Le chef de la police a remis au tsar un rapport qui conclut : « D'année en année se répand et se renforce, parmi les paysans asservis aux nobles, l'idée de la liberté. Il peut se produire une situation favorable pour eux, une guerre, une épidémie ; des personnes susceptibles d'utiliser ces circonstances au détriment du gouvernement peuvent apparaître. » Une analyse visionnaire, mais rendue déjà très pertinente avec les conséquences traumatisantes de la guerre de Crimée.

En 1861, Alexandre II a le courage de supprimer le servage

L'appel est entendu. Après d'innombrables consultations, le tsar signe des oukases assouplissant la censure et la délivrance de passeports, une *glasnost* avant l'heure. Cette ouverture constitue les prémices du débat sur le servage. L'opinion publique soutient largement Alexandre II, des courtisans aux moujiks, à l'exception de la haute noblesse, rebelle à toute « révolution », mais dont le rôle est déterminant. Avec courage, le souverain tient le langage du progrès. Aux représentants des plus illustres familles, il lance un avertissement :

– Vous comprenez certes vous-mêmes que l'actuel système de possession des âmes serves ne saurait rester inchangé. Mieux vaut abolir le servage d'en haut, plutôt que d'attendre le moment où il commencera à s'abolir d'en bas. Je vous prie de réfléchir au moyen d'accomplir cela.

En d'autres termes, si l'Empire ne fait pas renaître l'espoir, il disparaîtra. D'une inlassable énergie, Alexandre II ne cède pas aux blocages et aux protestations. La bataille dure six ans. Enfin, le 3 mars 1861, il appose sa signature au bas d'un texte prodigieux, le nouveau statut des paysans. Après des siècles, le servage est aboli, libérant quarante-sept millions d'êtres sous le joug. Sa Majesté impériale lit elle-même le texte portant le titre générique de *Manifeste* devant une foule reconnaissante, à genoux, en larmes. Alexandre II entre dans l'histoire sous l'épithète de tsar « libérateur ». Il fait preuve d'un doux entêtement qui charme une majorité autant qu'il exaspère une minorité furieuse. Or, cette spectaculaire émancipation, accompagnée de mesures dans tous les domaines, a plusieurs effets : en particulier la naissance, à Saint-Pétersbourg, d'un monde industriel où survit un prolétariat misérable, issu des milieux ouvriers, dans les usines, les ateliers ferroviaires et le port. Des incendies volontaires ravagent des quartiers. On accuse bientôt un mouvement jusque-là

La grande œuvre du tsar est l'abolition du servage le 3 mars 1861. Cette spectaculaire et indispensable mesure est mal comprise en Russie et ses conséquences maladroitement maîtrisées. Au lieu d'accroître la popularité du tsar (ici à Saint-Pétersbourg, place Saint-Isaac, il tient dans sa main l'oukase d'émancipation devant des paysans reconnaissants), elle est en fait la cible des « nihilistes ». À partir de 1866, il échappera à sept attentats.

inconnu, les « nihilistes ». Leur seul programme : tuer le tsar ! Un seul moyen : les attentats. Le 16 avril 1866, Alexandre II subit la première agression contre sa personne. Il y en aura huit. Chaque jour, le monarque se promène dans le splendide jardin d'été créé par Pierre le Grand, alors interdit au public et fermé par une magnifique grille en fer forgé or et noir. Il est 4 heures de l'après-midi. Accompagné de deux neveux dans sa voiture, Alexandre II aperçoit un homme qui pointe un pistolet vers lui. Un paysan, qui a compris qu'on voulait tuer l'empereur, hurle et fait dévier l'arme au moment où le coup part. Il s'en faut de quelques centimètres : le tsar de toutes les Russies et de toutes les réformes a failli être assassiné ! L'anarchiste est maîtrisé. Le calme d'Alexandre II est exemplaire, nimbé d'humour, et il regagne son palais pour rassurer ses proches. La foule se rassemble sur l'admirable place et acclame son souverain qui salue au balcon. On pleure, on se signe, on maudit les fous qui veulent détruire la Russie. Après un lourd débat de conscience, le tsar refuse la grâce de son agresseur, un certain Dimitri Karakozov. Il est pendu.

Mais la vraie victime de cette affaire, sans précédent dans la Russie moderne, est le libéralisme. Trop réformateur pour les uns, pas assez pour les autres, Alexandre II incarne désormais des transformations trop rapides et incomplètes. Quoi qu'il entreprenne, on le critique. L'immense population rurale est en pleine confusion, car pour devenir propriétaire de sa terre, le paysan doit l'acheter. Mais pour disposer de la somme, il doit travailler durement cette même terre. Un cercle vicieux, puisqu'il tombe entre les mains de prêteurs et d'usuriers. Il faut préciser que la tentative d'attentat contre le tsar survient quelque temps après la mort de son fils aîné Nikolaï, dans le midi de la France. Le tsarévitch était le préféré de sa mère. Beau, intelligent, cultivé, il était aussi la coqueluche de la Russie. Pour se préparer à son futur rôle, il avait naturellement accompli plusieurs voyages à travers l'Empire, des périples épuisants. Il se plaint de douleurs dans le dos, séquelles d'une chute de cheval. On l'envoie en cure à Scheveningen, aux Pays-Bas. Il en revient encore plus mal en point, courbé en deux, endolori. Ses médecins l'envoient alors à Nice, fondant tous leurs espoirs sur le climat. Il y arrive en novembre 1863, n'étant plus que l'ombre de lui-même – un squelette. On diagnostique une tuberculose osseuse. L'impératrice est souvent auprès de lui. Au printemps 1865, pressentant le pire, elle prévient le tsar. Celui-ci arrive avec toute sa famille par un train spécial qui mettra seulement quatre-vingt-cinq heures pour couvrir la distance Saint-Pétersbourg-Nice, ce qui est remarquable si l'on tient compte du changement de matériel à la frontière en raison de la différence d'écartement des voies, de l'arrêt à Berlin pour que le tsar reçoive de Guillaume Ier ses vœux de rétablissement pour le tsarévitch, et à Paris ceux de Napoléon III. À Dijon, les cheminots ont raccroché au convoi impérial une voiture venue de Copenhague dans laquelle se trouve la fiancée de Nikolaï, la princesse Dagmar de Danemark, accompagnée de sa mère la reine Louise. Les voyageurs atteignent Nice le 10 avril 1865. Nikolaï meurt dans les bras de ses parents deux jours plus tard. Il avait 22 ans. Pour Alexandre II et Maria, la perte de ce fils favori, héritier du trône, est une immense douleur, à laquelle s'ajoute l'inquiétude. Les capacités de son frère cadet, *de facto* le nouveau tsarévitch (et futur Alexandre III), lui permettront-elles de diriger l'Empire ? Physiquement, il est le contraire de son frère ; c'est un colosse maladroit, réputé sans charme et dont l'éducation a été négligée. Pourtant, à 20 ans, Alexandre, qui adorait et admirait son frère, fait preuve d'un surprenant esprit de décision et de fermeté : il annonce qu'il veut épouser la fiancée de Nikolaï, petite, fine, élégante et spirituelle. Elle accepte. Et contrairement aux prédictions des esprits chagrins, ce couple, si mal assorti physiquement, sera parfaitement uni et heureux, d'une loyauté mutuelle rare à l'époque. Et en dépit du drame, le roi de Danemark aura marié sa fille Dagmar au futur tsar de Russie.

Découragé et se sentant seul, le tsar tombe amoureux de la jeune Katia

Son chagrin et l'ingratitude qu'on lui témoigne dans certains milieux, aussi bien rétrogrades que progressistes, ont lassé le monarque. En dépit de conquêtes territoriales rattachant le Caucase et les émirats d'Asie centrale à l'Empire, son humeur s'est assombrie. Sa vie privée n'est plus sereine. S'il respecte son épouse, il est accablé par l'état de santé de Maria qui se détériore. Épuisée par le rythme contraignant de la Cour et ses huit grossesses, Maria hante les villes d'eau allemandes et italiennes et même la Côte d'Azur (le climat extrême de la Russie convient mal à ses poumons fragiles), pourtant liée au souvenir de son fils disparu. L'état nerveux et physique de la belle impératrice lui impose, sur ordre médical, de cesser tout rapport avec son époux. Elle se sent délivrée, mais Alexandre II, homme vigoureux de 47 ans, est atteint dans sa tendresse de mari et d'homme ; il ne peut se contenter de cette abstinence. Il va commencer à poser son regard sur d'autres femmes, enjouées et pleines de vie.

Le tsar ne cherche pas longtemps. En 1866, il s'éprend de la jeune princesse Ekaterina Dolgorouki, jolie, piquante, que ses proches appellent Katia. Si l'empereur adopte vite ce diminutif, c'est parce qu'en réalité il la connaît depuis deux ans. Elle appartient à une très ancienne et illustre famille, ruinée, et a perdu son père quand elle était enfant. Le souverain avait placé le domaine de Dolgorouki sous tutelle impériale et assuré l'éducation de Katia, mais aussi de ses cinq frères et sœurs. À Saint-Pétersbourg, depuis le milieu du XVIIIᵉ siècle et le règne de l'impératrice Élisabeth Iʳᵉ, il

Le célèbre Institut Smolny, à Saint-Pétersbourg, chef-d'œuvre du baroque russe, est destiné à l'éducation des jeunes filles de l'aristocratie. Katia Dolgorouki est une des pensionnaires. Alexandre II et la tsarine visitent régulièrement l'établissement. C'est là que le tsar rencontre Katia pour la première fois en 1864.

est de bon ton pour les jeunes filles bien nées d'être pensionnaires du célèbre Institut Smolny. C'est ici que Katia a fait ses études ; le couple impérial vient souvent visiter cet établissement réputé. Lorsqu'il l'a rencontrée, en 1864, elle avait 17 ans. Elle avait croisé le tsar lors de son habituelle promenade au jardin d'été ; il était désormais suivi d'une discrète escorte. Pour Alexandre II, c'est le coup de foudre. Il insiste pour la revoir. Avec une prudence de débutant, il lui donne rendez-vous dans tous les parcs de la ville. Le plus bel écrin de leurs rencontres est le splendide palais de Petrodvorets (Peterhof), résidence estivale au bord de la Baltique dont les jardins sont pleins de surprises. Katia est particulièrement jolie avec ses cheveux châtains tressés, son teint d'ivoire. Elle semble s'amuser de cette incroyable situation, mais sait parfaitement ce qu'elle fait et va faire. C'est dans le cadre enchanteur du Belvédère de Babygone, un ravissant pavillon à colonnades dominant la mer, que le 13 juillet 1866, après deux ans de résistance, Katia devient la maîtresse du tsar. Il a trente ans de plus qu'elle, mais peu leur importe : ils vivent une révélation sensuelle réciproque que le temps n'émoussera jamais. Immédiatement, la correspondance qu'ils vont échanger en témoigne :

« N'oublie pas que toute ma vie est à toi, ange de mon âme, et que le seul but de cette vie est de te voir heureuse autant qu'on peut être heureux au monde [...]. Je me sens tout imprégné de notre délicieuse soirée d'hier et de nos [...] délirants qui nous ont fait jouir à crier. » « Ébats » ? On peut le penser en lisant la suite. La réponse de Katia n'est pas moins inouïe, puisqu'elle ose écrire : « Je t'aime à la folie, mon cher mari délirant, ma vie, mon tout, et cela déborde de moi... [...] Je n'en reviens pas du bonheur de t'avoir revu hier et avoir tant joui vraiment de ce délice n'a pas de nom, et certes rien au monde ne peut y être comparé[1]... »

Alexandre II lui remet une clé. Par une petite porte du palais d'Hiver, elle vient à ses rendez-vous secrets. Secrets ? Pas autant que les amants le souhaiteraient, puisque bientôt toute la capitale est au courant ! Au même moment, la Monnaie de Saint-Pétersbourg (qui existe toujours), installée en face de la cathédrale Saint-Pierre-et-Saint-Paul, frappe un rouble en or, en l'honneur des vingt-cinq ans de mariage du couple impérial. La vie officielle

---

1. Cyrille Boulay, *La France des Romanov*, Perrin, 2010, p. 50.

En 1867, le tsar Alexandre II se rend seul à Paris, à l'invitation de Napoléon III, pour visiter l'Exposition universelle. Ici, le souverain Romanov donne le bras à l'impératrice Eugénie lors d'une fête de nuit aux Tuileries, le 10 juin. Tous les fastes du Second Empire sont déployés pour tenter d'effacer le souvenir cuisant de la défaite russe lors de la guerre de Crimée.

maintient les apparences. La tsarine trompée conserve sa dignité, feignant de ne rien savoir, mais elle est atteinte d'une nouvelle souffrance, l'humiliation.

Katia vit alors chez son frère, le prince Michel, qui a épousé une charmante marquise napolitaine. Les rumeurs de la liaison inquiètent sa belle-sœur, qui redoute ses conséquences pour Katia et juge indispensable de l'éloigner. Elle l'emmène avec elle à Naples, dans sa famille.

Consterné, mais n'ayant pu s'opposer à cet éloignement, Alexandre II lui écrit chaque soir, alternant le français et le russe, et elle lui répond de même. Dans le meilleur des cas, leurs lettres arrivent au bout de trois semaines. Le 12 août 1866 – un mois après le début de leur liaison –, de son écriture fine, il lui envoie une première missive, imprégnée d'extase, où il confirme son engagement total. Le recul de l'histoire nous permet de constater que dès le début de cette passion torride, l'idée d'un mariage est évoquée par Katia, dont la force de caractère égale la beauté. Mlle Dolgorouki a vite appris le pouvoir des sens sur un homme qui pourrait être son père.

Totalement dominé par celle qui est devenue une femme dans ses bras, le tsar est furieux car son amante est soudain éloignée à des milliers de kilomètres. Comment peut-il retrouver Katia ? Les voyages officiels, hier comme aujourd'hui, permettent toutes les rencontres. À Paris, à l'été 1867, Napoléon III accueille les plus hauts personnages venus visiter l'Exposition universelle, le rendez-vous du monde. Afin de solder le contentieux de la guerre de Crimée dont il n'est pas responsable, Alexandre II est invité personnellement par Napoléon III. L'empereur des Français tient beaucoup à cette réconciliation.

Paris, 1867. Le tsar retrouve secrètement Katia. Un séjour de cauchemar !

La tsarine ne pouvant supporter, à tous égards, un tel voyage, le tsar débarque sur les bords de la Seine le 1ᵉʳ juin avec deux de ses fils, le tsarévitch Alexandre et le grand-duc Vladimir, ainsi qu'une impressionnante suite et une délégation très importante. L'adversaire de Sébastopol est devenu l'hôte de la France, accueilli personnellement par Napoléon III à la descente de son train en gare du Nord. Le tsar demande à rencontrer dès que possible l'impératrice Eugénie, demeurée aux Tuileries. Mais Paris, depuis avril et l'ouverture de l'Exposition sur le Champ-de-Mars, reste favorable à la Pologne qui a tant souffert de l'oppression russe. Certes, Alexandre II a pris des mesures d'amnistie en faveur des Polonais, mais on ne lui pardonne pas une révolte rudement réprimée. La Pologne ? Encore une succession douloureuse de son père. Au duc de Montebello, ambassadeur de Napoléon III à Saint-Pétersbourg, qui s'était informé, quatre ans plus tôt, des intentions du tsar, celui-ci avait répondu :

– Je n'ai pas conquis la Pologne. J'en ai hérité. Mon devoir est de la maintenir.

Pour l'opinion populaire parisienne, les assouplissements russes sont encore insuffisants. Sur le trajet jusqu'aux Tuileries, la foule est silencieuse ou hostile. Les seuls cris perçus sont une insulte au visiteur russe :

– Vive la Pologne !

L'incident se renouvelle, mais cette fois l'apostropheur est identifié et en tirera une grande fierté : c'est Charles Floquet, un avocat républicain qui lance au tsar se rendant aux Thermes de Cluny :

– Vive la Pologne, monsieur !

Une gifle verbale qui rendra son auteur presque immortel !

Et Katia ? Le tsar lui avait envoyé un télégramme. Arrivée de Naples, elle ne peut évidemment se glisser dans le programme officiel. La concubine subit le sort des amours clandestines. Cachée, elle attend, logée dans un petit hôtel de la rue Basse-du-Rempart, disparue dans l'aménagement de la place de l'Opéra, près du boulevard des Capucines. Il est convenu qu'elle rejoindra son amant le soir, à l'Élysée, par une petite porte, le palais étant alors réservé aux hôtes de la France[1].

Si la visite d'État de l'empereur de toutes les Russies a mal commencé et l'a rendu maussade – sans doute ne pense-t-il qu'à l'instant de retrouver Katia –, la suite de son séjour est pire. Espérant conjurer l'accueil glacial et haineux qui lui a été réservé, Alexandre II fait réserver deux loges au théâtre des Variétés pour applaudir Hortense Schneider qui fait salle comble dans *La Grande-Duchesse de Gérolstein*. Rien de tel que ce génial farceur d'Offenbach pour se changer les idées... Hélas ! sa spirituelle musique et ses pochades n'adoucissent pas la haine des Polonais et de leurs partisans. Cinq jours après son arrivée, alors que le tsar revient d'une revue militaire à l'hippodrome de Longchamp avec Napoléon III et le roi Guillaume Ier de Prusse, comme ils passent

---

1. Où l'on voit que le tsar de Russie peut recevoir, certes sans éclat, sa maîtresse à l'Élysée, ce qui n'avait pas été le cas pour le prince-président de la République qui, lui, devait s'échapper de l'Élysée pour rejoindre Miss Howard. Informé, Napoléon III se divertit de l'inversion de son stratagème ! (Voir chapitre précédent.)

Le séjour du tsar à Paris, pour l'Exposition universelle de 1867, tourne au cauchemar : après des insultes dès son arrivée à propos de la Pologne, Alexandre II échappe, le 6 juin, à un attentat au bois de Boulogne. Son seul réconfort est la présence, secrète et compliquée, de Katia venue le rejoindre. Leur amour est d'autant plus fort qu'ils ont été séparés pendant plusieurs semaines.

devant la Grande Cascade, un homme surgit de la foule qui était contenue par un service d'ordre aux aguets et fait feu à deux reprises sur « l'autocrate ». Il n'est pas blessé grâce au bon réflexe d'un écuyer de l'empereur des Français. Le sang qui coule est celui d'un cheval. L'auteur de l'attentat, Berezowski, est un Polonais, évidemment. Un deuxième attentat, en France ! Alexandre II est excédé. Non seulement ses rendez-vous nocturnes avec Katia sont compliqués, mais Paris en veut à sa vie. Il songe à écourter son séjour et seule la supplique de l'impératrice Eugénie le décide à rester. Mais il ne dit plus rien. Si le souverain est courageux, l'homme a peur pour son amour réprouvé. Il maintient le dîner de gala qu'il offre aux souverains français dans l'ambassade de Russie, le très bel ancien hôtel d'Estrées, rue de Grenelle[1]. Et c'est au bras d'Eugénie que le tsar contrarié ouvrira le bal et aura sans doute passé l'un des moments les moins agités de sa visite officielle.

Au retour de Paris, la liaison va s'organiser. Katia habite toujours avec son frère et sa belle-sœur dans un hôtel du quai des Anglais. Elle a ses propres domestiques et son équipage. Au palais d'Hiver, le tsar met à sa disposition l'ancien cabinet de travail de son père Nicolas Ier et, aussi bien à Tsarskoïe Selo qu'à Peterhof ou en Crimée à Livadia, elle dispose d'une villa très proche du palais du tsar. Pour qu'elle puisse être reçue à la Cour, Alexandre II la fait nommer demoiselle d'honneur de l'impératrice. Maria avale cette nouvelle couleuvre. Résignée.

Katia préfère l'intimité aux fastes de la Cour. Elle est enceinte !

En fait, sa jeune rivale ne va pas jouer plus longtemps le rôle de favorite. Elle participe rarement aux réceptions officielles qui permettent au souverain de la voir valser – avec d'autres que lui, car il ne saurait l'inviter. Tous deux préfèrent très largement une intimité qui leur convient mieux. Lorsque l'empereur, par fonction, entreprend de nouveaux voyages officiels, elle l'accompagne

---

1. Propriété de certains de mes ancêtres au début du XIXe siècle, l'hôtel avait été vendu à l'Empire russe en 1864. Il est aujourd'hui la résidence de l'ambassadeur de la Fédération de Russie en France.

de manière officieuse. Elle réside ainsi dans une petite villa à Ems, en Rhénanie, en juin 1870, lors de la rencontre entre le tsar, Guillaume Ier et Bismarck. On sait ce qui s'ensuit. La guerre de 1870, la sévère défaite française et la chute du Second Empire n'affectent pas particulièrement le tsar. Les vieilles rancœurs ne sont pas encore éteintes et il faudra bien des années avant la conclusion de l'Alliance franco-russe. La mise hors jeu de la France a même un côté positif puisqu'au traité de Londres, à la demande de la Russie, une clause du traité de Paris est effacée : l'Empire russe récupère enfin sa place en mer Noire.

Le 30 avril 1872, Katia accouche au palais d'Hiver du premier enfant de sa liaison avec le tsar, Georges. Pour éviter un scandale, le bébé est placé dans une maison surveillée par la police secrète, aux soins d'une nourrice russe et d'une gouvernante française.

L'année suivante naîtra Olga et, en 1876, un second fils viendra au monde, Boris, mais il ne vivra pas. Encouragé par son accès retrouvé à la mer Noire, le tsar engage une nouvelle guerre russo-turque. Il part le 21 mai 1877. Katia ne pouvant l'accompagner, leurs adieux sont déchirants. La campagne est difficile, mais victorieuse. La paix est signée à San Stefano en 1878, sur les bords de la mer de Marmara. Ses conditions très avantageuses seront sévèrement amendées par le congrès de Berlin en 1878, peu glorieux pour la Russie. L'image de la politique extérieure du tsar en souffre. Comme toujours, c'est auprès de Katia qu'Alexandre II trouve du réconfort. Il lui dédie toute sa vie. En guise de revanche sur ses déboires diplomatiques, il prend une décision que sa famille et la plus grande partie de la Cour vont juger scandaleuse. Il ose installer sa « seconde famille » au palais d'Hiver, dans des appartements du deuxième étage, juste au-dessus de ses propres appartements. La tsarine ne proteste pas. « Pourtant elle confie à son amie la comtesse Alexandrine Tolstoï : "Je pardonne les offenses qu'on fait à la souveraine, je ne peux prendre sur moi de pardonner les tortures qu'on inflige à l'épouse."[1] » Pour les courtisans, la situation est délicate. L'impératrice, extrêmement malade, n'a pratiquement plus de vie de cour. Katia n'en a pas non plus, puisque sa présence reste non officielle. L'entourage est perplexe et constate que le tsar a changé physiquement. Il a vieilli, il a maigri, mais il est heureux car, le 9 septembre 1878, Katia lui donne une petite Catherine, leur quatrième enfant. Joie intime d'un côté, désapprobation générale de l'autre. La double vie du tsar est très mal perçue, particulièrement par le tsarévitch. La Cour murmure puis se tait.

Cependant, les nihilistes en tout genre sont de plus en plus audacieux. Déjà, le 24 janvier 1878, une terroriste, Vera Zassoulitch, avait blessé grièvement par balles de revolver le chef de la police de Saint-Pétersbourg, Trepov. Elle avait été non seulement acquittée lors de son procès, mais portée en triomphe comme une héroïne. Cette réaction, sans précédent, était un encouragement. Le 2 avril 1879, alors que l'empereur se promène place de l'état-major, un homme tire cinq balles contre lui et le manque parce qu'Alexandre II s'est mis à courir. L'agresseur, Soloviev, est pendu. Le tsar est en danger permanent, d'autant plus que le 26 août de la même année, une société terroriste appelée « La Volonté du peuple » vote la condamnation à mort d'Alexandre II. Après l'habituel séjour estival en Crimée, où il

---

1. Henri Troyat, de l'Académie française, *Alexandre II, le tsar libérateur*, Flammarion, 1990.

est accompagné de la tsarine et de Katia, le tsar revient à Saint-Pétersbourg, puis décide d'une deuxième villégiature à Livadia, seul avec Katia, pendant que Maria part prendre les eaux à Bad Kissingen. Pour le tsar, Katia et leurs trois enfants, le séjour est idyllique. Mais ils ignorent que les terroristes, informés de chacun de leurs mouvements, les traquent. Ils s'apprêtent à faire sauter le train impérial lorsqu'ils regagneront Moscou. Le 18 novembre, la charge d'explosifs sur la voie fait long feu. Le lendemain, 19 novembre, les nihilistes récidivent, cette fois près de Moscou. Le tsar voyage toujours avec deux trains, l'un transportant les bagages et le personnel et un autre pour le souverain et sa suite. Celui du tsar est toujours en seconde position, une demi-heure après le passage du premier. Ce 19 novembre, en raison d'un incident survenu à une locomotive, c'est la rame du tsar qui roule la première. Les terroristes la laissent passer et c'est « le convoi des valets » qui saute sur une mine, heureusement sans faire de victimes. Où s'arrêtera la volonté d'éliminer l'homme qui avait si courageusement aboli le servage ?

Maintenant, les terroristes traquent le tsar jusqu'à dans sa vie privée

Le plus spectaculaire complot visant à tuer le tsar – le septième – est celui du 5 février 1880, dans l'intimité même du souverain, au palais d'Hiver. La salle à manger est ravagée par une bombe à minuterie. Le bilan est de onze morts et cinquante-six blessés. Nouveau miracle : le tsar est indemne parce que, arrivé en retard, il était encore dans un salon contigu, accueillant ses invités. La déflagration est telle que les colonnes de marbre ont tremblé.

Il est clair que les révolutionnaires sont nombreux, organisés, déterminés. Et infiltrés jusque chez ceux qui doivent protéger le tsar. Il y a des traîtres autour du souverain. Même les résidences impériales ne sont plus en sécurité. La peur incite Katia à harceler Alexandre II pour qu'il réagisse fermement. Le monarque, foncièrement bon, est furieux que la femme qu'il aime soit si péremptoire. Six semaines après l'attentat au palais d'Hiver, il note dans son journal qu'elle le « pousse aux mesures extrêmes contre les nihilistes, et dit qu'il faut pendre, pendre sans cesse pour étouffer cette infâme révolte ». Le souverain semble découvrir que désormais « la favorite prétend imposer ses vues[1] ». Or, il n'est pas question qu'elle donne son avis ni même le fasse savoir, car la famille impériale et l'opinion n'en seraient que plus divisées et troublées. La réaction du tsar est nette : « Je déteste qu'elle se mêle de politique. » Et encore, le 18 mars : « Katia ne peut comprendre que je ne puisse agir contre la justice et exécuter sans jugement. » Alexandre II est un réformateur incompris, pas un tyran aveugle. L'immixtion de sa maîtresse dans la répression des nihilistes l'exaspère.

La célébration des vingt-cinq ans de règne d'Alexandre II, le 19 février, est entourée de menaces. Le 22 mai 1880, après des années de lutte silencieuse contre la tuberculose et une admirable abnégation, l'impératrice Maria s'éteint à 56 ans. Elle meurt seule à Saint-Pétersbourg, alors que le tsar se trouve à Tsarskoïe Selo, avec son autre famille. La disparition de l'impératrice loin de son mari est révélatrice : la vraie vie du tsar était avec l'autre femme.

---

1. Hélène Carrère d'Encausse (de l'Académie française), *Alexandre II, le printemps de la Russie*, Fayard, 2008.

Maria s'efface en silence ; il lui avait été particulièrement odieux d'entendre les enfants adultérins de son mari courir dans l'appartement au-dessus du sien au palais d'Hiver.

La Cour est en deuil et, à peine le corps de la défunte est-il exposé dans son cercueil selon la tradition russe, que Katia se révèle. Le soir même, le masque de son ambition tombe : elle exige le mariage ! N'avait-elle pas osé appeler le tsar son « mari » le lendemain de leur première étreinte ? Il est minuit lorsque le tsar veuf cède et dit qu'il fera son « devoir » dès qu'il le pourra. Et cinq jours plus tard, alors que Maria n'est toujours pas inhumée, le souverain, déchiré entre une promesse plus ou moins tacite et la crainte de choquer les Russes, la supplie d'être patiente. Elle le harcèle. Et d'emblée, pour faire enfin disparaître le cauchemar de sa double vie, le tsar lui annonce qu'il va l'épouser dans les quarante jours, ce qui est gravement contraire aux usages. L'Église orthodoxe distingue, en effet, deux phases dans le deuil, aucun remariage n'étant possible avant un an. Alexandre II est totalement sous la coupe de Katia. Elle a sans doute supporté cette liaison dans le seul espoir d'être dans la lumière de la vie officielle. Le monarque, inconscient du nouveau scandale qui résulterait d'un mariage insultant, écrit, avouant son incapacité à résister : « Jamais Katia ne m'a autant tourmenté que ces jours-ci. En définitive, je lui ai promis de la couronner. » Effaré et consterné, le gouvernement s'inquiète de la réaction du tsarévitch : que se passerait-il si le père et le fils, successeur désigné, entraient dans une de ces querelles successorales dont l'histoire russe a été jalonnée ? L'héritier ne supporte pas Katia et condamne l'attitude de son père. Le tsar épouse Katia moins de deux mois plus tard, le 6 juillet. L'union est secrète, mais la nouvelle sera vite connue des forêts entourant Saint-Pétersbourg jusqu'au palais d'Hiver. Un bonheur enfin sans réserve ? Non, car la nouvelle épouse ne peut porter le titre de tsarine. Un oukase du tsar, signé juste après la cérémonie privée, accorde à Katia et à ses enfants les titres de princes et princesses Yourievski avec la qualité d'altesses sérénissimes. Katia est contrariée, car voilà des années qu'elle attendait l'apothéose d'un couronnement. Alexandre II n'ose pas affronter un usage protocolaire qui poserait un problème politique supplémentaire. En effet, à une exception près, en 1711, jamais une impératrice de Russie n'a ceint la couronne impériale à Moscou dans une cérémonie distincte de celle du sacre de son mari. Le tsar ne peut y déroger sans causer un scandale supplémentaire et son union restera morganatique. En revanche, il s'occupe soigneusement de son avenir et de celui de leurs enfants, car à tout instant les terroristes peuvent leur prendre la vie. Le couple passe l'été à Livadia. Pour la première fois, Katia a le privilège de monter officiellement à bord du train impérial et peut occuper, en maîtresse de maison, la belle résidence des bords de la mer Noire, tant aimée de son mari et dont elle a été exclue pendant quatorze ans. Katia, il faut le noter, n'est pas insensible aux honneurs ni aux avantages. Sa patience, qui n'exclut pas l'amour, est récompensée. En septembre, le tsar rédige un nouveau testament en sa faveur. À la banque d'État, il dépose plus de trois millions de roubles pour elle et leurs enfants bâtards.

Katia peut disposer de ce capital du vivant du tsar et après sa disparition. Alexandre II est soulagé car la police vient de découvrir, à temps, un nouveau sabotage sur la voie alors que le train spécial allait partir pour la capitale. Mais il est une formalité, difficile à accomplir, qui lui tient à cœur : il ose enfin présenter Katia aux enfants dynastes qu'il a eus avec la tsarine Maria. L'accueil est poli, mais glacé. Les princes, les enfants officiels, particulièrement le futur Alexandre III, jugent sévèrement leur père. Ce dernier fait aménager au palais d'Hiver de nouveaux appartements avec une chambre conjugale, c'est-à-dire à un seul lit, ce qui est une innovation chez les Romanov. Mais en dépit de cette attention intime – très sévèrement commentée ! –, Katia subit toujours l'enfer des épouses privées de certains droits dans une Cour au protocole rigide. À chaque instant, elle est humiliée. Elle doit céder le pas aux cinq grands-ducs et aux deux grandes-duchesses. À table, sa place n'est jamais en face de celle de l'empereur et elle ne peut présider aucun déjeuner ou dîner, même si un service de porcelaine de Sèvres a été commandé et livré aux armes du couple. On la relègue en bout de table, comme une parente éloignée et peu appréciée ou, pire, une étrangère. On l'avait vue poser pour les photographes, parée de superbes fourrures, son gros chien à ses pieds. Elle n'était qu'une ambitieuse dont toute la stratégie intéressée était découverte. Avec une permanente mesquinerie, on lui fait comprendre et on lui rappelle au besoin qu'elle n'est pas complètement de la famille. Une ancienne favorite. On peut penser que si le tsar n'avait pas eu cette longue et peu discrète liaison du vivant de Maria, les réactions seraient sans doute plus aimables.

Voyant ses instructions « mal comprises », Alexandre II s'emporte. Il finit par être lassé de ces petitesses, étudie de nouveau son projet de faire couronner celle qu'il aime, mais doit y renoncer définitivement devant les protestations réitérées de l'Église orthodoxe et les avis alarmistes du gouvernement. Alors, il songe à abdiquer en faveur du tsarévitch Alexandre, maintenant âgé de 35 ans, et à s'installer sur la Côte d'Azur, de plus en plus fréquentée par une très élégante colonie russe grâce à un nouveau train de luxe, Saint-Pétersbourg-Vienne-Cannes, que les agents des compagnies ferroviaires ont surnommé l'« Express des grands-ducs » ! Après la promenade des Anglais, les vacances des Russes ! Alexandre II, fatigué, se renseigne, cherchant à acheter une propriété. Fataliste, en dépit d'incroyables mesures de protection qu'il juge inutiles, le souverain ne veut pas renoncer à quelques habitudes.

Au grand scandale de la famille impériale et du gouverne-ment, Alexandre II épouse Katia le 6 juillet 1880, moins de deux mois après la mort de la tsarine Maria. C'est un ma-riage morganatique : elle ne sera pas impératrice. Elle et les enfants qu'elle a eus du tsar sont titrés princes et princesses Yourievski avec le prédicat d'altesses sérénissimes.

Mariée, mais non couronnée,
Katia évoque un peu Mme de Maintenon

Chaque dimanche, lorsqu'il se trouve à Saint-Pétersbourg, il assiste à la relève de la garde au manège Michel, aujourd'hui le stade d'Hiver, beau bâtiment que l'architecte Rossi avait remanié en 1824. La cérémonie se déroule en présence du corps diplomatique et d'officiers. Autant par discipline que par courtoisie, le tsar est ponctuel. Or – et de tragiques événements ultérieurs le confirmeront –, si l'exactitude est la politesse des rois, elle est aussi le plus sûr allié technique des terroristes. Le dimanche 1er mars 1881, en début d'après-midi, le cortège impérial revient du manège. Il fait beau et froid. Un coupé fermé dont l'intérieur est en velours rouge, un détachement de Cosaques et des traîneaux se déplacent très vite sur le quai du canal Catherine, qui est perpendiculaire à la perspective Nevski. L'endroit est peu fréquenté. Soudain, une explosion. La première, devant le palais Michel. Quelqu'un a jeté une bombe qui tue deux cavaliers et un jeune commis pâtissier qui allait livrer des gâteaux. L'engin a soulevé un nuage de neige rougi du sang des Cosaques et de leur chevaux. Incroyable : le tsar est indemne ! Tandis qu'on maîtrise le lanceur de bombe, un certain Ryssakov, l'empereur, refusant de fuir, s'approche du jeune homme qui nargue les policiers et le souverain. D'un calme absolu, dominant toute émotion, comme lors des sept attentats précédents, le monarque veut connaître ce nihiliste et remercie Dieu de l'avoir épargné, une fois encore, une fois de plus. Le coupable ricane et lance ce défi au tsar :

– N'est-ce pas trop tôt pour rendre grâce à Dieu ?

Le dimanche 13 mars 1881 à Saint-Pétersbourg, en revenant d'une parade, le tsar succombe à un huitième attentat perpétré par les anarchistes du mouvement « La Volonté du peuple ». L'opinion est stupéfaite : des femmes y ont participé. Devenue veuve, Katia quitte définitivement la Russie avec ses enfants pour s'installer à Nice où elle mourra en 1922.

Quelques secondes plus tard, une deuxième explosion fait jaillir une gerbe de neige salie par les piétinements. Un complice, nommé Grinevitski, que personne n'avait remarqué alors qu'il se tenait accoudé au parapet, a lancé une seconde bombe pour faire triompher la cause révolutionnaire. Cette fois, le tsar est à terre, les jambes nues, éclatées, broyées. L'hémorragie est épouvantable. L'empereur ne peut plus bouger. Il perd connaissance, bredouillant :

– Portez-moi au palais… Et là, mourir…

Ce sera son dernier ordre.

Au palais d'Hiver, les Cosaques déposent son corps déchiqueté, éventré. Katia accourt, à demi vêtue. « On disait qu'un garde trop zélé avait tenté de lui interdire le passage. Elle se laissa tomber sur le corps du tsar, couvrant ses mains de baisers en criant : "Sacha ! Sacha !"[1] » Son mari est inerte, le pied gauche arraché, un œil fermé, l'autre déjà sans vie. Les chirurgiens s'affairent, mais le tsar a perdu beaucoup de sang. Katia psalmodie des mots tendres, bien que l'amour de sa vie ne puisse plus les entendre. Elle avait eu un pressentiment, comme l'épouse de Jules César. Elle avait supplié Alexandre II de renoncer à cette cérémonie qui inquiétait la police. Et avant son départ – elle l'affirmera –, un dernier enlacement les avait unis. À 3 h 35, le tsar expire dans son palais où, la veille, il avait signé un oukase convoquant une assemblée de notables pour les associer au gouvernement de l'Empire. Des innovations, des changements et des améliorations étaient encore prévus, attendus, voulus.

Alexandre II est balayé par le mouvement réformateur qu'il avait initié. Selon l'ambassadeur de France, qu'il venait de quitter, le souverain si bien intentionné a été « abattu comme un fauve traqué dans sa capitale ». Cinquante millions de serfs affranchis, épouvantés par l'horreur de l'attentat, portent le deuil de celui auquel ils devaient une liberté imposée vingt ans plus tôt et un esprit nouveau que certains n'avaient pas voulu comprendre. Le traumatisme est partout. On découvre, avec stupeur, que si l'un des anarchistes s'est suicidé en tuant le tsar, deux femmes avaient participé à la préparation minutieuse de l'opération. Pour ne laisser aucune chance au Romanov. En 1867, à Paris, dans le jardin des Tuileries, une Tsigane lui lisant les lignes de la main avait prédit au tsar qu'il serait victime de six attentats et que le septième lui serait fatal. Ce fut le huitième[2]…

---

1. Edvard Radzinsky, *Alexandre II, la Russie entre espoir et terreur*, traduit du russe par Anne Coldefy-Faucard, Le Cherche Midi, 2009.
2. Jean-Christophe Buisson, *Assassinés*, Perrin, 2013.

Le rêve de Katia est brisé. Elle n'a plus sa place à la Cour. Quelques jours après l'inhumation du tsar qui repose à côté de sa première épouse l'impératrice, elle quitte la Russie avec ses enfants et n'y reviendra jamais. Reprenant pour elle le projet qu'ils avaient formé à deux, elle achètera une fort belle demeure à Nice, la Villa Georges, du prénom de leur premier fils. Des années plus tard, elle fera don à la cathédrale Saint-Nicolas de Nice de ce qu'elle considérait comme une relique, la chemise souillée de sang que portait Alexandre II au moment de son assassinat ; elle sera exposée dans une vitrine[1]. Katia finira ses jours à Nice en 1922, âgée de 75 ans, après avoir appris, de très loin, la fin tragique des derniers souverains Romanov, eux aussi assassinés. Elle repose au cimetière russe de Caucade, sur les hauteurs de Nice. À Saint-Pétersbourg, on admire toujours la splendide église de la Résurrection-du-Christ, dite « Sur le sang versé », édifiée de 1883 à 1907, restaurée du temps de la perestroïka de Gorbatchev. Inspirée de Saint-Basile, qui, à Moscou, borde la place Rouge, l'église n'a pas été de nouveau consacrée et conserve son statut de musée. À l'intérieur, un petit monument, le ciborium, se trouve sur le lieu exact de l'agression fatale au tsar, en mémoire de cette tragédie qui traumatisa l'Empire. Katia n'y est jamais venue.

---

1. La cathédrale orthodoxe, élevée à l'endroit même où, en 1865, était mort le tsarévitch Nicolas, avait été inaugurée le 17 décembre 1912, sous le règne de Nicolas II. Après cinq ans de procédure en France, la Fédération de Russie est devenue propriétaire de l'édifice, symbole des liens séculaires entre la Russie et la Côte d'Azur. En juillet 2013, l'État russe a annoncé qu'un budget de 15 millions d'euros était alloué à la cathédrale.

Blanche Delacroix

L'amour défi de Léopold II

Petite Française sans le sou mais d'un tempérament d'aventurière, née à Bucarest (Roumanie) en 1883, Blanche Delacroix croise par hasard, à Paris en 1900, le roi des Belges Léopold II. Il tombe immédiatement sous son charme. Elle a 17 ans, il en a 65. Le monarque, très travailleur et qui joue un rôle décisif dans l'essor de la Belgique, est grand amateur de femmes. Sa passion fera de Blanche sa favorite pendant neuf ans, puis, *in extremis*, sa seconde épouse.

Né en 1835, deuxième roi des Belges depuis 1865, Léopold II est un géant (1,95 m) dont la longue barbe taillée en rectangle est aussi célèbre que ses manies. Homme d'action, il est souverain à titre personnel du Congo qu'il léguera à ses sujets. Cousin de Victoria et aussi de Guillaume II, expert en alliances diplomatiques, il est malheureux dans son mariage avec l'archiduchesse Marie-Henriette de Habsbourg-Lorraine. L'autoritaire monarque, passionné, ardent, aime joyeusement la vie.

Paris, été 1900. En haut des Champs-Élysées, du n° 103 au n° 111, l'Élysée-Palace étire sa longue façade sur quatre étages. C'est l'un des premiers hôtels de luxe ouverts sur l'avenue, dont les méchants pavés viennent d'être remplacés par du bitume. Construit puis inauguré en 1899 par la Compagnie internationale des wagons-lits pour sa clientèle des grands express européens, ce monument de l'Art nouveau, décoré par Maple, est un rendez-vous de l'élite mondaine à deux pas de l'Arc de triomphe[1]. Avec l'Exposition universelle, la capitale française est la métropole de l'univers. En une journée, on fait le tour de la planète. La dernière fête d'une Europe optimiste. L'immense hall de l'hôtel est une fourmilière élégante. Un vrai spectacle. Celui de la Belle Époque dans la haute société. Il n'est pas étonnant d'y croiser le gotha politique et diplomatique, escorté plus ou moins discrètement. Les visiteurs couronnés se succèdent. « Paris, une fois de plus, est l'auberge des rois », écrira Paul Morand. On joue à mettre un nom sur les personnalités aperçues. Comment ne pas reconnaître cet homme tout en jambes, très grand (il mesure 1,95 mètre), à la barbe blanche abondante, mais soigneusement taillée en rectangle, qui est la cible d'une presse populaire féroce et de caricaturistes sans pitié, mais très inspirés ? C'est S.M. Léopold II, roi des Belges. Deuxième souverain de la Belgique indépendante, il règne depuis trente-cinq ans. Un Saxe-Cobourg qui s'est promis de laisser après lui une « nation plus

---

1. C'est dans une de ses chambres que, le 13 février 1917, sera arrêtée Mata Hari, suspectée d'espionnage au profit de l'Allemagne. Racheté après la Première Guerre mondiale, l'immeuble, dont le décor intérieur fut malheureusement détruit, devint le siège du Crédit commercial de France puis, en l'an 2000, celui de la banque HSBC France.

grande, plus forte et plus belle ». De fait, son royaume est devenu un pays moderne et ce n'est pas par hasard que ce monarque voyageur est descendu à l'Élysée-Palace : Georges Nagelmackers, le fondateur de la Compagnie des wagons-lits, en 1876 à Liège, est un sujet belge ; Léopold II a encouragé cette entreprise inédite en Europe et même souscrit à son premier capital. Dans cet hôtel parisien, le monarque s'estime donc un peu chez lui et y a ses habitudes. Il a d'ailleurs retenu tout le premier étage du palace. Passe une jeune femme l'air soucieuse, plus grande que la moyenne (1,73 mètre), la taille fine, mais la poitrine bien galbée. Ses formes sont attirantes, elle a des yeux en amande et une souple chevelure châtain. Est-elle jolie ? Pas vraiment. A-t-elle de la classe ? Elle serait plutôt commune. Mais elle est d'une éblouissante jeunesse. Et, sans s'en douter, elle est prise sous le regard du roi. Un regard de connaisseur qui a multiplié les conquêtes féminines en même temps que celle du Congo dont il est, depuis 1885, le souverain à titre personnel. Parmi ses liaisons fameuses, pas vraiment discrètes et pas toujours avérées, revient en priorité dans les rumeurs celle qu'il aurait eue avec une danseuse du théâtre de la Monnaie portant un des plus illustres noms belges, Cléo de Mérode. Rien n'a jamais été réellement prouvé à ce sujet et il est possible que ce soit l'intéressée elle-même qui ait répandu cette fable, élogieuse pour sa réputation. Les cheminots belges et français chargés d'accrocher la voiture-lit-salon de Léopold II, chauffée au gaz, aux convois Paris-Bruxelles-Paris, l'avaient surnommée « la Cléopold ». Promoteur visionnaire du rail, friand de transports amoureux, le roi a même installé une voie expérimentale dans le parc du château de Laeken.

La jeune femme a disparu dans l'hôtel dont les installations émerveillent la clientèle, de l'agence théâtrale au studio photographique en passant par des boutiques. Qui est donc cette inconnue remontée dans sa chambre et que, par hasard, le roi des Belges a pu observer quelques instants ? Elle l'intéresse tant qu'il prie le directeur du palace d'organiser une rencontre secrète avec celle qui ne peut qu'être une de ces Parisiennes qu'il affectionne.

Qui est la jeune fille remarquée par l'entreprenant Léopold II ?

Elle se prénomme Blanche, mais, curieusement, on l'appelle Caroline. Patronyme : Delacroix. Française, elle est née à Bucarest, en Roumanie, en 1883, dernière fille d'une famille particulièrement nombreuse : treize enfants ! Son père, Jules Delacroix, fils de l'instituteur d'un village du nord de la France, est un fondeur dessinateur, travailleur et imaginatif, qui aurait déposé plusieurs brevets, dont celui d'un métro aérien. Il était employé par une société française de fonderie en Roumanie qui fit faillite au bout de cinq ans. La tribu revient en France, sans un sou, les parents meurent, Blanche est prise en charge par sa sœur Angèle, son aînée de vingt ans. « D'une grande beauté, Angèle roule sur l'or grâce à l'inépuisable générosité de son amant, le comte du Péage (*bien nommé !*). Elle a ses entrées dans les salons à la mode et dans le monde où l'on s'amuse. Passant de l'extrême pauvreté au luxe étalé, Blanche Delacroix, dite Caroline, reçoit l'éducation d'une petite fille de la bourgeoisie huppée. Un attelage la conduit chaque matin au pensionnat de l'avenue d'Orléans. Elle ne sort qu'accompagnée d'une gouvernante qui lui enseigne les manières[1]. » Mais bientôt,

---

1. Georges-Henri Dumont, *Léopold II*, Fayard, 1990.

Angèle se choisit un nouveau protecteur, jeune poète, mais surtout joueur malhonnête qui doit s'enfuir en Amérique du Sud. Angèle accompagne son amant indélicat, obligée d'inclure sa jeune sœur dans ce voyage précipité ; le trio embarque en 1898 à destination de Buenos Aires. Dans la capitale argentine, la beauté de Blanche-Caroline éclipse celle d'Angèle, furieuse et jalouse. Les deux sœurs Delacroix sont devenues rivales ! La suite n'est que le début d'un feuilleton, puisque Blanche découvre dans sa chambre une importante somme d'argent. Elle ne se pose aucune question, mais c'est le moyen de fuir, aussi bien sa sœur que les ennuis. On veut l'éloigner ? Elle part tout de suite, se rend au port où le paquebot qui l'avait amenée va appareiller à destination de Dakar. D'abord méfiant devant cette mineure seule qui dispose d'une telle somme, le commissaire de bord finit par faire semblant de croire à l'histoire de cette jeune fille de 15 ans qui prétend devoir regagner l'Europe au chevet de son père malade et que sa sœur aînée, également souffrante, ne peut accompagner. Blanche a l'audace d'une aventurière. Dans ses Mémoires, elle écrira : « Les femmes me fuyaient, soit par gêne, soit par jalousie de ce qu'elles flairaient en moi de suspect. Quant aux hommes, ils me poursuivaient de tant d'œillades et de tant de paroles chuchotées que c'est moi qui dus les fuir. Alors, je pris le parti de me claquemurer dans ma cabine[1]. » Une aventurière consciente de son charme, mais encore naïve. À Dakar embarque un Français qui se dit lieutenant d'infanterie coloniale. Ils se rencontrent sur le pont. Blanche est vite troublée. L'officier, qui avoue 33 ans, porte beau, est prévenant et ému de la solitude

---

1. Blanche Delacroix, *Lolita d'un roi, quelques souvenirs de ma vie*, propos recueillis par Paul Faure en 1934-1936, Éditions de l'Arbre, Bruxelles-Paris, 2010. Des « propos » qu'on peut suspecter d'avoir été « arrangés ».

Leopold II.

Auctionator Rex !

Un étonnant montage photographique vers 1900 : le roi des Belges a des femmes plein la tête ! Ses liaisons, pas toujours discrètes ni même prouvées, lui ont fait une réputation de conquérant des cœurs. En moins de vingt-quatre heures, il est si épris de la très jeune Blanche Delacroix, en instance de mariage, qu'il organise son voyage en Autriche où il la retrouve et tente de la faire passer pour sa filleule ! Le début d'une incroyable ascension sociale.

de Blanche. Elle lui ment, il lui ment aussi, puisque le rapport qui a obligé le lieutenant Antoine-Emmanuel Durieux à démissionner de l'armée en 1896 indique :

« Officier dévoyé, ayant eu recours à tous les expédients pour se procurer des ressources, il quitte le service avec des dettes nombreuses, paraît devoir être harcelé par ses créanciers. Il ne présente pas les garanties morales pour être pourvu du grade d'officier de réserve[1]. » En somme, deux fugitifs, l'une désemparée et confiante, l'autre proscrit, coupable de diverses escroqueries, mis aux arrêts puis rayé des contrôles militaires. Il n'est pas interdit de penser que si Blanche a mentionné l'argent qui lui reste après avoir payé son passage, l'ex-officier en a pris bonne note.

À l'escale de Bordeaux, les voici dans un fiacre qui les conduit à l'Hôtel de Bayonne, un établissement luxueux. Blanche devient femme dans les bras de l'escroc qui lui a promis de la conduire à Paris pour l'épouser. Elle le croit encore, ayant connu « le plus bel amour », selon elle, « non sans l'arrière-pensée que c'était mal ». Pour éblouir sa « fiancée », Durieux n'hésite pas : ils descendent à l'Élysée-Palace. Rapidement, leurs ressources fondent et Blanche attribue la gêne de son futur mari à la maigreur de sa solde. Elle le supplie de quitter cet hôtel beaucoup trop cher. Il proteste, ne veut pas perdre la face et l'assure qu'il va travailler. En effet, il « travaille » ainsi qu'elle le raconte : « C'est-à-dire que vêtu d'une jaquette grise, chapeauté d'un haut-de-forme, ganté de gris perle, il partit jouer aux courses. » Il la laisse seule toute la journée, revient joyeux quand il a gagné, ce qui arrive souvent. Alors c'est la grande vie avec un souper chez

---

1. Léon Van Audenhaege, *Très-Belle, Blanche Delacroix, baronne de Vaughan*, Didier Hatier, 1987.

Larue, célèbre restaurant ouvert en 1886 place de la Madeleine, dans un décor bleu, or et rouge. Blanche rit un peu trop fort. Quand ses « affaires » n'ont pas été fructueuses, le parieur et sa promise doivent se contenter d'un sandwich dans leur chambre, arrosé de l'eau d'un robinet de la salle de bains. Blanche avouera : « Ces hauts et ces bas me fatiguaient. J'aurais préféré cent fois une médiocrité solide à cette vie incertaine qui avait brusquement des reflets de luxe. » Durieux reste insensible à cette angoisse. Voici des années qu'il survit d'expédients. Rapidement, Blanche s'interroge : et s'il n'allait pas l'épouser ? Elle lui pose la question. Réponse : « Chérie, puisque vous êtes si inquiète, nous irons, et pas plus tard que demain, à la mairie pour les formalités. » Le lendemain, en effet, ils remettent leurs papiers au secrétaire de la mairie du 8ᵉ arrondissement, alors sise rue d'Anjou, qui leur annonce que les bans ne pourront être publiés avant deux ou trois semaines[1]. Le surlendemain, le futur mari disparaît toute la journée, laissant Blanche au bord des larmes. Elle réfléchit : « Le mariage a une porte de sortie, le divorce. » Elle a confiance dans cette solution « plus honnête, plus digne de l'élan qui nous avait jetés dans les bras l'un de l'autre, que ma fuite ». Et elle s'endort, essayant d'oublier la note de l'hôtel, impayée. Elle en réglera une partie demain, ayant mis ses modestes bijoux au mont-de-piété.

Un monsieur important demande à rencontrer Mlle Delacroix

En début d'après-midi, Blanche est réveillée par des pas qui s'arrêtent devant sa porte. C'est un chasseur du palace qui lui

1. On peut s'interroger sur le laxisme de l'officier d'état civil : Blanche est mineure. De quels papiers dispose-t-elle ? Et le passeport de Durieux est périmé !

remet une carte au nom d'une certaine Mme Morniloff. Un nom inconnu. Cette dame est dans le hall et insiste pour rencontrer Mlle Delacroix d'urgence « pour une chose très importante ». Blanche n'a rien à perdre. Et si c'était sa chance ? Dans le hall, une femme « élégamment vêtue de noir » la salue en souriant, soulagée que la première partie de sa mission soit un succès. Car il y en a une seconde : Mme Morniloff, qui se présente comme l'épouse d'un bijoutier de la rue de la Paix, est envoyée par un monsieur qui a beaucoup remarqué Blanche.

– Il s'agit d'un grand personnage, mais sa haute position m'oblige à taire son nom. Ce monsieur vous demande une entrevue. M'autorisez-vous à lui porter une bonne réponse ?

Blanche est autant intriguée que contrariée. Elle cherche à en savoir plus, mais la messagère se contente de répondre :

– Rien ne vous oblige à accepter, madame. Vous pouvez refuser si bon vous semble[1].

Refuser d'en savoir plus ? Finalement, la curiosité l'emporte. Qui peut donc être ce personnage si haut placé que son « ambassadrice » ne puisse le nommer ? Blanche veut savoir. Elle n'a rien à perdre. Mme Morniloff sourit davantage et donne des précisions : le rendez-vous aura lieu demain, près de l'Élysée-Palace, à son domicile, au 4 de la rue Lord-Byron, à 3 heures de l'après-midi. De l'autre côté de l'avenue, c'est à dix minutes de l'hôtel, au rez-de-chaussée.

Blanche ne dit rien à Durieux qui, comme d'habitude, disparaît vaquer à ses incertaines « affaires » sur les champs de course. À l'heure dite, vêtue de la façon la plus seyante possible, Mlle Delacroix est accueillie par une femme de chambre silen-

---

1. Blanche Delacroix, *op. cit.*

cieuse qui la conduit jusqu'à un salon assez petit, éclairé par des lampes basses. Le confort bourgeois. La visiteuse aperçoit Mme Morniloff et un homme d'allure militaire qui répond avec déférence à un autre personnage immense, au visage mangé par une interminable barbe blanche, en lui répétant, légèrement courbé, cette phrase aussi énigmatique que magique :

– Oui, Sire… Oui, Sire…

Mme Morniloff sourit. L'homme, dont Blanche n'a entendu que ces deux mots, se veut rassurant. Il désigne une chaise.

– Asseyez-vous, mon enfant.

Une curieuse conversation s'engage entre cet homme et Mme Morniloff, plutôt un questionnaire mené par deux examinateurs. Le barbu observe Blanche et ne dit rien. Il compare ses deux profils, puisque, étant assise entre Mme Morniloff et son interlocuteur, Blanche tourne alternativement la tête vers l'un puis vers l'autre. Mme Morniloff saisit des bouddhas de jade et de cristal qui se trouvent sur une table et s'avance vers Blanche pour lui faire passer une étrange épreuve : « Je vois, me dit-elle, que vos doigts brûlent d'envie de tenir ces charmants bibelots. » C'est faux, Blanche n'en a aucune envie. Quel rôle veut-on lui faire jouer ? Mais elle les prend, consciente qu'il s'agit d'un test. À ce moment, enfin, le personnage barbu sort de son immobilité silencieuse.

– Bon !

L'entremetteuse et son compère quittent la pièce. Quelle est donc cette mise en scène ?

– Eh bien, Très Belle, dit-il d'une voix douce. Savez-vous qui je suis ?

Dans un souffle, Blanche répond :

– Oui, vous êtes le roi Oscar de Suède.

Ce n'est pas absurde : presque tous les souverains présents à Paris sont barbus. Mais elle se trompe : c'est le roi des Belges, Léopold II, à la barbe neigeuse légendaire. Il prend les mains de Blanche et déclare :

– Ah ! Elles sont beaucoup de chose, les mains. Et les vôtres, Dieu merci, ne sont pas celles d'une courtisane, qui sont petites et grasses.

Léopold II a 65 ans. Sa nouvelle conquête, future mariée, en a 17

Un avis d'expert ! Et tout en tenant ces mains qui l'ont ému, le roi lui avoue que, l'ayant aperçue à l'Élysée-Palace, il a souhaité la connaître. Et maintenant, que veut le monarque ?

– Vous allez retourner tranquillement à l'hôtel. Bientôt, vous recevrez tout ce qu'il faut pour faire un long voyage. Vous viendrez me rejoindre en Autriche, à Bad Gastein, où je vous ferai passer pour une filleule que j'ai en Italie, la comtesse Rientzi.

Blanche est éberluée. Elle trouve un ton protocolaire pour oser une objection :

– Mais, Sire, comment le pourrais-je ? Je dois me marier dans trois semaines.

On ne dit pas non à Léopold II. Celui-ci a une réponse digne d'un livret d'opéra du XVIIIe siècle, balayant l'obstacle :

– Parfait ! Dans ce cas, je vous enverrai chercher avant.

Caricature parue dans *L'Assiette au beurre* du 14 décembre 1907. Blanche Delacroix est la favorite du roi des Belges de 1900 à 1909. La Belgique se divertit ou se scandalise des naïfs stratagèmes du souverain pour tenter de masquer sa liaison alors qu'il est toujours marié. Délaissée, la reine Marie-Henriette est malade.

L'ABBÉ. — Oh! Sire, à votre ___e!
LE ROI. — Tâchez donc d'en ___ire autant!

On peut imaginer la réaction de Blanche, à la fois stupéfaite et éblouie. Si le roi peut faire une remarque constitutionnelle à son gouvernement, à une femme qu'il désire, surtout si jeune, il donne un ordre. Alors, enfin, il se relève, déployant sa haute silhouette avant de la casser en deux pour lui faire un baise-main. La courtoisie d'un roi amoureux !

Telle une somnambule, Mlle Delacroix regagne l'Élysée-Palace. Elle a envie de crier son bonheur aux passants. Mais qui la croirait ? On la prendrait pour une folle !

Elle retrouve Durieux, hésite à lui avouer son improbable rencontre, mais, faisant preuve de duplicité, n'en dit rien. Son amant se dit enchanté. A-t-il gagné ? Non, mais lui aussi a fait une rencontre royale, d'un autre ordre, il est vrai : il a ramassé le programme tombé des mains du roi Carol de Roumanie, ce qui lui a valu la gratitude du monarque rhumatisant. Un piètre dédommagement. L'amant a faim. Mais comment franchir la porte de la salle à manger tant que la note n'a pas été réglée ? S'ensuit une querelle où le futur marié accuse Blanche de « gronder déjà comme une épouse » ! Ce soir-là, le sandwich de Mlle Delacroix a un goût rare et exquis, celui d'un secret royal.

Le lendemain, elle se réveille, pensant avoir rêvé. Durieux repart vers les chevaux, les paris et l'excitation des courses. Elle ne lui a rien dit. Dans l'après-midi, le directeur se présente, très empressé ; on peut supposer que la note a enfin été acquittée ! À Blanche, l'hôtelier en jaquette remet un paquet et la clé d'une chambre du premier étage mise à sa disposition. Elle n'a donc pas rêvé, même si ce qui s'est passé hier et ce qu'on lui annonce relève du délire. Dans le paquet a été glissé un maroquin rouge contenant 20 000 francs français – elle compte les billets ! – et une enveloppe avec les instructions précises pour le voyage annoncé. Et il y a une clé, celle de la chambre où elle se rend. Elle y trouve deux malles neuves, frappées au monogramme royal, ainsi qu'un magnifique nécessaire de voyage. À partir de ce moment, Blanche obéit comme un automate, car son départ est prévu dans quatre jours. Elle sort, s'achète des tenues appropriées chez les meilleurs faiseurs et les range dans ses nouveaux bagages. Mais, bien sûr, elle est taraudée par cet amour qu'elle va abandonner. L'art de rompre est le plus difficile. Tout avouer à Durieux ce soir ? Elle n'en a pas la force et Dieu sait quelle serait sa réaction, car elle l'a vu en colère. Et s'il était effondré de chagrin ? Après tout, il était peut-être sincère ? Alors, elle lui écrit. Perfide, Blanche invente qu'elle doit retourner auprès de sa sœur qui lui a envoyé de l'argent et, torturée par l'angoisse, remet sa lettre au directeur. Elle lui en révèle le contenu, lui explique la situation. L'hôtelier est rompu à tous les caprices de sa clientèle et il connaît bien le roi, de surcroît actionnaire de l'Élysée-Palace. La demoiselle ne doit pas s'inquiéter, tout a été prévu. Quoi ? Elle l'ignore, son esprit est déjà parti. Le quatrième jour, on ne sait comment se quittent les deux amants, mais on peut faire confiance à la duplicité de Blanche qui, jusqu'ici, lui a permis de survivre. Des regrets ? Peu, sans doute. Des remords ? Peut-être. Elle saura plus tard que le pauvre Durieux l'a cherchée partout, alertant les gares et les ports d'où partent les paquebots à destination de l'Amérique latine.

À la gare de Strasbourg[1] où une voiture l'a conduite, Blanche Delacroix est accueillie avec des égards : le personnel qui l'ins-

---

1. C'est alors le nom officiel de la gare de l'Est, en raison de l'occupation de l'Alsace-Lorraine par l'Empire allemand, d'où, le 4 octobre 1883, était parti le premier train express d'Orient, le bientôt mythique Orient-Express imaginé par le Belge Georges Nagelmackers.

talle dans une voiture-salon réservée lui donne du « Madame la comtesse ». Elle s'y fait tout de suite ! La jeune Française usurpe avec délice l'identité de la nièce du roi des Belges. Elle est une autre personne. Quelle volupté dans ce salon capitonné qui roule vers son nouveau destin ! Désormais, rien de fâcheux ne peut lui arriver. La seule question que la fausse comtesse devrait se poser est de savoir s'il s'agit d'une nouvelle passade de Sa Majesté ou si cette aventure, incroyable et inattendue, sera durable. Rappelons que le monarque a 65 ans et sa future conquête 17. Quarante-huit années de différence, presque un record ! Mais la voyageuse vit un rêve d'amour et, dans un songe de cette nature, on ne compte pas.

La Française se fait passer pour une Italienne, filleule du roi des Belges

Si leur rencontre est due à un hasard galant, Léopold II n'était pas à Paris sans raison, même si la visite de l'Exposition y attirait plus de cinquante millions de visiteurs et un défilé permanent de têtes couronnées. En réalité, le souverain était venu pour trouver une issue à une affaire sensible, celle d'un déséquilibré, Jean-Baptiste Sipido, qui, le 4 avril 1900, avait tiré deux coups de feu sur le prince de Galles en gare de Bruxelles, heureusement sans atteindre le fils de la reine Victoria. Cet ouvrier ferblantier de 15 ans avait déclaré qu'il voulait venger les meurtres commis par les Anglais en Afrique du Sud. Condamné à une peine légère, il s'était évadé, avait gagné Paris et travaillait dans un cirque, à Montmartre. La France ayant refusé son extradition, le roi redoutait que l'affaire ne nourrisse une campagne contre le Congo, qui était sa propriété. Toutes les démarches diplomatiques ayant échoué, Léopold II était venu

Blanche Delacroix aux environs de 1920, après la mort du roi. En raison de leur différence d'âge, Léopold II exigeait qu'elle l'appelle « Très Vieux » et lui la surnommait « Très Belle » ! Elle est surtout appétissante, rusée et profite d'une situation romanesque mais compliquée puisqu'elle n'a aucun rôle officiel à la Cour. Elle dispose d'un petit appartement dans l'aile Bellevue du palais royal.

dans un spectaculaire *incognito* – il ne passe guère inaperçu ! –, refusant tout contact avec la République française jusqu'à la solution de l'affaire, mais manifestant son courroux. Finalement, Sipido avait été arrêté et c'est seulement après ce geste de bonne volonté des Français que le souverain avait accepté de se rendre au dîner de gala offert en son honneur par le président Émile Loubet, aimable Provençal rondouillard. Le roi s'était montré caustique ou charmeur, selon ses interlocuteurs. Une habitude.

En 1900, Léopold II possède une solide réputation d'amateur de femmes. D'ailleurs, il entre volontiers dans le jeu des ragots, puisqu'à son arrivée à Paris, à la gare du Nord, il a lui-même glissé à l'oreille de sa suite, pour qu'on le répète : « Le roi vient encore s'amuser[1]. »

Alors qu'il était encore duc de Brabant, son mariage avec l'archiduchesse Marie-Henriette de Habsbourg-Lorraine avait été un échec, « non seulement parce qu'il manquait de maturité – il mit du temps à le consommer... –, mais surtout parce que l'archiduchesse n'avait aucune des qualités féminines auxquelles il aurait pu être sensible. Entre eux, il n'y eut cependant jamais de rupture véritable ; leurs vies se séparèrent progressivement, mais le roi garda pour son épouse des sentiments de réelle estime. Ils avaient vécu ensemble trop d'épreuves douloureuses pour devenir indifférents l'un à l'autre[2] ». Des drames qui étaient la perte d'un fils, l'héritier de la Couronne, et les relations exécrables du roi avec deux de ses filles, les princesses Louise et Stéphanie, cette dernière étant la veuve de l'archiduc Rodolphe d'Autriche-Hongrie, le fils de Sissi

---

1. G. de Raymond, *Léopold II à Paris, souvenirs*, Bruges, 1950.
2. Georges-Henri Dumont, *op. cit.*

et de François-Joseph, retrouvé mort à Mayerling[1]. Seule la troisième, Clémentine, lui donnait satisfaction, remplaçant sa mère dans les cérémonies officielles. Quant à sa sœur, l'ex-impératrice Charlotte du Mexique, présentée comme folle depuis l'exécution de son époux Maximilien en 1867, elle était enfermée au château de Bouchout, tantôt agitée, tantôt prostrée dans un étrange délire – qu'on veillait peut-être à entretenir –, et le roi guettait sa fortune.

Effectivement marié trop jeune et inexpérimenté en amour, le prince puis le roi n'avait pas supporté l'abstinence sexuelle que lui imposait sa femme, d'où des maîtresses et ce commentaire de sa main, en 1861, bien digne de son esprit cynique : « Je ne comprends pas comment les ecclésiastiques peuvent vivre. » Au-delà des échos des journaux satiriques, comment la si jeune Mlle Delacroix pourrait-elle être informée des réalités de cette situation complexe, faite de frustrations et de compensations ?

Blanche arrive à Bad Gastein, près de Salzbourg, station thermale autrichienne très fréquentée par le gotha. Une escorte – deux hommes – l'attend à la gare et la conduit à l'hôtel Austria. La vie de palace continue, avec appartement fleuri, femme de chambre, maître d'hôtel et groom dressant une table pour deux couverts à midi, pendant que la prétendue comtesse contemple le magnifique spectacle de la chute inférieure de la Gasteiner Ache dont la cascade s'abat en plein centre de l'agglomération.

Dès qu'elle est seule, le roi paraît. Il est heureux, rit, elle rit aussi, et il prend la jeune fille dans ses longs bras pour l'embrasser. On peut croire Blanche lorsqu'elle se dit alors fascinée par cet homme immense

---

1. Voir Jean des Cars, *Rodolphe et les secrets de Mayerling*, Perrin, 2004 (nombreuses rééditions avec mises à jour).

au regard magnétique et à la voix grave : « J'éprouvai tout de suite pour lui une grande ferveur et une grande tendresse. » Une romance dans un cadre idyllique. Le roi en oublierait presque sa jambe gauche qui le fait souffrir et boiter, bien que, parfois, il se divertisse à faire croire à l'aide de camp qui le soutient que c'est l'autre jambe qui le martyrise alors que son talon gauche est très enflé ! Outre les cures thermales, le roi se promène souvent en tricycle sur la digue d'Ostende, indifférent au vent. Et on peut croire Léopold II amoureux comme un débutant, puisqu'il pense berner l'entourage en déjeunant à une table séparée de celle de Blanche et en se réjouissant des hasards qui la lui font rencontrer lors de ses promenades, alors que la fausse comtesse monte dans la voiture du roi, face à l'aide de camp impassible – l'officier en a vu d'autres ! Le souverain, rusé, pense inventer les stratagèmes des amours clandestines. Plus la rencontre est prétendue fortuite, plus elle fait sourire. Le roi serait-il amoureux au point de vouloir faire croire à l'extérieur qu'il est devenu un vieillard austère ?

Le roi exige d'être appelé « Très Vieux », Blanche devient « Très Belle » !

C'est lors de ces premiers moments passés ensemble que Léopold II établit un code de langage insolite avec Blanche. Une fantaisie qui deviendra célébrissime. Le roi ne veut plus qu'elle l'appelle « Sire », il lui ordonne de lui dire « Très Vieux » – ce qui témoigne de la lucidité du monarque ! « Très Vieux » ? Blanche proteste. Le royal intéressé réplique qu'en Chine, c'est le plus beau titre que l'on puisse donner à un noble personnage et il n'en veut pas d'autre. Elle sera donc obligée d'accepter. Et elle ? Son prénom, qu'il s'agisse de Blanche ou de Caroline, ne satisfait pas le roi. Il l'appellera « Très Belle », ce qui, en l'occurrence, atteste le manque de lucidité du souverain. La jeune femme n'est pas une courtisane professionnelle, une demi-mondaine patentée ni une de ces créatures qualifiées de « grandes horizontales » qui, moyennant une juste rétribution, accepteraient d'être appelées n'importe comment. « Très Belle » ? Blanche ne l'est pas. Elle est appétissante, avec ce qu'il faut de vulgarité pour exciter un haut personnage frustré de satisfactions physiques. Et sans doute a-t-elle un savoir-faire amoureux répondant au bel appétit sensuel de l'affamé Léopold II.

Pendant ce séjour d'environ trois semaines – signalé par télégraphe à toutes les rédactions des journaux européens ! –, la jeune maîtresse découvre divers aspects de la personnalité de son mentor. Sa Majesté craint les microbes et redoute les rhumes qu'elle considère comme une calamité. Si quelqu'un éternue au cours d'une audience, le roi y met fin immédiatement. S'il s'intéresse à une autre jolie femme, il suffit de préciser qu'elle est sujette à des rhumes pour que cette rivale potentielle soit éliminée ! Sa santé est source de manies pour le roi. Un jour de pluie, « Très Belle » le voit sortir de sa calèche le bas du visage caché par un sac de toile cirée ressemblant à celui des chevaux de fiacre lorsqu'on les nourrit entre deux courses. Cette poche est un imperméable pour barbe, car le roi déteste que sa spectaculaire pilosité soit humide. Il est très fier du dispositif de son invention, la poche étant maintenue par deux cordons fixés aux bords de son large chapeau. À Blanche qui éclate de rire devant ce dispositif ridicule, « Très Vieux » fait remarquer que lorsque les femmes se lavent les cheveux, elles s'entourent la tête d'une serviette. Quelle apparition que ce géant aux bottes de sept lieues battant des bras dans son suroît de marin ! D'ailleurs, sa douche matinale est à l'eau salée ! Les tenues vestimentaires du roi

DEUILS INOUBLIABLES

— *Dis donc, Sire, tu vas choisir une reine ?...*
— *Merci, je sors d'en prendre !*

Caricature parue dans *L'Assiette au beurre* du 7 janvier 1905, dans un numéro intitulé *Le roi boit*. Veuf depuis la fin de l'été, le roi est représenté en charmante compagnie dans un restaurant. L'opinion s'interroge : Blanche Delacroix peut-elle être la nouvelle reine des Belges ? Elle ose assister aux funérailles de Marie-Henriette à Laeken. Des pamphlets circulent, stigmatisant le comportement de Léopold II et notamment son attitude de tyran familial à l'encontre de deux de ses trois filles. En 1902, il a échappé à un attentat.

sont souvent fantaisistes, inspirées de considérations pratiques et sans aucune recherche d'élégance, à l'inverse de son père. Économe et presque avare pour lui-même, le fils use ses vêtements presque jusqu'au lustrage du tissu. Il porte une perruque et ne supporte pas les gants. Ses bottes sont souvent remplacées par des bottines énormes, laissant les orteils libres, ce dont le souverain se moque. À l'opposé de son père Léopold Ier, il aime porter « ses vieilles affaires » et, l'été, il est toujours coiffé du même vieux panama[1]. Durant ce séjour, « Très Belle » apprend quelques-unes des saillies cocasses qui ont rendu Léopold II célèbre. Ainsi, lorsqu'une fanfare villageoise, aux cuivres étincelants, joue une aubade du répertoire folklorique à Sa Majesté après avoir interprété consciencieusement *La Brabançonne*, l'hymne national belge, l'illustre hôte remercie et déclare :

– La musique est un bruit qui coûte cher !

Mais toute escapade a une fin, et il faut bien affronter une réalité moins romantique. Bruxelles est déjà au courant de cette liaison, doublement différente des autres par la jeunesse de Blanche et l'ignorance où l'on est de son passé. Les personnalités ayant croisé le géant et la jeune femme dont il semble fort épris ont voulu savoir qui était l'inconnue, d'où elle venait. Ils ont recueilli des bribes de renseignements. Une filleule du roi ? Encore une ? Une Française ? Ah ! Évidemment ! Par égard pour la reine, « Très Belle » ne suit pas immédiatement. Léopold II observe une apparence de décence en regagnant seul sa capitale, tandis que sa « Très Belle », installée à Paris, le rejoindra une fois par semaine. Il est convenu qu'elle aura un petit appartement dans l'aile Bellevue du palais royal.

---

1. *La Vie cachée de Léopold II. Mémoires interdites* [sic] *de M. Henri Bataille, ex-valet de chambre du roi*, Jourdan Le Clerq, 2004. L'auteur serait en fait un Parisien, huissier de salle et non valet de chambre, à qui l'on doit *Les Dernières Années de Léopold II*, Société d'édition et de publication, 1910.

Cette fois, la passion du monarque se rapproche dangereusement du symbole monarchique qu'est la résidence officielle des souverains. La maîtresse est dans les murs du palais de Bruxelles[1] ! Il ne s'agit plus de rencontres dans des retraites discrètes en Europe, des garçonnières inconnues des journalistes ou des appartements de cocottes entre deux siècles. Une fois par semaine, Blanche, attendue à la gare par un personnel muet, retrouve le roi dans une pièce magique, puisque c'est une bibliothèque qui se transforme en chambre. Une bonbonnière ? Une bombe pour la stabilité du régime, la famille royale, les politiciens opposés à la royauté et les journaux. Le manège dure trois mois. Le roi étant chez lui, c'est Blanche qui s'esquive à 5 heures du matin pour s'enfuir dans l'express de l'adultère et filer vers Paris. Suivent des cures, notamment dans les Pyrénées, à Luchon, où la farce du roi solitaire est éventée, deux commissaires de la Sûreté générale française étant chargés de la sécurité du souverain. C'est d'ailleurs un célèbre policier français, Xavier Paoli, qui informe le roi du décès de la reine Marie-Henriette, le 19 septembre 1902, à 7 heures 35, à Spa, où elle vivait dans la solitude, délaissée par le roi et par ses filles. Depuis dix jours, elle ne quittait plus son fauteuil roulant, mais, malgré son handicap, s'attachait à disputer une partie de croquet. Tout le monde sait maintenant que le roi des Belges se soignait en compagnie de sa maîtresse. « Très Vieux » est effondré, dévoilant une sensibilité qu'on ne lui connaissait guère. Il part immédiatement pour Bruxelles. En rendant hommage à la défunte souveraine – bien que l'émotion populaire soit faible –, la presse critique la vie familiale

---

1. En 1904, Léopold II fera modifier la façade dans le style Louis XVI qu'il apprécie. Le château de Laeken est une résidence privée, célèbre pour ses magnifiques serres, voulues par le souverain en 1873.

désastreuse du monarque, avec des allusions à sa récente conquête. Blanche aura-t-elle la décence de s'effacer au moins le temps du deuil de la Cour ? Non, car elle ne veut pas risquer d'être oubliée ! Elle ose même demander à assister aux funérailles et obtient qu'une place lui soit réservée sur un balcon, près de l'église Notre-Dame de Laeken[1]. Mais quel statut sera accordé à « Très Belle » ?

Le roi est veuf, sa maîtresse devient sa favorite… et peut tout perdre !

Maintenant, que peut-il se passer ? Le roi, veuf et amoureux, n'hésite pas : voulant sa compagne près de lui, il offre à la jeune femme une résidence à Laeken et une autre à Ostende, avec une dame de compagnie et un capitaine chargé tout à la fois de la sécurité et de la surveillance de Blanche. Léopold II admet qu'on brocarde sa liaison, mais pas d'être ridiculisé par celle qui lui doit une ascension sociale fulgurante. Cette fois, il n'y a plus de doute : à 19 ans, Blanche Delacroix est la favorite du deuxième souverain belge. Cela vaut au roi une remontrance de la part du curé doyen d'Ostende :

– Sire, on dit que Votre Majesté a une maîtresse…

Léopold II est toujours prompt à riposter :

– Tiens, tiens, monsieur le doyen. Imaginez qu'on m'a dit la même chose de vous, mais moi je ne l'ai pas cru[2] !

La favorite commence à naviguer entre les inévitables flatteurs et les mécontents, très nombreux. Des pamphlets circulent, étalant

---

1. Encore inachevée à cette date, de style néogothique, elle abrite la sépulture des membres de la famille royale.
2. Georges-Henri Dumont, *op. cit.*

les contentieux entre le roi et ses filles, accentuant une atmosphère shakespearienne digne du *Roi Lear* en oubliant combien ce chef de famille avait été atteint par la perte de son fils, puis de son neveu, qu'il avait espéré former pour lui succéder. La position de « Très Belle » demeure fragile. En effet, le 15 novembre 1902, à la sortie d'une cérémonie funèbre en la collégiale des Saints-Michel-et-Gudule à la mémoire des deux premières reines des Belges, un anarchiste italien, congédié de l'ambassade d'Italie pour ses agissements révolutionnaires, tire deux coups de revolver sur les voitures qui reconduisent le roi, son frère le comte de Flandre et le prince héritier Albert. Miraculeusement, personne n'a été blessé dans l'attentat. Blanche s'évanouit, Léopold II, fataliste, se contente d'un sourire moqueur, mais l'opinion est indignée. En quarante-cinq années de règne, c'est la seule fois où l'on essaiera de tuer le souverain, selon la stratégie anarchiste qui a déjà fait de nombreuses victimes en Europe.

« Très Vieux » améliore encore ses possibilités de retrouver « Très Belle » dont la villa Vanderborght est voisine de Laeken. Il fait construire une passerelle au-dessus de la rue et de la voie ferrée, ce qui lui permet de se rendre à pied chez sa favorite. Il pense ainsi n'être pas reconnu ! Il y a aussi un souterrain qu'il emprunte par une porte secrète. « Il ôte ses bottines avant de se lancer dans le souterrain d'un mètre cinquante de large sur deux mètres quarante de haut, et chemine clopin-clopant bottines à la main, dans le noir, drapé dans sa houppelande ou son imperméable caoutchouté noir, si avachi et délavé qu'il vire au vert[1]. »

Comme d'habitude, le voisinage est au courant de ce jeu royal. Maintenant, le roi est veuf, il n'y a rien à dire, sinon que sa favo-

---

1. Patrick Roegiers, *La Spectaculaire Histoire des rois des Belges*, Perrin, 2007.

Pour retrouver plus facilement sa favorite, Léopold II fait construire une passe-relle au-dessus de la rue et de la voie ferrée, entre la résidence royale de Laeken et la villa Vanderborght qu'il a offerte à Blanche en même temps qu'une villa à Ostende. Le roi a beau emprunter un passage secret et multiplier naïvement les précautions, tout Bruxelles et tout le royaume sont vite au courant ! On répète que le monarque est bien vieux et Blanche bien jeune…

rite est bien jeune et lui bien vieux. Et qu'il devrait se réconcilier avec ses filles, car le déballage du linge sale nuit à ce que l'on ne nomme pas encore l'image de la monarchie.

Blanche avait toujours redouté de rencontrer Durieux. Elle a beau s'y être préparée, une femme ne peut oublier tout à fait l'homme à qui elle a donné son innocence. Le hasard s'en mêle lors d'un passage à Paris. Elle tombe sur lui, raconte à son premier amour sa vie stupéfiante ; celle de Durieux étant toujours misérable, Blanche règle leur déjeuner au Grand Hôtel et lui remet un chèque. Puis, par totale inconscience, oubliant toute prudence et pour ne plus répondre à ses lettres, elle lui propose de venir la voir à la villa Vanderborght. Elle s'assure que le roi est à Ostende et elle reçoit Durieux. Mais nous sommes au théâtre, et dans le billard de la villa, Durieux, blême, aperçoit avant Blanche la silhouette sans fin du roi, les bras croisés, les yeux menaçants. Était-ce un piège ? « Très Belle » est-elle perdue ? On sait qu'elle est rusée. Dominant sa panique, elle explique au roi que ce garçon est son frère, prénommé Étienne. Et elle invente encore une histoire inouïe. Le faux Étienne, qui ne sait pas quoi dire, bredouille, embarrassé par les questions précises du monarque. Un supplice. Léopold II s'en va, sans un mot. Durieux disparaît : cette fois, Blanche est définitivement guérie, mais morte d'angoisse. Quelle folie d'avoir pris un tel risque ! « Très Vieux » ne donne aucun signe de vie pendant quinze jours. La disgrâce ? C'est fini, on va la reconduire à la frontière, elle sera jetée dans l'oubli, ce cachot des concubines déchues. Puis, un matin, le roi paraît, tenant un journal socialiste où il est écrit que « si le souverain avait trompé Durieux, celui-ci avait bien sa revanche ». C'était faux. Mais le roi s'amuse :

– Avez-vous lu cela, « Très Belle » ?

Elle ne l'avait pas lu, tremblait de honte et de peur, mais pouvait deviner l'avalanche de commentaires désobligeants. C'était la fin, le châtiment. Jetant le journal au feu, le roi clôt l'incident avec élégance :

– Eh bien ! Je ne crois pas un mot de toutes ces infamies et je ne vous en parlerai plus jamais.

Il n'en a plus jamais parlé. Une sagesse royale. Mais qui pourrait dire ce qu'un homme aussi instinctif et méfiant pensait réellement ? Sa grande force est de se montrer « indifférent à l'éloge comme au blâme ; il multiplie ses séjours à l'étranger. Sans cesse, il se rend sur la Côte d'Azur, à Paris, au château de Baillencourt en Seine-et-Oise[1] ». Il donne l'impression d'être solitaire, plus respecté qu'aimé. Au grand scandale de ses proches, Sa Majesté octroie un titre à celle qui a supplanté toutes les rivales. Blanche Delacroix devient la baronne de Vaughan, un titre à consonance britannique, mais qui ne correspond à aucun fief. Une invention « qui fait chic » et choque un peu plus, évidemment, la famille disloquée. La presse en fait une cible de choix, la qualifiant de « Vau Gant ».

Ce travailleur infatigable – auquel la Belgique devra son épanouissement – connaît une bonheur tardif inespéré : « Très Belle » est enceinte ! Fin décembre 1905, depuis la villa « Les Cèdres » au Cap-Ferrat, le roi convoque un médecin et une nurse. Le 9 février 1906 naît un fils, Lucien, déclaré à l'état civil français sous le nom de sa mère, Delacroix. L'année suivante, la baronne accouche d'un second fils, Philippe, né près de Paris[2]. Ces naissances sont entourées de suspicion sur la paternité du vieux monarque, mais on assure que l'aîné a le visage du roi et le cadet le regard de Blanche. Les caricaturistes sont de plus en plus caustiques. Paul Clavin avait osé détourner, en 1901, la devise du pays avec cette formule : « L'union libre fait la force ! » Le *Ruy Blas* du 16 novembre 1907 montre un Léopold II couronné, fumant le cigare, faisant boire un bébé avec cette légende : « *Alma*

---

1. Comte Louis de Lichtervelde, *Léopold II*, ouvrage couronné par la Fondation François Empain, Librairie Albert Dewit, Bruxelles, 1926.

2. Handicapé, un bras court, une main atrophiée, il mourra à 6 ans et demi le 21 avril 1914. L'aîné disparaîtra en 1984 sans postérité. Léopold II songea à les légitimer mais y renonça devant l'opposition de la famille royale et la protestation du gouvernement.

COMMENT ON DEVIENT COMTESSE

LUI — Voilà pour vos gants...
ELLE. — A dater de ce jour, je me nommerai comtesse de Vaughan.

Caricature de Brunner dans *L'Assiette au beurre* du 14 décembre 1907. Pour conforter la situation de Blanche Delacroix, le roi lui octroie le titre, fantaisiste, de baronne (et non comtesse comme ici) de Vaughan. Un nouveau scandale. La satire brocarde Léopold II donnant à sa favorite une somme pour s'acheter des gants alors que l'on sait que le souverain ne supporte pas... les gants ! La presse parle de « Vau Gant » !

Pater ! » Le même journal, le 28 décembre, rapporte une conversation entre trois hommes, boulevard Anspach, à Bruxelles :

– Enfin, tout de même, elle lui a donné un fils avec l'aide de Dieu.

– Je croyais que c'était avec l'aide de camp !

Le 11 janvier 1908, l'arrivée des Rois mages est célébrée d'audacieuse façon avec un dessin représentant le roi (en bonnet de nuit !) et sa baronne, souriants, dans leur lit surmonté d'une énorme couronne, avec cette légende : « Après l'Épiphanie. »

Face à un déluge de caricatures cruelles et d'allusions salaces, le roi affiche une mélancolie désabusée. Au baron Van der Elst, il confie : « Je règne depuis quarante-deux ans, c'est trop, on est fatigué de moi ; mais j'ai 72 ans, ce ne sera plus pour longtemps. » Et ce jugement amer, terrible : « Je suis le souverain d'un petit pays et de petites gens. J'ai passé ma vie à vouloir leur faire du bien ; ils m'ont traité de voleur, d'assassin. »

Un mariage secret et une veuve joyeuse qui se remarie rapidement !

À la fin de l'année 1909, le roi, longtemps doté d'une belle santé qui lui a permis de travailler sans s'épuiser, mais souffrant de sa goutte, a considérablement changé physiquement. En dépit des cures, il est devenu énorme. Ajouté à sa haute taille, son embonpoint (il pèse environ cent kilos) lui donne un aspect encore plus impressionnant. Il continue de recevoir les ministres, mais bientôt les audiences sont suspendues : on diagnostique une obstruction intestinale, fréquente à son âge. La baronne de Vaughan se fait

Blanche Delacroix savoure son triomphe : sur cette photographie dominée par une couronne (vers 1908), la baronne semble se rapprocher du trône. Le roi va-t-il l'épouser ? Face aux critiques, le monarque affiche une mélancolie désabusée : « Je règne depuis quarante-deux ans, on est fatigué de moi. [...] Je suis le souverain d'un petit pays et de petites gens. »

discrète. Pourtant, elle s'apprête à vivre l'événement le plus inattendu et le plus audacieux de sa vie. *In extremis*, alors que Léopold II est pratiquement sur son lit de mort, le 14 décembre, à 9 heures du matin, au pavillon des Palmiers de Laeken, l'abbé Cooreman, curé-doyen, unit religieusement, devant deux témoins, le roi des Belges, 74 ans, et Mlle Delacroix, dite baronne de Vaughan, 26 ans. Une union morganatique : « Très Belle » ne sera pas reine et ses enfants ne sont pas dynastes. La Belgique a sa Mme de Maintenon. Mais tout de même, quel parcours depuis le hall de l'Élysée-Palace ! Le jeune marié n'a qu'un commentaire :

– Maintenant, tout est en ordre.

Trois jours plus tard, le roi est emporté par une embolie à 2 h 37 du matin, le jour anniversaire de son avènement. « Le peuple n'est pas triste, plutôt curieux et même amusé. Parmi la foule, les plus souriants sont les marchands de cartes postales : les portraits du vieux souverain et de la Vaughan se vendent comme des petits pains[1]. »

Le 23 décembre, le prince Albert prête serment devant les Chambres. Le troisième roi des Belges est Albert Ier. La baronne de Vaughan, ne pouvant jouer les veuves au milieu de l'imbroglio familial de la succession et du royaume en deuil, fait ses malles au sens propre, six malles dites « congolaises ». Elles sont bourrées de ce qu'elle peut emporter, tandis qu'une escouade de tapissières vident pour elle le chalet d'Ostende, qui lui avait été donné, de tout ce qui a de la valeur. « Très Belle » part en train après diverses ruses, mais ne peut éviter une meute de journalistes dans les couloirs et à la gare du Nord à Paris. Une rumeur assure que Blanche emporta une fortune de plusieurs millions… or !

On pourrait penser que c'est la fin d'une liaison transformée en union par l'imminence de la mort, et que ce roman n'est pas banal parmi tous ceux vécus et connus d'un siècle à l'autre.

Pourtant, cette histoire est beaucoup plus originale et en un sens plus logique qu'il y paraît. S'il y a du Labiche et du Feydeau bien français, il y a aussi de la mécanique viennoise de l'horloger Arthur Schnitzler, l'auteur de *La Ronde*. En effet, moins de sept mois plus tard, la baronne de Vaughan se remarie avec l'ex-capitaine Durieux ! Une cérémonie fixée à 6 heures du matin

1. Patrick Weber, *La Grande Histoire de la Belgique*, Perrin, 2013, p. 227.

pour éviter la meute journalistique. « Très Belle » ? « Très hypocrite », dira-t-on. Peu importe qu'il soit plus petit qu'elle et qu'il ait seize ans de plus, la différence d'âge et de taille ne l'a jamais gênée ! Blanche épouse son premier et sans doute seul amour, car avec Léopold II, elle n'avait épousé qu'une situation. Mais ce mariage est maudit : ils divorcent en 1913, vengeance posthume du souverain qui, lui, avait aimé cette femme. Le comble est que Durieux avait reconnu les enfants que la baronne avait donnés au roi ! Et jusqu'au bout, vivant modestement d'une passion jadis royale, elle tiendra à son titre de baronne de Vaughan, une revanche sociale que personne ne pouvait lui arracher. Elle est décédée au Pays basque, à Cambo[1] le 12 février 1948 et repose au Père-Lachaise, au milieu des siens, sa vraie famille, après avoir approché, pendant neuf ans, une des plus passionnantes dynasties de l'histoire européenne.

---

1. Ironie de l'histoire : près de Cambo, arriva en 1940 une famille belge fuyant l'invasion allemande. Quelques semaines plus tard, la plus jolie et la plus racée des jeunes filles partait pour Bruxelles où elle allait devenir la princesse Liliane de Réthy, seconde épouse du roi Léopold III.

La baronne de Vaughan et ses enfants. Au roi, elle donne deux fils, nés en France. Lucien voit le jour dans une villa du Cap-Ferrat le 9 février 1906 ; il disparaîtra en 1984. Philippe (à gauche), né en 1907 près de Paris, est handicapé, affecté d'un bras court et d'une main atrophiée. Il mourra à 6 ans et demi, en 1914. La suspicion entoure la paternité du vieux monarque, mais on assure que l'aîné a le visage du roi et le cadet... le regard de Blanche. Trois jours avant sa mort, Léopold II, veuf depuis sept ans, épouse sa favorite, le 14 décembre 1909. Une union morganatique : elle n'a jamais été reine.

Magda

La louve de Carol II de Roumanie

Sur cette photo, elle semble presque insignifiante. Et pourtant son pouvoir de séduction devait être irrésistible puisque Magda Lupescu (ici dans les années 1930) subjugua le prince héritier Carol de Roumanie, provoqua sa renonciation à ses droits au trône et l'accompagna dans son premier exil. Elle le rejoignit lorsqu'il devint le roi Carol II et connut avec lui un exil définitif qu'elle partagea jusqu'à la mort.

Une photo officielle au palais de Bucarest en 1910 : au centre, Charles de Hohenzollern-Sigmaringen, devenu en 1881 le premier roi de Roumanie sous le nom de Carol Iᵉʳ. Monarque sérieux, qui a remarquablement réorganisé l'armée roumaine, il offre un parfait contraste avec son épouse Élisabeth, princesse de Wied, intellectuelle, fantasque, originale et imprévisible. Elle donnera un certain lustre à cette cour récente d'Europe centrale. Le couple royal est entouré du prince héritier Ferdinand (à gauche) et de sa belle épouse Marie (à droite).

Au début du XXe siècle et dans l'entre-deux-guerres, la famille royale de Roumanie est réputée pour ses personnages pittoresques, entraînés dans des aventures incroyables. La destinée de plusieurs femmes proches de la Couronne, épouses et concubines, met en lumière des héroïnes de roman à la vie sentimentale agitée, une exubérance latine et un sens théâtral de l'existence. Voyantes, sonores, extravagantes, éventuellement sans-gêne, elles ne recherchent pas la discrétion ! Pleines de charme, parfois jolies, souvent originales et même insupportables, elles sont les actrices d'une histoire mouvementée qui, au cours de plusieurs épisodes, tient de la comédie de boulevard. Avec un accent adorable, tel celui d'Elvire Popesco !

Il est impossible de comprendre le personnage, si paradoxal et controversé, du roi Carol II et celle qui va accompagner – voire empoisonner – sa vie sans un retour sur l'étonnante et relativement récente monarchie roumaine. Celle-ci n'aura connu que quatre générations de souverains ; ils sont issus d'une très ancienne dynastie allemande, les Hohenzollern-Sigmaringen, branche catholique, originaire de Souabe, de la famille royale de Prusse. Si ce rameau ne joue pas de rôle important dans la puissance prussienne et dans le destin de l'Allemagne, il donne à la Roumanie sa maison princière, puis royale.

Tout commence avec le déclin progressif de l'Empire otto-man, en particulier dans les Balkans. « L'homme malade de l'Europe » a déjà perdu la Grèce quand prend fin la guerre de Crimée, soldée par le traité de Paris en 1856. Celui-ci accorde leur indépendance aux principautés danubiennes de Moldavie et de Valachie. En 1859, les deux provinces se choisissent un chef commun. Alexandre Jean Cuza, premier prince de la future Roumanie, est âgé de 39 ans. Ses erreurs politiques et son absence d'héritier le contraignent à renoncer au pouvoir ; il quitte le pays en 1866. Les puissances européennes doivent donc trouver un autre candidat dans le gotha. On songe d'abord au comte de Flandre, frère du roi des Belges Léopold Ier (un autre État récent avec, à sa tête, le représentant de la très ancienne et illustre lignée des Saxe-Cobourg), mais Napoléon III, qui a soutenu la formation de la principauté, le pousse à refuser cette couronne encore fragile. Finalement, ce sera le prince Charles de Hohenzollern-Sigmaringen. Sa « nomination » est approuvée par plébiscite. Pour gagner son nouveau pays sans éveiller les soupçons des Turcs (car le sultan de Constantinople a conservé sa tutelle sur la Bulgarie voisine), l'élu voyage *incognito*, prenant diverses précautions, sur un bateau descendant le Danube ; au premier port roumain, Bucarest n'étant pas au bord du fleuve, le prince gagne la capitale dans un carrosse tiré par six chevaux. Il y arrive le 20 avril 1866, le jour de ses 27 ans. De sa parentèle prussienne, il a le goût de l'organisation militaire. C'est donc une armée efficace – que l'on pourrait qualifier, pour la première fois, de roumaine, car elle est un symbole d'unité nationale – qui apporte au tsar Alexandre II une précieuse contribution dans la guerre russo-turque de 1877. En affirmant son indépendance, le prince allemand récolte les fruits de son soutien à la Russie. Après quinze années de statut princier, Charles est proclamé roi le 26 mars 1881, puis se fait couronner, le 22 mai suivant, à Bucarest, comme premier souverain du royaume de Roumanie. À 42 ans, l'Allemand Charles devient le roi roumain Carol Ier.

Le roi Carol Ier est sans fantaisie, son épouse une poétesse comme Sissi

En ratifiant cette métamorphose, le vote du Parlement adopte un drapeau tricolore bleu-jaune-rouge, qui est toujours celui de l'actuelle république de Roumanie. Entre-temps, le monarque avait épousé une princesse, allemande elle aussi, Élisabeth de Wied, née en 1843. Il avait eu du mal à trouver une fiancée, car son statut bizarre de prince régnant d'une Roumanie en gestation, ne représentant alors que l'éveil d'une conscience nationale, n'inspirait guère confiance. On craignait beaucoup qu'une de ces révolutions, dont les Balkans ont le secret, ne l'évince brutalement, comme avait été évincé son prédécesseur qui lui, pourtant, était un enfant du pays. L'épouse de Carol Ier est une grande originale. On ne peut imaginer couple plus mal assorti ! L'Allemand, sévère barbu méthodique, consciencieux, à cheval sur les règlements militaires et n'aimant ni le désordre ni les scandales, et cette poétesse farfelue, rêveuse et romantique, ne croyant qu'au triomphe de l'art sous toutes ses formes et soignant ses apparitions comme des mises en scène – tout le contraire de son époux. Ce dernier s'agace souvent des personnages, parfois étranges, qu'elle reçoit au palais royal, dans son cénacle d'écrivains et de peintres ou dans l'étonnant château de Peleş, à Sinaia, au pied des Carpates méridionales. Carol Ier l'a fait construire de 1875 à 1883 sur le modèle du château de Hohenzollern, dans le style, alourdi, de la Renaissance allemande. Cette résidence à l'esthétique éclectique plutôt réussie, dans un site forestier enchanteur, accueillera les villégiatures de tous les rois de Roumanie ; des tragédies s'y dérouleront aussi, notamment celle du roi Michel, dernier monarque ayant régné sur le pays.

La reine Élisabeth écrit sous un nom de plume, Carmen Sylva, hommage aux forêts qu'elle affectionne. En octobre 1883, à Peleş à peine achevé, elle tient à recevoir dignement une nouvelle catégorie de visiteurs, les passagers du tout premier Orient-Express arrivé de Paris. Elle leur récite, en français, un interminable poème, écouté debout. Mais rien ne peut arracher la reine au drame qui l'accable : elle n'a donné qu'une fille au roi et cette enfant est morte à l'âge de 4 ans, emportée par la scarlatine. Depuis, désespérée, la souveraine est drapée dans un impressionnant deuil blanc qu'elle portera toute sa vie.

Quand il fut certain que le couple n'aura pas d'autres enfants, Carol Ier choisit comme successeur son neveu Ferdinand de Hohenzollern-Sigmaringen, second fils de son frère aîné, âgé de 24 ans. Il est studieux, tout frais sorti de l'École militaire de Cassel, et de caractère mélancolique. Transplanté à la cour de Bucarest, il est un peu perdu entre les excentricités de sa tante fantasque et les exigences du roi, peu commode et trop rigide, mais dont le royaume est si nouveau qu'il doit le faire prendre au sérieux. Ferdinand s'ennuie et tombe bientôt amoureux d'une des dames d'honneur de la reine, Hélène Vacaresco, pas très jolie, mais cultivée et descendante d'une puissante famille valaque ayant beaucoup contribué à la naissance de la vie intellectuelle du pays. Mais cet amour est impossible : selon la Constitution,

La première reine de Roumanie est aussi poétesse et écrivain sous le nom de Carmen Sylva, un pseudonyme en hommage aux forêts qu'elle aime. Son étrange accoutrement blanc souligne le deuil perpétuel qu'elle affiche de sa fille unique, morte à l'âge de 4 ans. Au château de Peleş, dans les Carpates, la souveraine reçoit de nombreux artistes, musiciens et romanciers européens, dont le Français Pierre Loti.

l'héritier ne pouvait épouser une Roumaine, car on redoutait qu'une famille prît le pas sur une autre et que cette suprématie entraînât des jalousies et des brouilles sans fin.

Mais la reine, si sensible et si romanesque, prend le parti de son neveu et de sa dame d'honneur, ce qui provoque la colère du roi.

Scandale à Bucarest : la reine s'enfuit avec sa dame d'honneur !

La reine et Hélène se réfugient un temps à Venise dans un parfum de scandale qui agite la cour de Bucarest, puis l'ancienne dame d'honneur gagne Paris où elle entame une carrière littéraire ; ses poèmes sont couronnés par l'Académie française[1]. La reine Élisabeth est bannie de la cour de Bucarest pendant deux ans. Quant au prince héritier, à l'origine de ce désastre, il est au désespoir et, tout en pleurant sa chère Hélène, fait le tour des cours d'Europe pour tenter de dénicher une fiancée plus convenable. Et il en trouve une, la plus belle princesse européenne, Marie, fille du duc d'Édimbourg (le frère cadet du futur roi Édouard VII de Grande-Bretagne et fils de la reine Victoria) et de la grande-duchesse de Russie Maria Alexandrovna, fille unique du tsar Alexandre II. Une ascendance infiniment plus prestigieuse que celle du fiancé, mais qu'importe : il est agréé. Marie a 17 ans, elle

---

1. Ses romans et ses souvenirs seront très appréciés. Le prix Femina, fondé en 1904 par un jury féminin, sera, plus tard, doublé d'un prix Femina-Vacaresco en mémoire de l'écrivain qui fut aussi, après 1918, membre de la délégation roumaine à la Société des nations (SDN), ancêtre de l'ONU.

est jolie, vive, intelligente, et c'est une cavalière hors pair. Élevée entre Londres, Osborne, Balmoral – la résidence favorite de sa grand-mère Victoria –, Cobourg et Saint-Pétersbourg, elle risque de trouver Bucarest un peu étriquée et morne. Après un fastueux mariage à Sigmaringen, le château des parents de Ferdinand, le 10 janvier 1893, le couple princier s'installe dans le sinistre palais royal de Bucarest. Une très peu flatteuse vie de cour ! Marie (Missy pour ses intimes) est parfaitement bien élevée et accepte son sort. Neuf mois et huit jours après son union, à Peleş, elle met au monde un fils, Carol, le futur Carol II, le 15 octobre 1893. L'année suivante, en octobre 1894, naît une fille, Élisabeth, qui sera un jour reine de Grèce.

Carol est un enfant blond et ravissant, mais comme l'illustre impératrice-reine Sissi, Marie va devoir batailler ferme pour obtenir un droit de regard sur ses enfants, dont le roi Carol Ier et Carmen Sylva (revenue d'exil et pardonnée par son rigide époux) estiment être seuls à en avoir la charge. Le petit garçon a-t-il souffert de ces tiraillements familiaux, de ses problèmes avec les nurses, a-t-il eu des échos des aventures extraconjugales de sa mère avec le grand-duc Boris, puis avec le prince Cantacuzène avec qui elle aimait tant monter à cheval ? Ce serait plausible. Lorsque Marie accouchera, en Allemagne, de son troisième enfant, Marie, que tout le monde surnomme « Mignon », Ferdinand devra faire le déplacement pour connaître sa fille, dont la rumeur attribue la paternité soit au grand-duc Boris, soit au prince Cantacuzène[1] ! En 1903 naît un quatrième enfant,

---

1. Elle sera l'épouse du roi Alexandre de Yougoslavie, assassiné à Marseille le 9 octobre 1934, en même temps que le ministre français des Affaires étrangères Louis Barthou.

Vers 1901, la princesse Marie, épouse du prince héritier de Roumanie Ferdinand de Hohenzollern, neveu du roi Carol Ier. « La plus belle princesse d'Europe », petite-fille de la reine Victoria par son père et du tsar Alexandre II par sa mère, a déjà trois enfants. À gauche Carol, le futur Carol II, à droite Élisabeth, la future reine de Grèce, et sur les genoux de sa mère, Marie, la future reine de Yougoslavie. La princesse héritière, dotée d'un fort tempérament, ne se contente pas du pâle Ferdinand, son mari, et a une vie sentimentale très remplie.

Nicolas, et la famille quittera Peleş pour emménager dans un plus petit château, Pelisor, un bizarre chalet suisse Art nouveau qui vient d'être édifié à Sinaia.

Carol a 10 ans. Délicieux, brillant, il adore apprendre. Il va forger son caractère entre son grand-oncle tyrannique le vieux roi Carol Ier, sa grand-tante excentrique, son père érudit qu'il aime – mais aussi faible devant le roi que devant son épouse –, et sa flamboyante mère. Il va s'éloigner de cette dernière à cause de sa liaison avec le prince Stirbey, qu'il déteste. Chez le couple princier, deux autres enfants vont naître, une fille, Ileana en 1909, et un garçon, Mircea, en 1913. Ces deux naissances ne vont rien arranger, puisqu'une nouvelle rumeur assure que le prince Stirbey en est le père. Le jeune Carol est si perturbé par ces médisances que sa mère décide de l'envoyer à Potsdam, près de Berlin, pour qu'il y suive une formation militaire. Il fait ses premières armes lors de la deuxième guerre balkanique de 1912, à laquelle participe la Roumanie avec la Serbie et la Grèce contre la Bulgarie. La mère de Carol, la princesse Marie, est exemplaire dans son organisation des secours aux blessés et aux malades d'une épouvantable épidémie de choléra. Son fils travaille à son côté, mais demeure perplexe à son égard.

L'enfance du futur Carol II est perturbée par les aventures de sa mère

Il faut reconnaître que pour ce jeune homme de 20 ans, la vie familiale n'a jamais été simple ! Sa vie sentimentale non plus. Son premier amour se nomme Ella Filitti et elle est la sœur d'un de ses amis. D'un milieu plutôt modeste, la jeune fille est jolie. Carol en est épris, mais il est aussi fils de prince héritier du trône. En juin 1914, alors qu'il a regagné l'École militaire de Potsdam, on le rappelle d'urgence en Roumanie. La famille royale doit accueillir le tsar Nicolas II et les siens, lors d'une courte escale sur la mer Noire, à Constantza, du yacht impérial *Standard*. Évidemment, derrière ces épuisantes festivités, *Te Deum*, banquet et parade militaire, se cache une arrière-pensée : le roi Carol Ier se propose de fiancer son petit-neveu Carol à la grande-duchesse Olga de Russie, la fille aînée du tsar. Apparemment, aucun coup de foudre n'est constaté entre les deux jeunes gens qui restent distants l'un de l'autre. Et, de toute façon, le destin va les éloigner pour toujours. Comme on le sait, l'archiduc héritier d'Autriche-Hongrie François-Ferdinand et son épouse sont assassinés quinze jours plus tard à Sarajevo. Le 28 juillet, François-Joseph déclare la guerre à la Serbie et, le 1er août, l'Empire allemand entre en guerre contre la Russie.

Vieilli, épuisé, le roi Carol Ier est désespéré. Il devrait (un traité d'alliance signé en 1883 l'y oblige d'ailleurs) ranger la Roumanie du côté des Empires centraux d'Allemagne et d'Autriche-Hongrie, et il est, rappelons-le, de naissance allemande et cousin du Kaiser Guillaume II. Mais sa nièce Marie, à moitié anglaise et à moitié russe, penche, bien sûr, du côté de l'Entente (Grande-Bretagne, France, Russie, Belgique et Serbie). Berlin et Vienne harcèlent le vieux monarque – âgé de 75 ans – alors que l'opinion roumaine et le gouvernement, à l'exception d'un ministre, sont favorables au soutien des alliés de l'Entente. La Roumanie ne s'engage pas,

Le prince héritier Carol en uniforme, en 1916, alors que la Roumanie vient d'entrer en guerre aux côtés des Alliés (Grande-Bretagne, France, Russie) contre les Empires centraux. Sa désertion puis son mariage surprise à Odessa, en Russie, avec Zizi Lambrino vont gâcher la belle image d'un futur roi.

observant une neutralité non affichée, presque honteuse. Carol Ier s'éteint à Sinaia le 1er octobre 1914. Ferdinand et Marie montent sur le trône et leur fils Carol devient prince héritier, alors que l'Europe est à feu et à sang. Finalement, la Roumanie entre en guerre aux côtés des Alliés en août 1916. La reine Élisabeth, Carmen Sylva, s'était éteinte cinq mois plus tôt. C'est donc le clan de Marie qui a triomphé. Son époux Ferdinand, qui avait toujours été favorable à Berlin et reste viscéralement proallemand, se trouve écartelé entre son engagement profond et son devoir à l'égard des Alliés. L'entrée, tardive, de la Roumanie dans le conflit tourne rapidement à la catastrophe, l'Olténie et la Valachie étant envahies par les troupes austro-allemandes. Bucarest tombe le 6 décembre 1916. La famille royale et le gouvernement se réfugient en Moldavie, très au nord de Bucarest. La reine Marie et son fils se dévouent auprès des blessés. L'avenir est sombre, en dépit d'une victoire en août 1917 qui empêche les armées germano-austro-hongroises d'occuper la Moldavie, grâce à des troupes roumaines réorganisées par la mission militaire française que dirige le général Berthelot, un homme à poigne dépêché par Joffre[1]. Pour la Roumanie, la Révolution russe et la paix séparée de Brest-Litovsk sont dramatiques. Elles obligent le royaume à accepter le traité de Bucarest le 8 mai 1918 à des conditions terribles : la Roumanie renonce à une partie de son territoire dans les Carpates, la Dobroudja est rattachée à la Bulgarie, tandis que sont exigées des concessions économiques draconiennes sur l'agriculture, les forêts et le pétrole. Poussé par la reine Marie, Ferdinand refuse de ratifier le traité. Il est bien inspiré car, dès

---

1. Michel Roussin, *Sur les traces du général Berthelot*, Guéna-Barley, 2013.

septembre 1918, les nouvelles du front sont meilleures et, fin octobre, Clemenceau avertit le roi de dénoncer immédiatement le traité de Bucarest et de reprendre les armes contre les Empires centraux.

Le prince héritier Carol s'enfuit en Russie pour épouser sa maîtresse

En contrepartie, les Alliés promettent des conditions très avantageuses pour la paix à venir. Pour le couple royal, le ciel s'éclaircit, notamment pour la reine Marie, âme de la résistance roumaine, lorsque survient un drame familial qui les plonge dans la colère et le désarroi. En effet, le prince héritier Carol est amoureux. Certes, ce n'est pas la première fois ; on le sait sentimental et il a beaucoup papillonné. Ce n'était pas très grave. Mais cette fois, son émoi est beaucoup plus sérieux et dérangeant : il aime une certaine Ioana Lambrino, dite Zizi, descendante d'une grande famille phanariote[1]. La demoiselle n'est guère jolie, très petite, avec un nez pointu et de grands yeux noirs comme ceux des Byzantins. Peu importe : Carol en est fou et lui a promis le mariage. Mais il y a plus préoccupant. En pleine guerre, alors qu'il sert comme officier de l'armée roumaine, le prince héritier a décidé de se rendre en Russie, pour se marier à Odessa ! L'aventure est fort roma-

---

1. Le Phanar était le quartier grec de Constantinople, ainsi nommé à cause d'un phare illuminant l'entrée du port. Ses habitants, les Phanariotes, descendants de nobles familles byzantines, avaient joué un rôle important dans l'administration et la diplomatie de l'Empire ottoman.

nesque : on s'enfuit en voiture avec la complicité d'un officier français qui va aussi se marier, puis on prend un train jusqu'à la frontière russe. Là, le prince héritier est reconnu par un officier autrichien.

Tant pis : le traité de Bucarest vient d'être signé, on laisse passer les amoureux en fuite. Leur union est bénie à Odessa le 31 août 1918 par un pope russe et le certificat de mariage rédigé en russe. Leur lune de miel dure dix jours. Furieux, le roi envoie son train spécial aux deux tourtereaux inconscients afin de les récupérer à la frontière russe. Après de laborieuses tractations, la jeune femme est sommée de rejoindre sa famille, tandis que le prince héritier est condamné à soixante-quinze jours d'arrêts de rigueur pour avoir abandonné son poste et franchi la frontière sans autorisation. Pendant que Carol purge sa peine dans un monastère au cœur d'un superbe site montagneux, le gouvernement va se charger de mettre de l'ordre dans la situation du prince, devenue complexe. En contractant une union morganatique sans autorisation du roi, Carol a perdu tous ses droits dynastiques. La seule manière de les récupérer serait d'annuler ce mariage inconsidéré, célébré dans la folie d'une scandaleuse escapade. C'est chose faite par un tribunal le 8 janvier 1919, et ce jugement d'annulation est confirmé par un arrêt de la Cour de cassation de Bucarest quelques mois plus tard.

Mais puisque nous sommes dans un pays où les contes, légendes et mystères sont fascinants et qu'une guerre mondiale a bouleversé bien des usages, pour ne pas trop contrarier Carol, effondré de ne plus être le mari de la chère Zizi qu'il aime, on lui assure que la décision judiciaire n'est qu'une simple formalité administrative et qu'il peut continuer à vivre avec elle – en amants : quelle différence ? Dans l'Europe traumatisée par quatre ans d'une guerre sans précédent et des révolutions aux conséquences incalculables, un scandale de ce genre est réjouissant. Et instructif, car il se déroule dans un royaume au comportement ambigu et jugé folklorique, mais qui, miraculeusement, ne s'est pas effondré. En effet, la monarchie roumaine est une curiosité : alors que les Hohenzollern ont été chassés de Berlin et que Guillaume II s'est réfugié aux Pays-Bas, ses cousins Hohenzollern-Sigmaringen sont toujours sur leur trône à Bucarest. Quelle aubaine pour la presse ! Ainsi, la « une » du quotidien parisien *Excelsior* du 20 août 1919 est-elle entièrement barrée du titre « Un roman d'amour à la cour de Bucarest », expliquant l'abdication du prince héritier, ses raisons, l'acte de mariage et la photo du couple, ainsi que « le récit circonstancié de cet événement sensationnel et de ses causes ». Visitant les Vosges où l'on s'était tant battu, le président Poincaré n'a droit qu'à une ligne, modestement alignée sur le titre du journal.

Ils s'installent et, très vite, Zizi est enceinte. Le 8 janvier 1920, elle accouche d'un garçon, Mircea. Mais entre-temps, Carol a repris ses obligations militaires et promis à ses parents de renoncer à Zizi « pour le bien du pays ». S'il admet officieusement sa paternité, y compris dans ses lettres à Zizi, il n'ira pas voir l'enfant et rompra définitivement avec sa mère. Cette dernière quitte la Roumanie avec son fils pour s'installer à Paris à l'époque où Bucarest est qualifié de « Petit Paris ». Elle sera dédommagée financièrement et Mircea percevra une confortable rente. Celui-ci, non reconnu par son père, est son portrait ; la ressemblance est si frappante que l'on jugera inélégant et lâche le comportement du prince héritier[1]. La reine Marie se rend, elle aussi, à Paris, afin d'assister à la conférence de la paix et obtenir ce que Clemenceau lui a promis. « Elle avait suscité beaucoup d'hommages et en avait accueilli beaucoup, voire un peu trop pour la morale républicaine, étonnée, puis scandalisée par ces fantaisies royales. Avec la verdeur de langage propre aux soldats, le roi Albert Ier de Belgique aurait déclaré : "Toute sa politique est dans ses soubassements."[2] »

L'Europe centrale vit un immense bouleversement, car la Grande Roumanie voit le jour sur les ruines des empires laminés des Romanov et des Habsbourg. La Transylvanie, le Banat, la Bucovine, la Bessarabie et la Dobroudja sont incorporés à la Roumanie[3]. Pour la monarchie roumaine, spectaculairement triomphante, il faut trouver au prince héritier une fiancée prestigieuse, susceptible de faire oublier la lamentable romance avec Zizi Lambrino. Pour oublier son chagrin et malheureusement dans la fuite de ses responsabilités paternelles, Carol avait entrepris un grand voyage, destiné aussi à parfaire son apprentissage royal : Athènes, Istanbul, Le Caire, l'Inde, le Japon, Hawaï, les États-Unis et Londres.

---

1. Son petit-fils Paul, né à Paris en 1948, introduira plusieurs actions en justice pour faire reconnaître son ascendance. Il obtiendra en 1959 le droit de porter le patronyme de Hohenzollern. « Et la cour d'Alexandrie lui a permis, en 1995, d'ajouter à son nom "Roumanie". Depuis lors, arborant le prédicat d'altesse royale, le prince Paul se pose en seul authentique prétendant à la couronne roumaine, face à son oncle, l'ex-roi Michel » (Philippe Delorme, *Les Dynasties perdues*, Éditions L'Express, coll. « Point de Vue », 2011).

2. Ghislain de Diesbach, *Les Secrets du gotha*, Perrin, 2012.

3. Soumise aux Habsbourg depuis 1691, la Transylvanie, région montagneuse hantée par le mythique Dracula, était sous administration hongroise depuis 1867. La « déportation » de la population est une des conséquences catastrophiques du traité de Trianon du 4 juin 1920 et la cause de tensions permanentes, notamment avec les Roms, casse-tête de l'Union européenne, peu soucieuse de mémoire historique.

Carol est séduit par une Roumaine divorcée, Mme Lupescu

C'est au mariage de sa sœur Élisabeth avec Georges, le premier fils du roi provisoirement détrôné de Grèce, que Carol rencontre la sœur du marié, Hélène. Cette princesse grecque est grande, mince, brune aux cheveux courts, et a beaucoup d'allure. Beaucoup plus que Zizi Lambrino ! Hélène est réputée intellectuelle. Le bouillant Carol prétend être amoureux d'elle, mais au même moment il entretient une liaison avec une danseuse-actrice

En 1921, le prince héritier Carol, dont le précédent mariage a été annulé, épouse la belle princesse Hélène de Grèce. Ils auront un fils unique, Michel, né le 25 octobre 1921. Cela n'empêchera pas le couple de se déliter très rapidement.

de cinéma, Mirella Marcovici, qui triomphe sur les écrans parisiens dans le film muet *Colomba*. La reine Marie, pour le détourner de Zizi, avait mis cette ravissante personne sur le chemin sentimental, très encombré, de son fils, qui l'appelait « ma petite Tzigane ». Bien qu'éphémère, cette aventure démontre l'instabilité amoureuse du prince héritier, coureur impénitent. Mais il épouse Hélène de Grèce. Le mariage se déroule en deux temps : en Roumanie le 27 février 1921, puis le 10 mars à Athènes, selon le rite orthodoxe grec. Le 25 octobre suivant, sept mois plus tard, Hélène accouche d'un garçon, Michel. Carol se serait-il assagi ? Nullement ! Mais, plus intelligent que ses prédécesseurs, il n'est pas absent de la vie politique.

Il s'intéresse beaucoup à l'aviation, dont il a mesuré l'importance pendant la guerre et fonde l'armée nationale de l'air roumaine. Il crée aussi une fondation destinée à la diffusion de la culture roumaine dans son pays et à l'étranger. De même, il organise l'orchestre philharmonique de quatre-vingt-quatre musiciens sous la baguette du maestro George Enescu. En revanche, la mésentente s'aggrave avec son épouse. Celle-ci, qui a du mal à être loin de sa famille, passe beaucoup de temps en Grèce jusqu'à ce que l'exil du roi son père le conduise en Sicile où elle ira souvent. Évidemment, lors des absences de sa femme, Carol ne se prive pas de rencontrer des « créatures », mais l'une d'elles va supplanter toutes les autres. Elle s'appelle Elena Tampeanu, et son destin sera définitivement associé à celui de Carol sous le nom de Magda Lupescu. Qui est-elle ? Il y a beaucoup d'ombres sur son passé. Elle serait née en 1899 – elle aurait donc six ans de moins que lui – d'un père juif du nom de Wolff qui, pour devenir pharmacien, s'était converti à la religion orthodoxe et avait modifié son nom en Lupescu. À 18 ans, en 1917, elle avait épousé un officier, mais elle en avait rapidement divorcé, les torts étant de son côté. Si l'on en juge par les photographies, elle n'est pas d'une grande beauté, mais, dit-on, extrêmement séduisante et enjôleuse. Cette rousse aux yeux verts a une démarche irrésistible, voire inconvenante. Il semble qu'elle et Carol se soient rencontrés en mai 1923. Un coup de foudre ! À partir de février 1925, leur relation est permanente. Elle est si visible que la princesse Hélène commence à s'émouvoir : son mari et sa maîtresse ne se cachent plus. Un divorce est envisagé, mais vite repoussé. Son père, le roi Ferdinand, prie Carol de représenter la famille royale de Roumanie à Londres, aux funérailles de la reine mère Alexandra, veuve d'Édouard VII et mère du roi George V, fixées au 20 novembre 1925. Carol, arrière-petit-fils de la reine Victoria, s'y rend seul. À Buckingham Palace, il est en famille. Aussitôt après, le 2 décembre, Carol gagne Paris où Elena Lupescu l'attend sur le quai de la gare du Nord. Leurs retrouvailles ne sont pas discrètes. Ils partent vite pour l'Italie (Venise est obligatoirement au programme !), mais un télégramme avertit le prince volage que ses parents, le roi et la reine, lui demandent de rentrer au plus vite à Bucarest. Il sollicite la prolongation de ses vacances jusqu'au Nouvel An. Le Premier ministre Brătianu délègue un émissaire auprès de Carol pour résoudre cette crise dont l'Europe se régale. La solution trouvée par le gouvernement est simple, mais radicale : le 28 décembre 1925, il est ordonné à Carol de signer « un acte de renonciation aux droits et prérogatives de membre de la famille régnante et de prince héritier de Roumanie ». À Milan, Carol, très perturbé, signe cette déclaration, renonçant aussi à ses droits sur son fils et sur sa fortune, s'engageant enfin – et c'est très grave – à ne pas revenir en Roumanie avant une période de dix années. Les conditions dans lesquelles cette renonciation est présentée et obtenue demeurent mystérieuses. Carol a-t-il subi un chantage politique ? Ou a-t-il agi de son plein gré afin de se libérer de contraintes qui lui étaient de plus en plus pesantes ? Carol n'est plus qu'un prince banni pour adultère. Il subit cet exil en compagnie d'Elena. Dès que l'affaire est connue, le couple devient la proie des journalistes, et c'est l'un d'eux qui affublera Elena du prénom de Magda qui lui restera. En février, le couple s'installe à Paris, dans un hôtel des Champs-Élysées, avant de louer une villa à Neuilly. Magda, que Carol n'appelle plus que « Duduia » dans l'intimité, meuble et décore cette résidence. Et voici que Zizi Lambrino resurgit ! Comme au théâtre ! Elle intente un procès à Carol en reconnaissance de paternité devant le tribunal de grande instance de la Seine en 1926. Elle est déboutée car les magistrats se déclarent incompétents pour juger des faits s'étant déroulés dans un pays étranger. *Exit* Zizi !

Interdit de séjour en Roumanie, Carol y est de plus en plus populaire !

Manifestement, le roi et la reine ont été manipulés par le Premier ministre. Ferdinand n'avait jamais rien eu d'un séducteur, mais il est effondré des mesures prises contre Carol. Après tant d'efforts et de sacrifices ! Accablé, le souverain vient voir son fils en secret, toujours en 1926, pour trouver une issue. Carol lui raconte alors le désastre de son mariage et ne peut envisager de reprendre la vie avec Hélène. Il souhaite se séparer d'elle. Avec sa mère, comme toujours, les relations restent plus difficiles. Marie reproche à son fils de s'être trop impliqué dans la politique roumaine, mettant sans doute le doigt sur la véritable raison qui avait poussé le Premier ministre à se débarrasser de Carol. Sa tapageuse liaison affichée avec Mme Lupescu peut avoir fourni un prétexte idéal pour éteindre un scandale public en écartant, de fait, un futur roi qui se mêlait

Magda Lupescu en mai 1928. Elle réside alors en France avec Carol qui, pour vivre avec elle, a renoncé à ses prérogatives de prince héritier. Il a été astreint à un exil de dix ans. Les amants mènent joyeuse vie, mais Carol n'a pas définitivement renoncé à son destin royal.

trop des affaires du gouvernement et risquait d'être mieux aimé que les ministres. La trop forte personnalité de Carol, qui a d'excellentes idées, était sans doute gênante. « Avec Magda Lupescu et son amant princier, familiers des nuits parisiennes, le champagne coula à flots. C'était la grande et joyeuse vie de bohème pour celui qui semblait décidé à tourner le dos définitivement à toutes les intrigues politiques qui encerclaient le trône de Roumanie[1]. »

1. Le romancier Guy des Cars, mon père, n'a publié qu'un seul ouvrage historique, et celui-ci est consacré à la famille royale de Roumanie : *Les Rois de cœur*, Robert Laffont, coll. « L'Amour et la Couronne », 1967. Nombreuses rééditions, sous le titre, qu'il jugea plus exact, *Les Reines de cœur*, Perrin, 1979 ; 1991.

Cependant, la santé du roi Ferdinand, son père, se dégrade : il est atteint d'un cancer du côlon, peu ou mal traité à l'époque. Il s'éteint le 20 juillet 1927, au château de Peleş. Immédiatement, Michel, le fils de Carol, âgé de 5 ans, est proclamé roi, et un Conseil de régence est présenté au Parlement. On interdit à Carol d'assister aux funérailles de son père, car il est toujours exclu que ce « fils indigne » puisse revenir en Roumanie. Le Conseil comprend le prince Nicolas, jeune frère de Carol, le patriarche de l'Église roumaine et le premier président de la Cour de cassation. Le religieux aurait confié à l'un de ses amis : « Le pays n'a pas de chef : le prince [Nicolas] passe son temps à fumer des cigarettes, Sarateanu [le magistrat] à faire des réussites, et moi, prêtre, je dois me borner à apaiser les conflits. » On se méfie de la reine Marie, écartée de la régence, car elle s'active beaucoup, confondant l'agitation avec l'action politique. Pour récolter des fonds, elle a fait un voyage aux États-Unis qui a pris l'allure d'une tournée théâtrale avec plus de curiosité que de succès. Chez les Rockefeller, pour 1 000 dollars, on pouvait dîner avec une vraie reine de cette Europe lointaine et si compliquée.

À Bucarest, la régence n'est qu'un pouvoir inexistant. Mais, curieusement, ce vide fait remonter la cote de popularité de l'ancien héritier du trône, Carol, qui a ses partisans. On lui écrit, on vient le voir, il se tient parfaitement informé, et en détail, de la situation en Roumanie. En juillet 1927, Carol, qui dispose de soutiens financiers, achète un château en France, à Bellême, dans l'Orne, et le met au nom de Mme Lupescu. En 1928, Carol envisage un premier retour pour apparaître à la grande assemblée d'Alba Iulia, lieu symbolique et séculaire de l'unité roumaine. Ses plans sont déjoués, il renonce. Dans cette période, Magda semble inquiète car, connaissant bien le tempérament infidèle de son amant, elle craint que, le jour où il rentrera en Roumanie – elle est certaine qu'il y parviendra –, il ne se sépare d'elle. Comme lui, elle est très difficile à saisir, étant un mélange de culot, de réel attachement et de soutien pour son prince exilé, mais ayant aussi une attitude dépressive et plaintive qui, bizarrement, au lieu d'agacer Carol, le rapproche davantage d'elle. Pour garder son amant, elle développe une stratégie multiple, mais toujours efficace : elle paraît faible. C'est sa force ! Magda se sert beaucoup de ses yeux, tour à tour tendres ou menaçants. Et quand Carol reçoit un visiteur sans elle, Magda est toujours dans la pièce d'à côté où une fausse bibliothèque lui permet d'entendre la conversation d'autant mieux que, sur sa suggestion, Carol a l'habitude de proposer à son hôte le même fauteuil, près des faux livres. En fait, depuis cette époque, « la Lupescu », comme le répètent ses détracteurs, surveille Carol et ce que pensent d'elle les gens qu'il reçoit. Ceux-ci n'en disent que du mal ! Magda sera même suivie par les services secrets anglais lors d'un séjour à Londres, où le ministre de l'Intérieur, en accord avec le Foreign Office, finit par exiger le départ du territoire britannique de ce prince roumain et de sa fort mal élevée et si indiscrète maîtresse !

Le 21 juin 1928, le divorce entre Carol et Hélène de Grèce est prononcé. Les ponts sont définitivement coupés et la reine Marie qui, d'une part, déteste sa belle-fille et, d'autre part, est frustrée de toute influence politique, initie des tentatives de réconciliation avec son fils, pressentant, elle aussi, qu'il reviendra. Elle ne se trompe pas. La situation politique et économique étant désastreuse, le Parti national paysan se déclare favorable à

Carol. Malgré ses défauts, il est le seul capable d'apaiser les esprits et de ramener la confiance. Un émissaire, envoyé à Bucarest en avril 1930, négocie avec le Premier ministre Maniu. Il obtient l'autorisation du retour de Carol comme régent, à la condition impérative que Mme Lupescu ne l'accompagne pas et ne revienne jamais en Roumanie. Magda, très habile, se montre résignée. Leurs adieux à Bellême sont déchirants. Elle feint de penser – et de montrer – qu'ils sont définitifs, mais c'est une ruse. Devant Carol, elle ose même annoncer aux journalistes :

– Le jour où l'on redonnera à Carol le trône auquel il a droit, je disparaîtrai pour toujours et plus personne n'entendra jamais parler de moi.

La louve ment. Le prince la laisse mentir. Les deux amants sont de connivence.

La favorite Magda Lupescu devient « la Pompadour des Balkans » !

Le retour du banni est rocambolesque : un voyage en automobile avec un faux passeport jusqu'à la frontière autrichienne, puis un avion, un solide mais lent Farman de la Compagnie franco-roumaine, piloté par le Français Marcel Lallouette, des ravitaillements laborieux, un très périlleux survol nocturne des Carpates et, enfin, l'appareil se pose à Bucarest le 6 juin 1930, à 22 h 05. Des officiers complices attendent le prince. Escorté de deux régiments, il gagne le palais royal. Alors, tout va très vite. Le 7 juin, le Premier ministre démissionne. Le 8, la régence est dissoute et le Parlement, à l'exception des libéraux, vote la restauration de

UN ROI QUI TOMBE DU CIEL

Voir l'explication de nos gravures à la deuxième page.

À la mort du roi Ferdinand, le 20 juillet 1927, c'est le fils de Carol, le petit Michel, âgé de 5 ans, qui est proclamé roi de Roumanie. La régence est si inefficace que Carol redevient très populaire. Après son retour épique par avion, le 6 juin 1930, il se fait proclamer roi sous le nom de Carol II, succédant ainsi à… son fils ! Magda ne va pas tarder à le rejoindre à Bucarest et à jouer un rôle trouble et néfaste. Elle sera surnommée « la Pompadour des Balkans ».

Carol. Les femmes acclament le « don Juan des Carpates » et le « Casanova du Danube », tombé du ciel pour sauver leur pays ! Le nouveau roi, Carol II, prête serment. Quel extraordinaire retournement de situation !

Et Mme Lupescu ? Après avoir atteint, ostensiblement, le fond du désespoir, elle reçoit, après des semaines d'incertitude, une première lettre de Carol II le 21 juillet. Il l'attend ! L'entrée de sa maîtresse décriée en Roumanie sera clandestine. Il semble qu'elle soit arrivée à Sinaia entre la fin août et le début septembre. Dans un premier temps, elle se cache. Comme une louve. Traquée. Pendant ce temps, le roi, toujours beau et surtout très séduisant avec ses yeux bleus et son sourire charmeur, a quelques problèmes de famille urgents à débrouiller. Il veut d'abord revoir son fils Michel, qui a maintenant 9 ans, et son ex-épouse, puisque l'enfant vit avec sa mère. Hélène est glaciale, mais fait preuve de bonne volonté pour gérer l'avenir de Michel qui n'a pas vu son père depuis cinq ans et a dû entendre le pire sur lui. Le garçonnet est confié à son père, et sa mère finit par s'établir à Florence où elle acquiert une villa et reçoit une pension importante de son ancien mari. Il est convenu qu'elle pourra y recevoir son fils deux mois par an. Quant à la reine Marie, poursuivant une cure en Haute-Bavière, elle n'était pas là au retour de son fils prodigue. Le 12 juin, elle se jette dans les bras du héros. Amère, elle comprend vite qu'elle n'aura aucun pouvoir politique.

Le roi a toujours détesté les partis politiques. Il estime que le pays a besoin d'un pouvoir fort, qu'il n'a pas encore les moyens d'imposer. Carol II s'installe donc dans une monarchie constitutionnelle avec un perpétuel souci de faire cohabiter démocratie et réformes autoritaires. L'exercice, on le sait, est délicat ! Le roi se

En 1938, Carol II, qui a mis en place la « dictature royale », se sent menacé par les prétentions soviétiques sur une partie du territoire roumain (la Bessarabie) et par les réclamations hongroises (Transylvanie). Le souverain entame une tournée diplomatique à Londres et à Paris sans obtenir de soutien. Déçu, il est reçu par Hitler dans son nid d'aigle, le 24 novembre 1938. Mais le Führer et son ministre des Affaires étrangères Ribbentrop (à droite) refusent de le soutenir.

fixe deux objectifs : d'une part la rénovation de l'armée, urgente, d'autre part l'enseignement scolaire et le développement de la culture, tout aussi impératifs. Or, la Roumanie est prise en étau entre l'URSS et son stalinisme agressif et bientôt l'Allemagne, jetée fébrilement dans les bras d'Hitler. Alors que le monde s'enfonce dans une crise économique gravissime, contrecoup du krach de 1929, pour développer l'industrie de son pays encore largement rural Carol II a besoin d'argent. Et c'est à ce moment que Mme Lupescu va se livrer à un jeu trouble. Avec maestria ! Puisqu'elle ne bénéficie d'aucun statut officiel, la favorite, désormais surnommée « la Pompadour des Balkans », s'intitule, avec audace, « femme d'affaires » et réunit autour d'elle une camarilla de banquiers et d'intermédiaires en tout genre. C'est cette collusion entre l'entreprenante maîtresse du roi et des personnages douteux qui va commencer à altérer la popularité de Carol II et gâcher ses chances de succès.

Le monarque n'accepte pas que l'on conteste sa liaison. « Un roi doit avoir une double vie, l'une royale, l'autre personnelle », répond-il aux critiques. Il se trompe : un roi a d'abord des devoirs. Et en pratique, ce n'est pas simple. Carol II n'habite pas avec sa favorite, qui ne peut assister à aucune cérémonie officielle à ses côtés. Il l'a installée dans une maison plutôt luxueuse où le téléphone la relie directement au palais royal. Ils se retrouvent presque quotidiennement : le soir, elle le rejoint discrètement – croit-elle ! – et il la fait raccompagner soit tard dans la nuit, soit très tôt le lendemain matin. Afin de compenser ces inconvénients, le roi la couvre de présents, notamment des joyaux. « Une facture d'un joaillier d'Anvers donne la liste de ses bijoux achetés dès le 25 juin, puis cinq autres le 30 septembre, et un somptueux diadème le 19 octobre[1]. » Tout en couvant Duduia, le roi s'occupe aussi de son fils Michel, tentant de construire une relation forte avec ce garçon dont il a été si longtemps éloigné. Pour lui, il crée une école où il suivra ses cours au milieu d'enfants issus de tous les milieux

---

1. Prince Paul de Hohenzollern Roumanie, *Carol II, roi de Roumanie*, Denoël, 1990.

et des diverses régions du pays. Carol II, c'est exact, fait beaucoup d'efforts, mais se plaint de la froideur que lui témoigne son fils.

En 1937, sa mère, la reine Marie, tombe gravement malade, victime d'hémorragies. Elle meurt le 18 juillet 1938. C'est une année cruciale pour le roi. La situation s'est aggravée à l'intérieur et à l'extérieur. L'Europe occidentale n'est pas intéressée par le sort de la Roumanie, en dépit de ses appels à l'aide. Les appétits soviétiques potentiels sur une partie du territoire roumain sont inquiétants et le national-socialisme hitlérien ne paraît pas s'en soucier, malgré une visite du roi Carol II à Hitler. Il a pourtant ses antennes en Roumanie, *via* la puissante Garde de fer, qui ne cesse de fomenter des troubles.

Le roi impose l'omniprésence de Magda Lupescu à son fils qui la déteste

Plus que jamais, le souverain juge qu'un pouvoir fort est indispensable et il instaure ce qu'on nommera la « dictature royale », qui s'appuie sur un parti unique, suscité par lui-même, le Front de la renaissance. Au cours de la brève période qui suit le décès de sa mère et la montée des périls, le souverain s'affiche davantage avec sa favorite et, surtout, il intègre son fils Michel dans une sorte de trio familial recomposé. Toujours plus dépendant de Magda, Carol II se réjouit de cette prétendue harmonie. Mais elle sonne faux. Ayant acheté un yacht, le roi organise, à l'été 1938, une croisière en mer Noire, mer de Marmara et mer Égée dont Duduia profite peu, refusant de descendre aux escales, très dolente sur le pont. Elle se rend intéressante par son état de santé, lequel ne l'empêche pas d'intervenir sournoisement dans divers domaines où elle n'a ni autorité ni réelle compétence, mais où les négociateurs sont ses obligés. Carol II n'a pas compris que son fils a été traumatisé par l'abandon de son père pendant tant d'années, puis par son retour stupéfiant, et enfin sa séparation imposée d'avec sa mère qu'il adore et qu'il juge mal traitée. Même s'il ne montre rien, Michel ne peut accepter la présence permanente de la favorite. En fait, il ne le pardonnera jamais à Carol, ce qui explique que, bien des années plus tard et après beaucoup d'autres souffrances, il ne se déplacera pas pour assister aux obsèques de son père.

La « dictature royale » régit la Roumanie depuis deux ans quand éclate la Seconde Guerre mondiale. Ainsi que le redoutait le roi, le voisin stalinien envahit la Bessarabie et le nord de la Bucovine. Le diabolique pacte germano-soviétique de 1939 se met en place et la Hongrie, furieuse du traité de Trianon de 1920, s'empare d'une partie de la Transylvanie dont elle avait été amputée. La situation devient intenable. Sous la pression du maréchal Antonescu et de la Garde de fer, Carol II abdique le 6 septembre 1940 en faveur de son fils Michel, âgé de 19 ans. Celui-ci devient roi pour la deuxième fois ! En échange de son départ, son père négocie de pouvoir quitter « librement » la Roumanie en train. À Bucarest, la situation est quasi insurrectionnelle. En hâte, Magda fait ses bagages, mais, avertie que la Garde de fer, notoirement antisémite, prépare une attaque contre sa maison et qu'on veut la tuer, elle rejoint l'ex-roi dans son palais où sont accumulés des bagages. Le souverain détrôné part de nuit, sous protection, en voiture avec son fils, suivi par un cortège de voitures transportant quelques proches, dont Magda, et un Himalaya de malles. Ils atteignent la gare. Le père et le fils se séparent. Carol II et sa favorite montent à bord d'un train spécial dont le maréchal Antonescu a garanti la sécurité. Il n'en est rien. L'ex-roi est instruit par un de ses fidèles que la Garde de fer arrêtera le train en gare de Timisoara, à l'ouest. Sur ordre de Carol II, le convoi brûle l'arrêt, traversant la station à toute vapeur, essuyant un feu nourri auquel répond l'escorte royale. L'angoisse des passagers ne se dissipe qu'après le passage de la frontière yougoslave.

Beaucoup de rumeurs se sont répandues sur les trésors que le roi et sa maîtresse en fuite auraient embarqués dans le train de

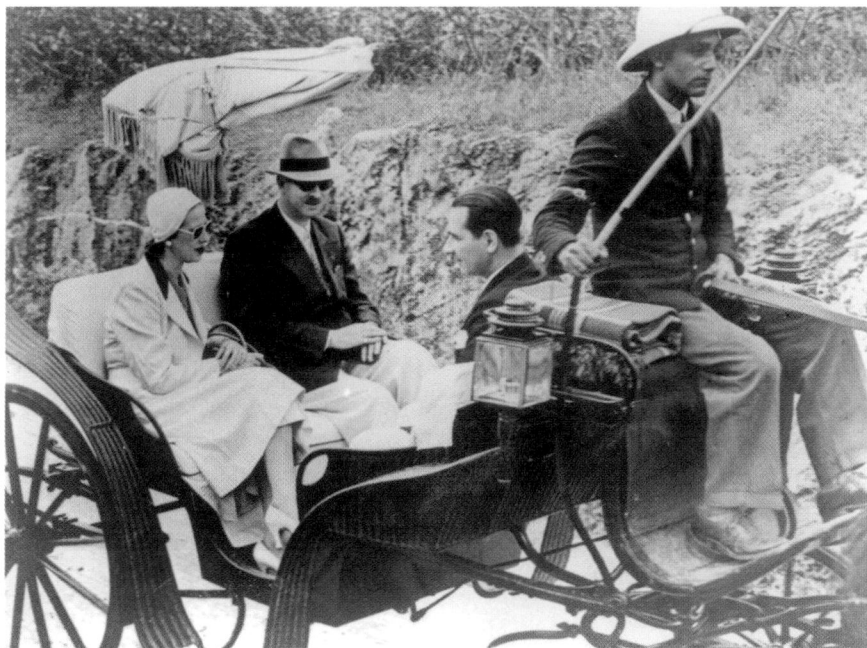

Contraint à l'abdication par le maréchal Antonescu et la Garde de fer, l'ex-souverain Carol II laisse, pour la seconde fois, le trône à son fils Michel, le 6 septembre 1940. Il part pour l'exil avec Magda. Leur errance les conduira au Portugal, aux Bermudes (ici en 1941), au Mexique et au Brésil.

l'exil. Il est certain qu'ils n'étaient pas partis sans argent ni sans bijoux et objets de valeur. On les a aussi accusés d'avoir volé des tableaux appartenant à la Couronne, par décision du premier roi, Carol Ier, soucieux de constituer une collection nationale : des Greco, des Rembrandt, des Vélasquez, des Titien… De quoi voir venir ! On n'en a aucune preuve, pas plus que d'éventuelles cessions ultérieures. Encore aujourd'hui, on a perdu toute trace de six tableaux du Greco qui faisaient partie du patrimoine roumain. Plus pittoresque, le roi, qui collectionnait les voitures de luxe, n'avait pas manqué d'en embarquer quelques-unes avec lui et, selon une rumeur, au passage risqué à Timisoara, « le roi cacha la Lupescu dans une baignoire portative, s'assit résolument sur le couvercle[1] ».

Et voici le temps de l'errance…

Le couple cherche à atteindre le Portugal, mais sur ordre de Franco, leur train est bloqué en Espagne pendant plusieurs semaines, jusqu'en mars 1941. Des complicités achetées permettent aux amants de s'enfuir et de gagner le Portugal, puis Cuba et ensuite le Mexique.

D'exil en exil, l'ex-roi finit par épouser « la louve de Roumanie »

Ils y passent plus de trois ans. En raison de l'altitude de la ville de Mexico, Duduia se plaint de malaises. Comme toujours ! Entre autres défauts, elle est une malade imaginaire pour arriver à ses fins. Les voici à Rio en 1944 et c'est

---

1. Ghislain de Diesbach, *op. cit.*

au Brésil qu'ils apprennent la fin de la guerre. Croyant Magda mourante, l'homme dont elle a pollué la vie épouse civilement Mme Lupescu le 3 juillet 1947, dans leur chambre d'hôtel. Miracle ? Chantage ? Probablement, car quelques jours plus tard, l'agonisante mariée ressuscite grâce à une transfusion sanguine pratiquée par un médecin hongrois ; le sang est celui d'un jeune Brésilien. « Peu importe. Carol, en tout cas, ne se posa pas de questions sur la comédie qu'elle lui avait peut-être jouée. Une fois marié, il se sentit heureux et accorda à sa nouvelle épouse le titre d'altesse royale, princesse Elena de Roumanie[1]. » Enfin ! Mais Elena peut-elle faire oublier Magda ?

Après ces années d'errance où l'espoir de Carol de jouer un rôle s'était définitivement évanoui dans les convulsions de l'après-guerre, le couple s'établit définitivement au Portugal. Le 14 juin 1948, Carol II achète la Villa del Sol à Estoril, refuge de bien des monarchies européennes exilées – Umberto d'Italie, le comte et la comtesse de Barcelone (les parents du roi d'Espagne Juan Carlos), le comte et la comtesse de Paris et quelques autres. Entre-temps, le roi Michel a été chassé par les communistes en 1947. Son père, qui se lamente de n'avoir aucun contact avec lui, épouse religieusement, le 18 août 1949, celle qui lui avait largement coûté son trône par son interventionnisme et sa mauvaise réputation. Leur union est bénie par l'archimandrite de l'Église roumaine de Paris. Désœuvré, s'étant remis à boire – il avait toujours bu –, Carol II succombe à une crise cardiaque le 3 avril 1953, alors qu'il préparait une fête pour célébrer son soixantième anniversaire. Salazar, le président du Portugal,

---

1. Lilly Marcou, *Le Roi trahi*, Pygmalion, 2002.

Le roi déchu et sa favorite Magda s'installent définitivement au Portugal en 1948 où ils se marieront religieusement le 18 août 1949. L'ancien souverain disparaîtra en 1953. Son épouse Magda lui survivra vingt-quatre ans.

autorise, en raison des liens de famille du défunt avec la maison de Bragance, son inhumation dans le panthéon royal du monastère de São Vicente. Magda lui survit vingt-quatre ans. On ne peut que remarquer la similitude de son destin scandaleux avec celui de la sulfureuse Wallis Simpson, qui fit perdre à Édouard VIII sa couronne de souverain du Royaume-Uni[1]. La duchesse de Windsor et la princesse Elena, Wallis et Magda, avaient suscité des haines définitives. Peu avant sa mort en 1938, la reine Marie, mère de Carol II, avait eu une phrase prémonitoire devant la scandaleuse liaison de son fils : « Comme Wallis, Magda restera dans l'histoire. » Ce n'était pas un compliment.

---

1. Voir chapitre suivant et, du même auteur, *La Saga des Windsor*, Perrin, 2011.

Wallis Simpson

Une menace sur la Couronne britannique

Wallis Simpson (ici en 1936), cette Américaine divorcée puis remariée, est la maîtresse du prince de Galles, devenu le roi Édouard VIII à la mort de son père, le roi de Grande-Bretagne George V, le 20 janvier 1936. Cette liaison provoquera un scandale sans précédent dans la monarchie britannique : une abdication par amour.

Le 6 juin 1972, aux obsèques du duc de Windsor, sa veuve Wallis est, pour la première fois, admise comme un membre de la famille royale britannique, entre la reine Elizabeth II et la reine mère qui avait été sa pire ennemie. Pendant les quatorze années qui lui restent à vivre, la duchesse ne reverra pas la souveraine. Néanmoins, elle aussi, en 1986, sera inhumée dans le parc de Windsor au côté du duc, en suivant le protocole royal.

L'après-midi du 29 avril 1986, dans le cimetière royal de Frogmore, à l'intérieur du parc du château de Windsor. Ce jour-là, quelques rares témoins virent pleurer la reine Elizabeth II, ce qui est extrêmement inhabituel. Pour quelle raison la souveraine, d'habitude si réservée, s'est-elle laissé gagner par l'émotion ? La femme que l'on venait d'inhumer au côté de son mari, décédé quatorze ans plus tôt, n'était pourtant pas, *a priori*, chère au cœur de la reine. Wallis, duchesse de Windsor, avait été le pire cauchemar de l'Empire britannique et de la dynastie depuis les années 1930, et ce n'est sans doute pas sur elle que la reine s'attendrissait, mais plutôt sur les tragédies familiales qu'elle avait entraînées, à commencer par la rupture définitive entre deux frères qui s'aimaient, son oncle, le roi Édouard VIII, et son père, le roi George VI, qui lui succéda, la mettant elle-même en première ligne pour la succession au trône. C'était à cause de la future duchesse de Windsor que le père de la princesse Elizabeth, le roi George VI, qui avait régné pendant les années éprouvantes de la Seconde Guerre mondiale, s'était usé et était décédé prématurément, à l'âge de 56 ans, en 1952. Il laissait à sa fille aînée, jeune mère de famille seulement âgée de 26 ans, la charge si lourde de la Couronne, faisant d'elle le quarante et unième monarque britannique depuis Guillaume le Conquérant.

La femme qui venait d'être portée en terre, incarnation d'un scandale sans précédent survenu dans la famille royale et la monarchie, avait eu un parcours si difficile que rien n'aurait permis de supposer qu'elle se serait retrouvée aux marches d'un trône parmi les plus prestigieux du monde. Américaine, née aux environs de Baltimore, dans l'État du Maryland, elle est le fruit de la passion de deux jeunes gens issus de bonnes familles du Sud. Du côté du père, Teackle Warfield, on trouve une dynastie de magistrats et de banquiers. Mais il est phtisique au dernier degré, incapable de travailler et bientôt immobilisé dans un fauteuil roulant. Il était tombé amoureux fou de la ravissante Alice Montague dont les ancêtres remontent à la conquête de l'Angleterre par les Normands, mais qui avaient dû s'exiler au XVIIIe siècle. Ces sudistes avaient beaucoup souffert de la guerre de Sécession ; ils étaient financièrement dans la gêne, ce qui n'avait nullement entamé leur joie de vivre et leur fantaisie. Et ils étaient très fiers de leur lointaine origine française. Bien que Wallis ait toujours prétendu être née le 19 juin 1896, des recherches récentes ont montré qu'elle pourrait bien être née un an plus tôt, c'est-à-dire dix-sept mois avant le mariage de ses parents, daté du 19 novembre 1896. « Peut-être est-ce la raison pour laquelle elle ne fut jamais baptisée, bien que son certificat de baptême fût, plus tard, falsifié[1]. » Le père de Wallis, qui vivait aux crochets de son frère, meurt de la tuberculose quatre jours avant son premier anniversaire de mariage. Pour sa fille, à l'époque et dans ce milieu, ces péripéties ne constituent pas un très bon départ dans la vie. Sa mère l'élève du mieux qu'elle peut, grâce à la charité, aléatoire, d'un parent maternel, l'oncle Sol. Celui-ci, un riche homme d'affaires, leur verse une pension si irrégulière qu'à l'âge de 12 ans Wallis a déjà déménagé six fois avec sa mère… Cette précarité

---

1. Sarah Bradford, *George VI*, Penguin Books, 1989, rééd. 1991.

explique qu'elle recherchera toujours le confort et la sécurité matérielle. Une obsession.

Quand elle a 16 ans, l'oncle Sol consent à payer les frais de scolarité d'une institution pour jeunes filles de la bonne société, Oldfields School. La pensionnaire Wallis Warfield se montre une élève médiocre et rebelle, se signalant en faisant le mur pour retrouver des garçons. Elle écrit : « L'amour est partout. » À 18 ans, elle a déjà le comportement d'une séductrice.

Puis, à 19 ans, en 1914, la semi-déclassée Miss Wallis hérite 4 000 dollars de sa grand-mère et rejoint, en Floride, l'une de ses amies qui a épousé un officier de marine. C'est là que Wallis rencontre son premier mari, Earl Winfield Spencer, un séduisant pilote de l'Aéronavale qui comprend déjà deux cents appareils. Il a huit ans de plus que Wallis. En un temps où seulement 3 % des filles accèdent à l'enseignement supérieur, Wallis, n'étant guère douée pour les études, sait que seul un mariage pourra lui assurer la sécurité qu'elle recherche. Le 8 novembre 1916, son union, élégante, est une revanche sur les pathétiques noces de sa mère. Une première revanche.

Mais très vite, Wallis Spencer s'aperçoit que son époux est alcoolique. Le 6 avril 1917, avec l'entrée en guerre des États-Unis, l'officier, qui souhaitait se battre en France, est finalement affecté à une importante base en Californie, San Diego. Wallis y fait la connaissance de Katherine Bigelow, jeune veuve de guerre – son mari est tombé en France –, qui devient une proche de Wallis, qu'elle ne cessera de trouver aux moments les plus cruciaux de sa vie. Le 7 avril 1920, la base de San Diego est en fête : on y reçoit Édouard, prince de Galles, fils aîné du roi George V, qui, à bord du croiseur *Renown*, fait escale sur

En 1916, Wallis Warfield, issue d'une famille du sud des États-Unis respectable mais désargentée, épouse un officier de marine, Earl Spencer. Leur union sera orageuse car le mari est alcoolique. Wallis a quelques amants puis rejoint Earl en Chine. Mrs Warfield y séjourne longuement, de Shanghai à Pékin, dans un pays en semi-guerre civile. On s'interrogera beaucoup sur ce mystérieux voyage.

la route de l'Australie. Des cérémonies sont données en l'honneur du prince héritier d'Angleterre. Mais Wallis, qui n'est pas invitée, doit se contenter d'apercevoir de loin Son Altesse royale en uniforme blanc serrant d'innombrables mains. Une silhouette dans la lumière californienne.

Épouse d'un officier, Wallis Spencer est envoyée en Chine. Pour quelles missions ?

Le couple Spencer tangue, entre scènes et bagarres. L'officier ivre bat sa femme et la trompe. Wallis songe au divorce, mais elle en est dissuadée par son oncle, qui veut éviter tout scandale. Elle le considère comme hypocrite, puisque lui-même est célibataire et collectionne les maîtresses. Au printemps 1921, Spencer est nommé au ministère de la Marine, à Washington. En 1922, il quitte le domicile conjugal ; pour la réconforter, la mère de Wallis s'installe auprès d'elle. En février 1923, le commandant Spencer est affecté en Chine, patrouillant au large de Canton à bord d'une canonnière vétuste, le *Pampanga*, surveillant les côtes d'un pays menacé par la guerre civile. Sa femme ne souhaite pas l'accompagner, la situation en Chine étant dangereuse. À Washington, celle qui est encore Mrs Spencer mène ostensiblement une existence agréable et devient la maîtresse de l'ambassadeur italien, le prince Caetani, qui l'initie à la politique en lui faisant l'apologie de Mussolini et du fascisme. Ensuite, c'est un riche et beau Sud-Américain, Felipe Espil, premier secrétaire à l'ambassade d'Argentine, qui est son amant. Cette liaison fait scandale et charge déjà Wallis d'une réputation sulfureuse. Elle est enrôlée par le Département d'État (ministère américain des

Affaires étrangères). En effet, il est alors courant d'utiliser les épouses et les familles des officiers de marine comme courriers entre l'Europe et l'Extrême-Orient, car les télégrammes et les messages radio transmis à la flotte américaine en Chine sont interceptés et leurs codes déchiffrés. Wallis est donc envoyée en Chine auprès de son mari qui, entre-temps, a été nommé officier de renseignements pour la flotte de Chine du Sud. En juillet 1924, elle embarque à New York puis, *via* le canal de Panama, elle atteint Hong Kong en septembre. Son époux l'y attend. Il boit toujours, mais le couple semble heureux de se retrouver. La Chine du Sud est alors ravagée par des affrontements fratricides. Les Spencer se rendent à Canton, puis reviennent à Hong Kong en novembre. C'est là que se situerait un épisode qui sera, plus tard, utilisé par les services de renseignements britanniques, à la demande du Premier ministre anglais Stanley Baldwin en 1935, pour discréditer Wallis. Selon ce mystérieux et hypothétique « dossier chinois », Wallis aurait été initiée dans des maisons de prostitution, sur la proposition de… son mari ! Elle y serait devenue experte dans l'art érotique du *fang chung*, massage extrêmement précis et progressif, destiné à faire connaître « une sérénité complète aux hommes » et particulièrement efficace auprès de ceux souffrant de troubles sexuels. Et qui auraient perdu au jeu.

Après une nouvelle et violente dispute conjugale, Wallis part pour Shanghai en compagnie de l'épouse d'un amiral. Elle mène une vie mondaine dans les clubs, sur les champs de courses. Le 4 décembre 1924, l'Américaine se rend à Pékin. Son tempérament d'aventurière est incontestable. A-t-elle une mission ? Pour expliquer ces curieux voyages, on peut supposer qu'elle transporte des documents. En tout cas, elle a de l'argent. Qui le lui donne ? Elle passe pour être « une femme entretenue », souvent signalée dans le lit de quelques philanthropes. L'attaché naval italien à Pékin, Alberto Da Zara, ne peut l'oublier : « Ce n'est pas exactement une beauté, mais elle est extrêmement séduisante et a des goûts raffinés. » Puis, à Shanghai, elle serait devenue la maîtresse du comte Ciano, gendre de Mussolini, bientôt consul général à Pékin, puis chef de la commission de la Société des Nations. Cette liaison sera confirmée ultérieurement par l'épouse du Duce. Wallis aurait avorté et appris qu'elle ne pourrait plus avoir d'enfants ou, en tout cas, qu'une nouvelle grossesse mettrait sa vie en danger.

Installée au Grand Hôtel de Pékin, une oasis dans le climat menaçant de la capitale, Wallis Spencer a tout d'une espionne et l'on ne peut que s'interroger sur les motifs réels de sa présence. Un membre du consulat américain est son cavalier pour danser le soir à l'hôtel. Là, elle tombe sur son ancienne amie Katherine Bigelow, la veuve qu'elle avait connue à San Diego six ans auparavant. Celle-ci s'est remariée à Herman Rogers, ancien banquier en vue de Wall Street, mais peut-être devenu agent secret des États-Unis. Wallis s'installe chez eux jusqu'au 21 mars 1925. Elle dira plus tard, dans ses *Mémoires*, qui ne reflètent pas forcément la vérité, que ce fut la période « la plus merveilleuse, la plus insouciante, la plus lyrique de [s]a jeunesse ». Jeunesse relative : elle a déjà 30 ans et elle a apprécié, essentiellement, de boire beaucoup de champagne. Il y aura des spéculations sur ce séjour de un an chez ce couple. On parlera d'un ménage à trois, mais sans aucune preuve. Les pérégrinations asiatiques de Mrs Spencer sont pleines de zones d'ombre, de suppositions et d'hypothèses.

Divorcée d'Earl Spencer en 1927, Wallis se remarie à Londres avec Ernest Simpson, un courtier maritime assez fortuné. La jeune femme, avec son arrivisme forcené, réussit à être présentée à la Cour à Buckingham Palace et fait la connaissance du prince de Galles, héritier du trône. Il est amusé par cette Américaine sans aucune éducation ni complexe…

Seule certitude : cette femme est une ambitieuse qui aime profiter des circonstances, ce qui n'est pas un crime.

À peine divorcée, Wallis redoute la pauvreté et cherche un deuxième mari... riche !

Puis Wallis Spencer, souffrante, reprend un train pour Hong Kong et regagne les États-Unis, plus précisément la Virginie. En 1927, elle obtient enfin son divorce, aux torts de son mari pour abandon du domicile conjugal. Redevenue Wallis Warfield, elle avoue que même si la Première Guerre mondiale a changé la société et si les femmes ont conquis une première indépendance, « un divorce est encore révolutionnaire et il faut du courage pour divorcer[1] ». À New York, Wallis ne s'imagine pas travaillant comme vendeuse dans un grand magasin, mais comme elle refuse la pauvreté qu'avait connue sa mère, elle cherche un nouveau mari. Chez des amis new-yorkais, elle fait la connaissance d'un Anglo-Américain, riche courtier maritime qui a l'intention de se fixer à Londres pour y travailler dans les bureaux de son père. Il se nomme Ernest Simpson. Visiblement, Wallis lui plaît. Élégant et raffiné, mais plutôt routinier et manquant de fantaisie, il l'ouvre à une vie culturelle à laquelle elle n'est pas habituée, lui fait visiter des musées et des galeries, lui fait lire des livres. Il n'a qu'un seul inconvénient : il est marié. Pour elle, il divorce et part pour Londres, l'ayant demandée en mariage. Mais elle n'a toujours pas donné sa réponse ! Wallis passe des vacances en France chez ses amis Herman et Katherine

---

1. Son ex-époux se remariera deux fois. Ses deux femmes suivantes obtiendront le divorce en prouvant qu'il continuait à boire.

Rogers, dans leur villa Lou Viei, nichée dans les collines au-dessus de Cannes, une maison dont on entendra beaucoup parler. C'est de là qu'elle écrit à Ernest qu'elle accepte de l'épouser. La première femme d'Ernest, hospitalisée, salue, avec ironie, le stratagème de sa rivale « qui a montré beaucoup de noblesse : elle m'a pris mon mari pendant que j'étais malade à Paris ». Ernest et Wallis se marient à Londres, à la mairie de Chelsea, le 21 juillet 1928. Wallis se sent désormais à l'abri, pour la première fois de sa vie. Ernest l'aime, elle se laisse aimer, appréciant surtout la sécurité et la vie qu'il lui offre après des années d'angoisse et de frustration. La sœur d'Ernest, Maud, a épousé Peter Kerr-Smiley, le plus jeune fils d'un baronnet. Pour Wallis, voici une première étape lui permettant d'approcher ce qu'elle pense être la bonne société londonienne – mais elle n'en connaît ni les codes ni les usages.

Leur appartement, près de Hyde Park, ne lui plaisant plus, le couple déménage fin 1929, après la mort de la mère de Wallis, pour s'installer au 5, Bryanston Court, près d'Oxford Street, dans un quartier recherché. Cette nouvelle résidence lui permet de recevoir. C'est la première fois que Wallis vit dans une habitation vraiment à elle et qu'il lui plaît d'aménager à son goût, aidée tout de même par une décoratrice à la mode, l'épouse du romancier Somerset Maugham. Elle acquiert des meubles anciens, de l'argenterie et, surtout, elle dispose d'une importante domesticité : un chauffeur de fonction pour Ernest, deux femmes de chambre, une femme de service et une cuisinière. Un train de vie normal à Londres pour l'époque, dans la moyenne bourgeoisie aisée. Elle adore recevoir, surtout des Américains, se donne beaucoup de mal, mais connaît peu de Britanniques. Sa maison est ouverte : chaque soir, elle accueille ses amis pour un verre avant le dîner. Tout semble aller pour le mieux, si ce n'est que Mrs Simpson est d'une santé fragile. À son retour de Chine, elle avait subi une opération douloureuse ; on sait seulement qu'elle souffrira en permanence d'un ulcère du duodénum qui exigera plusieurs hospitalisations et expliquera sa maigreur.

La crise de 1929 atteint doublement le couple. Wallis voit fondre ses petits revenus boursiers américains et la société d'Ernest est en difficulté. Une fois de plus, Wallis craint de se retrouver dans une précarité financière. Son mode de vie est bientôt menacé. C'est dans ce contexte que vient dîner chez elle le nouveau premier secrétaire de l'ambassade des États-Unis, Benjamin Thaw, accompagné de son épouse Consuelo, née Vanderbilt. La sœur de cette dernière, Thelma, a épousé un aristocrate anglais, le vicomte Furness, mais tout Londres sait qu'elle est, depuis trois ans, la maîtresse du prince de Galles. Né en 1894, Édouard (David pour la famille royale) est le fils aîné du roi George V et le célibataire le plus convoité du Royaume-Uni. Il n'est pas grand, mais séduisant, blond aux yeux clairs, extrêmement élégant et a beaucoup de charme. Son enfance a été assez triste, comme celle de ses frères et de sa sœur. Ils ont eu des parents distants (ils ne les voyaient que quarante-cinq minutes par jour) et ont été confiés à des nurses souvent perverses.

Le prince de Galles ? Un joyeux noctambule et brillant sportif qui fait de la tapisserie !

Si la reine Mary avait consacré peu de temps à sa progéniture, elle l'avait fait avec amour. Édouard était son préféré ; elle lui avait appris la tapisserie, qu'il continuera à pratiquer adulte.

Un apprentissage qui n'était sans doute pas indispensable pour un futur monarque britannique et empereur des Indes ! Quant à son père, l'austère George V, il estimait qu'il fallait élever les princes à la dure, d'une manière quasi militaire, sans grande tendresse. Le roi ne comprenait pas son fils aîné qui devait lui succéder, et il s'inquiétait beaucoup à son sujet. Édouard n'avait aucun intérêt pour la vie intellectuelle, n'apprenait rien ; en revanche, il adorait le sport, était un cavalier remarquable, un excellent boxeur et un gymnaste acharné. Édouard avait 19 ans au moment où la Première Guerre mondiale éclata. Il demanda à être envoyé au front, mais il n'en était pas question. Lord Kitchener, ministre de la Guerre, refusa, craignant que le prince héritier ne fût tué. Édouard s'en étonna :

– Ce ne serait pas grave : j'ai quatre frères.

Lord Kitchener jugea qu'il ne pouvait prendre le risque qu'Édouard fût fait prisonnier. Édouard reçut la réponse, accablante, du ministre : « Si j'étais sûr que vous soyez tué, je ne suis pas certain que j'aurais raison de vous empêcher d'y aller[1]. »

Édouard montra plus d'inconscience que de courage et avait peut-être déjà le sentiment de n'être pas apte à devenir un bon roi.

On peut dater ses premières expériences sexuelles en 1916, avec une prostituée française, une certaine Paulette. Par la suite, Édouard se contente de conquêtes aussi faciles que brèves avec des jeunes femmes de la bonne société mais ne s'engage jamais. La figure marquante de cette période reste Freda Dudley Ward, bien née et fortunée, mais mariée à un membre du Parlement et mère de deux petites filles. Ils s'étaient rencontrés en s'abritant sous un porche lors d'un raid aérien. Dans une lettre du 26 mars 1918, il l'appelle « mon ange ».

---

1. Hugo Vickers, *Behind Closed Doors*, Hutchinson, 2011.

En août 1919, Édouard commence une tournée au Canada, où il remporte un vif succès. Il doit serrer tant de mains qu'il finit par ne présenter que sa main gauche, expliquant avec humour :

Après la Première Guerre mondiale, Édouard, fils aîné du roi George V, entreprend un tour du monde classique pour un prince héritier. Séduisant, sportif et charmeur, ce dandy adore revêtir les tenues et uniformes imposés par ses pérégrinations. Célibataire, on lui a connu des liaisons avec des femmes mariées. Wallis va réussir à remplacer la maîtresse en titre, Freda Dudley Ward, et à devenir indispensable à Édouard.

« Ma main droite est provisoirement en retrait du service de l'Empire. » À son amie Freda, il écrit : « C'est un pays et un genre de vie pour moi, ma chérie, si nous pouvions vivre ensemble. » D'ailleurs, il achètera une immense propriété dans la province canadienne de l'Alberta.

Plus inquiétant, à son retour en octobre, il déclare : « Seigneur, je n'en peux plus de ce métier de prince de Galles[1] ! » La relation avec Freda s'étiole et devient platonique en 1923. C'est l'année où son frère cadet George épouse une aristocrate écossaise, passionnée de fantômes, Elizabeth Bowes Lyon, pour la plus grande joie du roi et de la reine. En 1929, le prince prend possession d'un petit château néo-médiéval dans le parc de Windsor, Fort Belvedere. Ce sera sa thébaïde et il y passera beaucoup de temps. C'est aussi cette année-là que la vicomtesse Thelma Furness entre dans la vie d'Édouard. La vie de la jeune femme est plutôt malheureuse. Elle se confie au prince ; rapidement, il se charge de la consoler. À Londres, on les voit souvent dîner et danser à l'hôtel Splendid. Édouard adore la vie nocturne, boire, faire la fête jusqu'à l'aube. En 1930, après un safari au Kenya, leur liaison devient officielle : Édouard est venu la rejoindre aussitôt après le départ du mari.

Quelque temps après le dîner où Wallis avait reçu le diplomate américain et sa femme, cette dernière demande aux Simpson s'ils veulent bien accompagner son mari à une chasse donnée par sa sœur lady Furness en l'honneur du prince de Galles. En effet, Consuelo ne peut s'y rendre, étant appelée d'urgence à Paris. Wallis accepte avec enthousiasme, car un week-end en compagnie du futur roi ne se refuse pas.

---

1. *Ibid.*

Wallis Simpson va être présentée au prince : elle répète sa révérence... dans un train !

Dans ses *Mémoires*, elle raconte son voyage en train avec Ernest et le mari de Consuelo. Très enrhumée, elle est prise de panique, ne sachant comment s'adresser au prince, et elle s'entraîne à l'art, pour elle inconnu jusqu'alors, de la révérence. Dans une lettre à sa tante Bessie, aux États-Unis, Wallis relate cette première rencontre du samedi 10 janvier 1931. « Nous n'étions plus que sept. Aussi pouvez-vous imaginer quelle fête ce fut de rencontrer le prince dans des circonstances aussi intimes et informelles... Je n'aurais, toutefois, jamais imaginé que tout se passerait de manière presque naturelle[1]. » Wallis a certainement amusé et surpris le prince par son impertinence et sa vivacité : il aime la décontraction des Américaines (sa maîtresse, lady Furness, née Vanderbilt, en est une). Mais cette première rencontre aurait très bien pu n'avoir aucune suite. Wallis en est parfaitement consciente.

Ils ne se revoient pas jusqu'au mois de mai, Édouard étant en voyage officiel en Amérique du Sud, en compagnie de son cousin Louis Mountbatten. La deuxième entrevue a lieu lors d'un thé, encore organisé par lady Furness, dans sa résidence de Grosvenor Square. Wallis est très vexée, car le prince semble n'avoir qu'un très vague souvenir d'elle ! L'hôtesse est obligée de rappeler qui sont ses invités... Mrs Simpson est, en réalité, autrement préoccupée par un événement proche : être présentée à la Cour, une sorte de « Graal » pour une Américaine divorcée

---

1. *L'Amour souverain, les lettres intimes du duc et de la duchesse de Windsor*, présentation par Michael Bloch, traduction de Jean-Luc Barré, Perrin, 1986.

et remariée. Protocole royal oblige, Wallis doit porter une tenue appropriée. Mais comme l'argent est rare, elle emprunte une robe de satin blanc à la belle-sœur de Consuelo. Les trois plumes d'autruche, exigées pour sa coiffure, et l'éventail assorti sont prêtés par Thelma. Wallis maintient les plumes au moyen d'un diadème d'aigue-marine. Et une grande croix, également d'aigue-marine, orne son corsage. Évidemment, ces bijoux sont faux. Mais d'après Wallis, « ils font de l'effet » ! Ce soir-là, 10 juin 1931, à Buckingham Palace, Mrs Simpson vit un rêve. Entre deux rangées de *yeomen* dans leur magnifique uniforme Tudor rouge et or, elle gravit lentement l'immense escalier. Dans la salle du Trône, Wallis exécute parfaitement sa double révérence au roi George V et à la reine Mary, constellée de diamants. Le prince de Galles se tient debout derrière son père. Au défilé, très solennel, de présentation succède une réception dans les grands appartements où les membres de la famille royale se mêlent à la foule des invités. Là, Wallis entend très distinctement le prince de Galles se plaindre de l'éclairage « cruel pour les femmes et qui les rend toutes affreuses » ! À la réception beaucoup plus détendue qui se déroule plus tard chez lady Furness, Wallis, avec son culot habituel, répond à Édouard qui est présent et la complimente de sa robe :

– Monseigneur, j'ai cru comprendre que vous nous trouviez toutes affreuses.

Le prince est enchanté ! Personne ne se permet de telles impertinences à son égard ! Il est si content qu'il s'attarde jusqu'à 3 heures du matin et propose, finalement, de raccompagner les Simpson à leur domicile. Wallis lui suggère de monter prendre un dernier verre, il refuse, mais assure qu'il sera enchanté de revenir un autre soir. « Wallis commet une grave erreur. Elle traite le prince de Galles comme s'il était une star de cinéma ou un géant des affaires[1]. » Wallis n'a effectivement aucune idée des usages de la cour d'Angleterre, et peut-être a-t-elle déjà senti que le prince aime être maltraité, comme l'avait déjà remarqué la bien élevée Freda Dudley Ward qui, elle, respectait les convenances. Une erreur de Wallis ? Non, puisque c'est avec son incroyable sans-gêne que Mrs Simpson retient l'attention du prince. Elle en sera d'autant plus détestée par l'*establishment*.

Édouard reçoit Wallis et son mari à Fort Belvedere, dans le parc de Windsor

La fin de l'année 1931 est sombre pour les Simpson. Wallis, opérée des amygdales, reste longtemps alitée, et les affaires de son mari sont catastrophiques : il est obligé de se séparer de son chauffeur, de vendre sa voiture et se rend à son bureau en métro. Le cauchemar de la gêne financière revient et le prince de Galles ne donne aucun signe. En janvier 1932 survient une légère éclaircie : Édouard accepte de venir dîner chez eux le 24. Le menu est typiquement américain : après le homard, un poulet grillé Maryland, la spécialité de cette fille du Sud qu'est Wallis. Le prince est si enthousiaste qu'il demande la recette du soufflé glacé aux framboises et ne repart qu'à 4 heures du matin, après avoir

---

1. Hugo Vickers, *op. cit.*, et interview dans le film allemand, 2011, en deux parties, de Claire Walding, « Wallis Simpson, duchesse de Windsor, celle par qui le scandale arriva » et « Édouard et George, deux frères pour une couronne », diffusé sur Arte le mardi 7 mai 2013.

invité les Simpson dans son refuge de Fort Belvedere. Il aime cet endroit romantique, avec un donjon très Walter Scott. D'ailleurs, il les reçoit en kilt, est plein d'attentions à l'égard de ses hôtes, surveille le déchargement de leurs bagages et les accompagne jusqu'à leur chambre. À la surprise générale, ce noctambule impénitent se couche, ici, de bonne heure et se lève tôt pour tailler ses rhododendrons. Pour le moment, Wallis n'éprouve qu'une amitié naissante et c'est Thelma Furness qui est la maîtresse officielle du prince. Le couple Simpson reviendra à l'automne prendre le thé, puis pour un nouveau week-end.

Au début de 1933, Wallis s'y retrouve avec son amie Thelma. Celle-ci sent que sa liaison avec Édouard se délite ; elle invite donc les Simpson et particulièrement Wallis pour tenter de distraire le prince. Petit à petit, les Simpson font partie du cercle intime d'Édouard et de Thelma. Il ne s'agit plus seulement de week-ends à Fort Belvedere, mais de soirées dans les night-clubs londoniens dont Édouard est très amateur et de dîners à Bryanston Court.

Un événement, assez étonnant, survient en janvier 1934. Thelma, qui doit faire un voyage aux États-Unis, déjeune avec Wallis, comme souvent, au Ritz. À la grande surprise de celle-ci, Thelma lui demande de veiller sur le « petit homme » pendant son absence. La duchesse de Marlborough a ce commentaire : « Mrs Simpson est chargée par Thelma Furness de s'occuper du prince. » Soudain, lors d'un dîner au Dorchester, le prince de Galles évoque ses activités, en particulier une visite qu'il vient de faire dans le Yorkshire auprès de services sociaux luttant contre le chômage qui ravage le pays. Contre toute attente, mais aussi peut-être avec une grande habileté, Wallis semble fascinée et interroge très longuement Édouard sur son travail de prince héritier, sur ses aspirations et sur ses frustrations. L'un comme l'autre diront, par la suite, que cette conversation a été déterminante dans l'évolution de leurs rapports. De fait, à partir de ce jour, Édouard va devenir un visiteur assidu de l'appartement de Wallis. Il y passe à tout instant, soit pour quelques minutes, soit pour toute la soirée, et très élégamment, dans ces cas-là, s'il n'y a pas d'autres hôtes, Ernest s'enferme dans son bureau pour travailler et surtout les laisser seuls. Les invitations à Fort Belvedere se multiplient et l'on remarque que c'est avec Wallis que le prince danse le plus.

En mars 1934, Thelma, rentrée des États-Unis, constate un refroidissement certain de ses relations avec Édouard. Il faut dire que pendant son voyage, elle avait été l'objet des assiduités pressantes du prince Ali Khan, grand séducteur. Les journaux en avaient parlé.

Lors du week-end suivant à Fort Belvedere, Thelma ne peut que constater la complicité entre Édouard et Wallis. Thelma écrira : « Je me suis rendu compte que Wallis s'en était occupée excessivement bien. Le regard glacial et provocant qu'elle me lança me fit comprendre toute l'histoire. » Thelma s'efface, Mrs Simpson est devenue la nouvelle favorite.

À l'été 1934, Ernest devant se rendre aux États-Unis, c'est en compagnie de sa tante Bessie que Wallis rejoint le prince à Biarritz. Une croisière (sans tante Bessie !) le long des côtes d'Espagne et du Portugal est suivie d'un séjour à Cannes où, après un dîner avec les Rogers (encore eux !), Édouard offre à Wallis une breloque en émeraude et brillants à accrocher à son bracelet. Ce sera le premier cadeau d'une longue série. Les joyaux de Wallis feront rêver le monde entier. Un été en tête à tête. Cet affichage de leur liaison n'a pas échappé à la presse américaine alors que rien n'a filtré dans les

Été 1934. À Biarritz sur la photo, puis en Méditerranée, premières vacances estivales pour le prince de Galles et Mrs Simpson, celle-ci étant chaperonnée par sa tante Bessie, le mari de Wallis étant absent. Les photos ne seront jamais diffusées par la presse du Royaume-Uni. En revanche, les journaux américains y consacrent des dizaines de titres et de pages.

journaux britanniques, encore tenus par des magnats soucieux de ne pas salir la réputation de la famille royale. Dans une lettre écrite à Fort Belvedere le 5 novembre, Wallis insiste auprès de sa tante affolée : « Ne prête pas l'oreille aux ragots. Ernest et moi sommes à cent lieues de divorcer et nous avons eu une longue conversation sur le prince de Galles et moi, puis une avec lui, et tout continuera comme avant, c'est-à-dire que tous les trois nous restons les meilleurs amis du monde[1]. » Wallis est-elle totalement inconsciente ? Son mari, certainement très malheureux, se montre tout de même complaisant. Édouard a de plus en plus de mal à se passer de Wallis et fait inviter le couple en toute occasion. Il est même convié, en

---

1. *L'Amour souverain…*, *op. cit.*

novembre, à une réception à Buckingham Palace lors du mariage du duc de Kent, le plus jeune frère d'Édouard, avec la princesse Marina de Grèce. Cette façon de côtoyer, parfois, d'autres membres de la famille royale n'empêche pas Wallis d'agir avec la familiarité incongrue d'une Américaine : conviée à un dîner de douze couverts, elle apporte à la maîtresse de maison un poulet froid !

Interdite à Buckingham Palace, Wallis Simpson réussit à s'y faire inviter !

1935. C'est l'année du jubilé d'argent de George V, qui règne depuis vingt-cinq ans. C'est aussi celle d'une surexposition de Wallis dans l'existence quotidienne d'Édouard. Il est en adoration devant elle et de plus en plus persuadé qu'elle est la femme de sa vie.

L'intéressée vit comme dans un rêve, fêtée, choyée, et semble se contenter de l'instant, sans se poser de questions pour l'avenir. La famille royale commence à s'inquiéter. En effet, jusqu'ici les aventures du prince avec des femmes mariées restaient dans un certain milieu et ne constituaient pas une menace. Des passades sans lendemain, dont la brièveté systématique intriguait. On jasait sur les supposées « performances viriles décevantes » d'Édouard. La passion de son fils pour cette Américaine divorcée, souvent escortée d'un époux trop indulgent, agace le roi qui donne à son chambellan des instructions formelles pour interdire à Mrs Simpson d'être présente au bal du jubilé d'argent. Peine perdue : le prince de Galles contourne l'ordre paternel et royal et les Simpson figurent bien sur la liste des invités du 14 mai. Innocemment, Wallis écrira : « Comme David [surnom d'Édouard] et moi passions en dansant devant le roi, j'ai cru sentir son regard inquisiteur posé sur moi. » Pour la deuxième fois, Wallis part en vacances avec le prince (mais sans l'obligeant Ernest !), en Méditerranée et en Europe centrale. Le mariage de Mr et Mrs Simpson n'est plus qu'une façade.

Au début de l'année 1936, l'état du roi, très fatigué depuis longtemps, s'aggrave. Bien qu'affaibli, il reçoit son Premier ministre, le conservateur Stanley Baldwin. À la question de George V soucieux des événements européens : « Comment va l'Empire ? », le chef du gouvernement répond : « Sire, pour ce qui est de l'Empire, il n'y a pas de difficultés… » Une façon de dire que le problème de la monarchie est d'un caractère beaucoup plus personnel. George V s'éteint le 20 janvier. Il est mort en détestant la femme que son fils voulait lui imposer, une intrigante. Édouard avait juré à son père qu'il n'avait pas couché avec elle, ce qui était peut-être vrai. En s'habillant conformément au deuil de la Cour, Wallis lance, avec son accent américain qui la dessert, une de ses expressions vulgaires et insensées :

– La dernière fois que j'ai porté des bas noirs, c'était pour danser le french cancan !

La favorite n'en est pas à une provocation près.

Maintenant, le prince de Galles est le roi Édouard VIII. Il est toujours très aimé. Le peuple salue sa fibre sociale, ses idées nouvelles, ses attentions sincères envers les milieux ouvriers dévastés par la crise économique, sa volonté de faire bouger les choses. Sa critique du gouvernement surprend et choque le Cabinet autant que le Parlement, car un monarque constitutionnel doit observer une stricte réserve dans le domaine politique. Pour ceux qui sont au courant – la presse du royaume est toujours muette –, les frasques intimes du nouveau souverain ne sont sans doute pas un exemple à suivre, mais elles prouvent qu'il est aussi un être humain. Hélas ! il manque de caractère et est incapable de se concentrer sur les documents d'État, confidentiels, soumis à sa connaissance et éventuellement à sa signature. Au bout de trois semaines, il juge ce « travail de bureau » fastidieux et inutile, se couche tard, annule ses audiences, fuit ses devoirs, ne voulant pas être dérangé dans le bonheur qu'il échafaude avec Mrs Simpson. Celle-ci est psychologiquement son contraire : directive, dominatrice, elle est assez rusée pour transformer le moindre détail en événement. La faute de l'Américaine, favorite et promue gouvernante des plaisirs les plus intimes, est de se mêler de tout, alors qu'elle ignore et veut ignorer le fonctionnement, très formel, de l'appareil d'État britannique. Peu lui importe : elle affaiblit l'image du roi alors que grandit sa propre puissance, bien qu'elle n'ait aucun titre et ne soit investie d'aucune fonction ou mission officielles. Charles Hardinge, ancien secrétaire particulier adjoint de George V, est témoin de cette incroyable situation : « À chaque jour qui passait, il devenait évident que toute décision, grande ou petite, était subordonnée à la volonté de Mrs Simpson… C'était elle qui remplissait ses pensées en permanence, elle seule qui s'en occupait. » Désormais, la favorite donne de l'importance à toutes ses ingérences.

Mrs Simpson éloigne Édouard VIII de ses devoirs et se mêle de tout... *Shocking !*

Il y a pire. Le roi, ayant accordé une audience à Buckingham Palace, quitte son bureau avant l'arrivée de son important visiteur et s'enfuit dans les jardins ! Résultat inconcevable : c'est la favorite qui reçoit le personnage, lequel, stupéfait, s'en va ! On apprend que si Édouard VIII impose des économies à la Cour, il offre des cadeaux ruineux à sa maîtresse, par exemple un collier de diamants et de rubis de chez Van Cleef et Arpels d'une valeur de 16 000 livres[1]. Les collaborateurs du roi sont vite découragés, puis scandalisés, car les documents officiels – mais secrets – du gouvernement ne sont plus lus et, s'ils le sont, ils sont retournés avec retard dans les ministères concernés. Cette légèreté vis-à-vis des affaires publiques est inadmissible. Et le plus grave est que ces papiers reviennent marqués de la trace ronde de verres à cocktails ! Si on avait lu, on avait aussi bu. Or, ces informations doivent être seulement connues du souverain et du Premier ministre. La nonchalance du roi et l'indiscrétion évidente de la favorite à l'égard du contenu des fameuses « boîtes rouges » en cuir, désormais frappées au monogramme d'Édouard VIII, sont très graves. Des yeux non autorisés ont pris connaissance de ces dépêches.

Alerté, le Foreign Office prend la précaution de tout photographier en double avant de faire parvenir les télégrammes, notamment ceux de la nuit, au roi insomniaque et qui n'est jamais seul. De plus, ces anomalies se situent dans un contexte européen très préoccupant depuis l'arrivée d'Hitler au pouvoir. On savait que le roi avait conservé des amitiés pour ses parents germaniques et, comme des millions de gens traumatisés par la guerre de 1914-1918, il estimait qu'il fallait aider l'Allemagne à se relever pour éviter un nouveau conflit. À certaines sympa-

---

1. Environ 400 000 livres actuelles, selon Sarah Bradford, *op. cit.*

thies en faveur du national-socialisme, qui dépassaient le cadre familial, l'actualité donnait une portée accrue et choquante. Par ailleurs, à la demande de George V et de Stanley Baldwin, les services de renseignements avaient enquêté sur le passé, trouble, de Mrs Simpson. Wallis ? Une aventurière aux mœurs très libres. Il est question du fameux « dossier chinois » qui serait accablant. Si elle s'était contentée d'être une courtisane, d'avoir eu deux maris et des amants, d'être sans le sou et de se faire couvrir de bijoux, c'était assez banal. Mais puisqu'elle intervenait, sans aucune pudeur et à chaque instant, dans la vie privée et publique du monarque régnant, c'était une tout autre affaire. Ils étaient inséparables, cela pouvait devenir dangereux. Était-elle impliquée dans des réseaux politico-diplomatiques ?

Pendant que Britanniques et Américains échangent des informations, y compris sur les séjours en Chine de Wallis, le 27 mai, Édouard VIII donne son premier dîner officiel. Y assistent des personnalités civiles et militaires, dont le couple Mountbatten et l'aviateur Charles Lindbergh, accompagné de sa femme. Wallis est comblée : le roi compte présenter au Premier ministre et à Mrs Baldwin celle qui pourrait devenir son épouse, la reine, mais dont le mari est également invité ! À cette incongruité s'ajoute, selon le plan de table ordonné par le roi, la place de Mrs Simpson, assise à l'une des extrémités, d'habitude réservée aux membres de la famille royale ! La digne reine Mary, veuve de George V, secouée de spasmes rageurs, déclare qu'elle a peur que son fils ne lui demande de recevoir cette Mrs Simpson si bruyante et si mal élevée. Wallis, dont le roi est esclave, se croit tout permis et devient encombrante. Sa liaison avec le roi est maintenant difficile à dissimuler, mais la presse consent à protéger l'image royale,

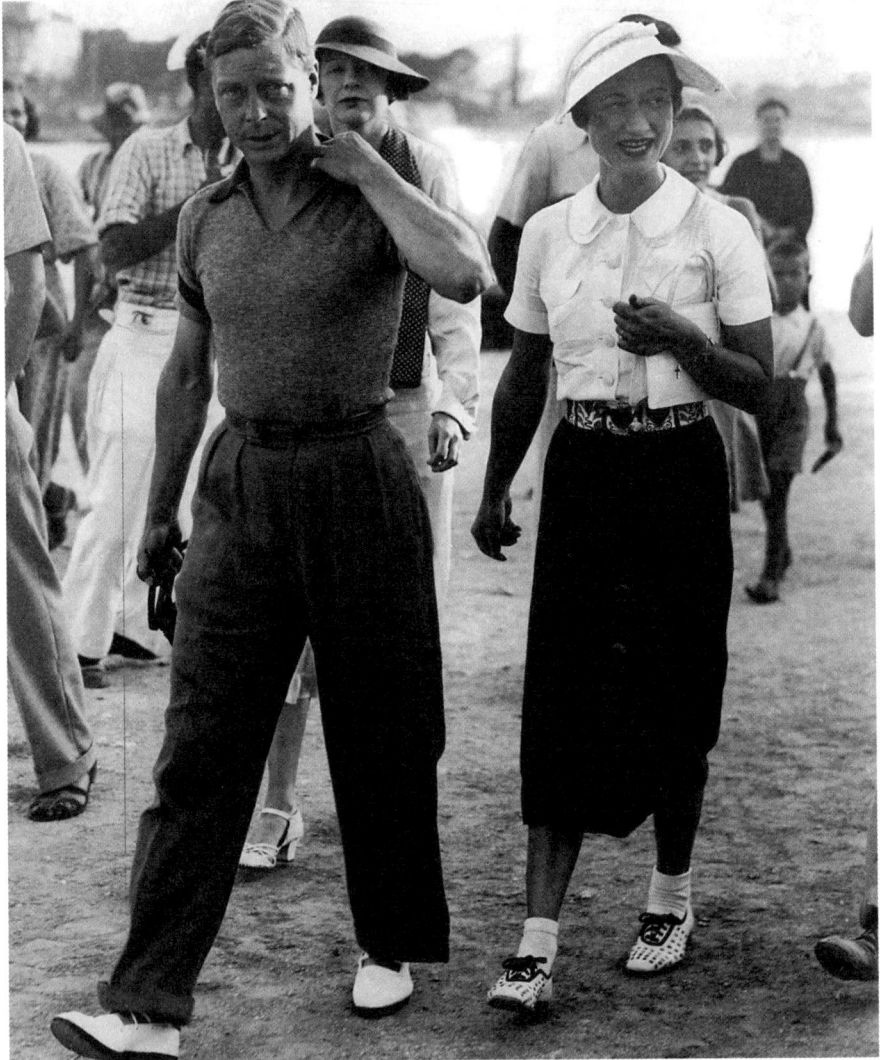

Pour celui qui est devenu le roi Édouard VIII et sa favorite Wallis Simpson, les vacances de l'été 1936 prennent un caractère beaucoup plus provocateur. L'Américaine, toujours mariée mais songeant à divorcer, est trop présente dans la vie officielle du souverain. La croisière, un séjour en Autriche puis à Balmoral posent la question du statut de la favorite. Le roi a-t-il l'intention de l'épouser ?

même si Wallis s'était permis de prendre place dans la limousine du souverain aux courses d'Ascot. En août, l'accréditation du nouvel ambassadeur d'Allemagne, Joachim von Ribbentrop, fait naître la rumeur – éternellement répandue mais jamais étayée – qu'il est l'amant de Wallis.

Nouvelle interrogation : l'Américaine serait-elle un agent de la propagande hitlérienne ? On comprend que Mr Simpson finisse par accepter le divorce. En effet, c'est Wallis qui intente l'action, Ernest ayant une liaison avérée avec Mary Raffrey, une ancienne amie qu'il finira par épouser. À l'été 1936, ignorant les crises politiques et les conflits armés en Europe, le roi et sa favorite confirment leur croisière en Méditerranée sur le célèbre yacht *Nahlin*, suivie d'un voyage en Bulgarie et en Autriche. Les amants sont poursuivis par une meute de journalistes, photographes et cameramen. La presse britannique n'y consacre pas une ligne, pas un cliché. En revanche, les journaux européens et américains, qui s'en délectent sur des dizaines de pages, s'arrachent par millions d'exemplaires et signalent que parfois, l'accueil réservé à Wallis a été froid. C'est en septembre qu'éclate un scandale en Écosse, lors du séjour traditionnel de la famille royale au château de Balmoral.

Scandale en Écosse : la favorite reçoit comme un membre de la famille royale !

Les Simpson et les Rogers (toujours eux !) y sont invités. Édouard VIII commet une faute : dans sa voiture qu'elle conduit, Sa Majesté va elle-même chercher Wallis à la gare. Puis, c'est Wallis qui commet une faute, protocolairement plus grave.

Au château, elle accueille la famille, alors que seul le maître de maison peut recevoir ses hôtes. La duchesse d'York, Elizabeth, furieuse, ignore Mrs Simpson et se dirige ostensiblement vers son beau-frère, Édouard VIII. Passant devant l'intruse, elle lui lance un avertissement qui est aussi une leçon de savoir-vivre :

– Je suis venue dîner avec le roi[1].

L'affaire est d'autant plus grave que la presse écossaise brise le *statu quo* du silence. Plus rien ne peut être occulté. Mrs Simpson empoisonne la vie familiale et publique en prétendant assurer le bonheur du souverain. Désormais, le conflit est inévitable, d'autant plus qu'on apprend que le roi presse sa maîtresse dans sa procédure de séparation. Il aurait donc l'intention d'épouser une femme deux fois divorcée, oubliant que le souverain, protecteur et chef suprême de l'Église anglicane, ne peut s'unir à une divorcée. Et le mariage du monarque doit recevoir l'approbation du gouvernement. L'affaire est d'autant plus urgente que le roi doit être couronné en mai. S'il supplie Wallis de hâter son divorce, c'est pour pouvoir l'épouser avant de la faire couronner en même temps que lui.

À la mi-octobre, Édouard VIII accepte de recevoir le Premier ministre pour évoquer ce qui est devenu une affaire d'État. Stanley Baldwin montre un échantillon des lettres de protestation reçues après les incidents en Écosse.

– Sire, ne pourrait-on prier Mrs Simpson de quitter le pays pendant six mois ?

L'arrière-petit-fils de Victoria n'est ni réaliste ni animé du sens du devoir. Il n'entend aucune critique, et en particulier pas celle,

---

1. Sarah Bradford, *op. cit.*

surprenante, d'Ernest Bevin, secrétaire général de la puissante Union des syndicats :

– Nos gens ne permettront pas que Mrs Simpson, même divorcée, devienne notre reine. Le peuple n'aime pas qu'il n'y ait pas de vie de famille à la Cour.

Un matin, Wallis reçoit une lettre terrible : « En tant que patriote, je me vois obligé de vous tuer. » Même depuis le Canada et l'Australie, la colère monte contre la néfaste Américaine. Elle découvre les rouages de la mécanique monarchique. Elle croyait que le souverain avait tous les droits. Devant la montée des mécontentements, relayés par une presse enfin libérée, Wallis, inondée d'insultes et de menaces, propose elle-même – il faut le rappeler – de partir, afin d'apaiser les esprits. Le roi refuse son éloignement. Au Premier ministre, il annonce qu'il a l'intention d'abdiquer afin d'épouser la femme qu'il aime. Avec le recul de l'histoire, on peut dire qu'en novembre 1936, la favorite, si long-temps inconsciente des effets de sa présence, comprend le danger. Elle réalise que la vie privée du monarque est le révélateur indis-sociable de sa vie publique. Même un mariage morganatique, dont les enfants ne seraient pas dynastes, n'est pas envisageable. Édouard VIII, ulcéré, se sent trahi. Ajoutons que son obstination l'enferme dans le piège tendu par le gouvernement. Le Premier ministre – il est loin d'être le seul – juge que le monarque n'est ni à sa place ni dans son rôle. Provoquer son abdication en faveur de son frère cadet est urgent. Si Wallis est, officiellement, coupable de salir la royauté, on ne peut que blâmer le prince devenu roi : il a progressivement gâché sa popularité en méprisant l'État et ses obligations. Le responsable du séisme qui s'annonce n'est autre que le souverain lui-même, enfermé dans ses fantasmes futiles,

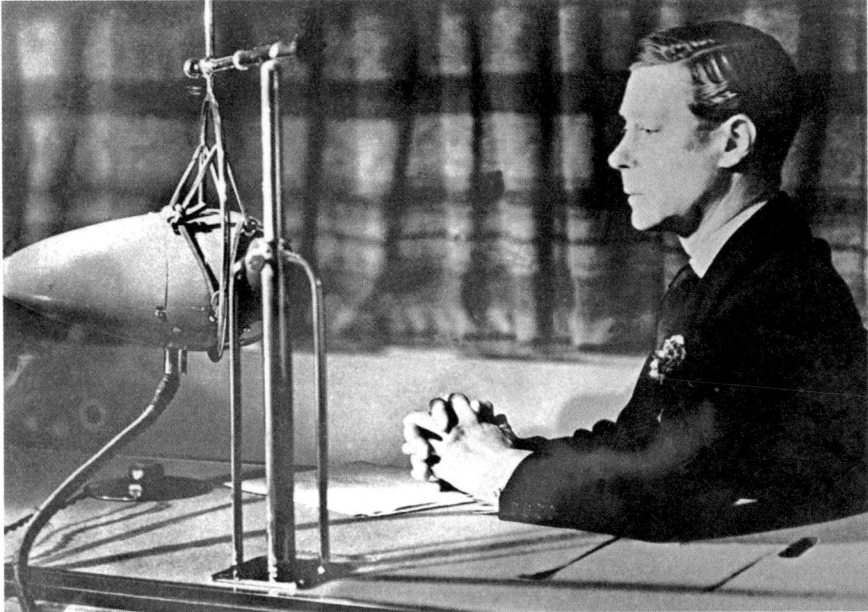

Au soir du 10 décembre 1936, l'ex-roi Édouard VIII, titré duc de Windsor, s'adresse à la nation quelques heures après avoir signé son acte d'abdication en présence de son successeur, le nouveau roi George VI, et de ses autres frères. Le duc s'explique pour la première fois : il ne peut exercer sa fonction royale sans « la femme qu'il aime ». Le Premier ministre Baldwin a gagné : il n'avait aucune confiance en la personne du monarque, et pas seulement à cause de Mrs Simpson.

voire infantiles. Certes, Mrs Simpson est scandaleuse, aguicheuse, inculte, mais elle n'est pas stupide. Elle comprend l'impasse dans laquelle le prétentieux Édouard les a conduits. Plus tard, elle prétendra avoir dit : « Puisqu'il ne veut pas renoncer à moi, c'est à moi de renoncer à lui », mais elle ne l'a jamais formulé publiquement ni par écrit. Protégée par trois policiers, les voitures des journalistes collant à la sienne, Wallis s'enfuit en France, chez ses amis Rogers, près de Cannes. C'est dans le salon de leur villa Lou

Viei que le 10 décembre 1936, à 21 h 30, Mrs Simpson écoute à la radio le discours de l'ex-roi qui vient d'abdiquer après seulement trois cent vingt-sept jours de règne. Pour la femme qu'il aime, il a renoncé au trône et l'explique à des millions de gens stupéfaits, accablés, déçus, furieux, qui se sentent abandonnés. Édouard est un lâche. Même au pays de Shakespeare, on n'a jamais connu une telle tragédie.

Avant de monter se coucher, Wallis, furieuse, a ce commentaire sur le discours de celui qui n'est plus que le duc de Windsor :

– Quel idiot !

Le Premier ministre ne se serait jamais permis une telle opinion, mais son jugement n'en sera pas moins implacable. Un peu plus tard, ayant quitté ses fonctions, il aura une phrase terrible à propos du roi qui avait abandonné le trône : « Il avait comme seul but son bonheur personnel et montrait une absence totale de préoccupations morales et religieuses. » Le bon plaisir d'un lâche.

À la duchesse de Windsor, George VI refuse le titre d'altesse royale. Elle est ulcérée

Le duc de Windsor – c'est ainsi que son frère, George VI, l'a titré – s'était engagé à quitter le territoire britannique le soir même et pour au moins deux ans. La vie commune d'Édouard et Wallis est retardée par la procédure du divorce. Il leur est interdit de se voir. Il va donc provisoirement séjourner en Autriche, tandis que Wallis se morfond sur la Côte d'Azur. Elle se rend compte qu'elle a été piégée. D'une certaine façon, elle est une victime. Elle devra épouser Édouard. Le temps de la toute-puissante favorite royale, sollicitée et flattée, est terminé. Son courrier n'est qu'une montagne d'insultes et la presse, américaine en particulier, l'accable. Le 18 décembre, Mrs Simpson écrit à celui qui a tout sacrifié pour elle : « Seuls me poursuivent des propos scandaleux et des regards aigres. » Elle songe à son mariage, amère consolation, et décide qu'il aura lieu au château de Candé, en Touraine, propriété de M. Charles Bedaux, un ami des Rogers, qui a aimablement proposé – et ce dès l'abdication – de mettre cette résidence à la disposition du duc de Windsor. Charles Bedaux est un industriel américain d'origine française qui a acquis une énorme fortune et mettant au point une méthode très efficace de la gestion industrielle ; il a eu pour client Henry Ford, mais il est actuellement un conseiller économique très écouté du IIIe Reich où il effectue de fréquents séjours[1]. Le roi George VI et le gouvernement de Sa Majesté donnent leur accord pour ce mariage en France. Wallis s'installe à Candé au début mars. Pour se distraire, elle invite le célèbre photographe Cecil Beaton, qu'elle connaît bien, à venir prendre des clichés d'elle pour le magazine *Vogue,* des photos susceptibles d'améliorer son image bien maltraitée depuis l'abdication. Cet immense artiste réussira à être à la fois le photographe préféré du duc et de la duchesse et, ce qui est plus étonnant, celui de la famille royale, George VI, Elizabeth et leurs deux filles. Cette confiance durera si longtemps que c'est encore lui qui prendra les photos officielles du couronnement d'Elizabeth II. Un exploit ! Il parle longuement avec la future duchesse. Elle lui confie qu'elle a été « surprise » par l'abdication. Elle précise qu'elle avait signé des papiers pour différer son divorce et que le roi s'était dit prêt à retarder les discussions concer-

---

1. Pendant la guerre, Charles Bedaux sera arrêté par le FBI pour haute trahison. Il se suicidera en 1944, avant son procès, dans sa prison de Miami.

Le duc de Windsor, exilé en Autriche, et Wallis, d'abord retirée dans le midi de la France chez ses amis Rogers puis au château de Candé, en Touraine, attendent le jugement de divorce de Mrs Simpson. Consciente de son impopularité (elle est accablée de lettres d'insultes), Wallis tente de restaurer son image en posant pour le magazine *Vogue* devant l'objectif bienveillant de Cecil Beaton. Elle porte une robe de Schiaparelli.

nant son mariage après le couronnement. Wallis est si contrariée qu'elle avoue à Cecil Beaton avoir été tentée, à plusieurs reprises, de se pendre aux trophées de chasse qui décorent les murs du château de Candé ! Beaton en conclut qu'elle est résolue à aimer Édouard, mais il est persuadé que c'est faux car elle ne l'aime pas. Il ajoute : « Elle a l'énorme responsabilité de s'occuper de lui, qui est si différent d'elle mais qui dépend totalement d'elle[1]. » Le 3 mai arrive la nouvelle

---

1. Hugo Vickers, *op. cit.*

attendue : le divorce a enfin été prononcé. Wallis Warfield est libre. Édouard peut donc enfin la rejoindre. Il arrive le 5 mai avec dix-sept malles. Après la tempête de l'abdication et une si longue séparation, ce devrait être le bonheur. En réalité, tout est laborieux. Les négociations du duc avec son frère et le Cabinet concernant sa situation financière, le statut de son épouse et même les invités au mariage sont dramatiques. George VI est exaspéré par les prétentions de son aîné. Il se refuse fermement, comme le gouvernement, à accorder à Wallis le titre d'altesse royale. On dit que la reine Elizabeth, l'épouse de George VI, n'y est pas étrangère. Bien des années plus tard, après la guerre, la souveraine dira : « Je n'ai eu que deux ennemis dans ma vie, Hitler et Wallis Simpson. »

Le 12 mai, le duc et Wallis – celle-ci presque en apnée – entendent plus qu'ils n'écoutent à la radio la retransmission du couronnement de George VI. Quand le silence retombe dans le salon, l'ancienne favorite royale est amère. Pour elle, ce couronnement à Westminster aurait dû être le leur. Le samedi 27 mai, un courrier de George VI confirme qu'il n'est pas question que la future duchesse soit titrée altesse royale. Les « fiancés » souhaitent une bénédiction. L'Église d'Angleterre est alors opposée à une cérémonie religieuse pour les divorcés dont le ou les ex-conjoints sont encore vivants (ce qui est le cas pour les deux premiers maris de l'Américaine). On finit par trouver le curieux révérend Jardine, peu regardant, qui accepte de bénir l'union. Mais le pire est l'ordre donné par George VI : aucun membre de la famille royale n'assistera au mariage, pas même le duc de Kent, ce frère dont Édouard est si proche. Le duc demande à son cousin Louis Mountbatten d'être son garçon d'honneur. Nouveau refus que le duc ne pardonnera jamais. Pour ce qui est considéré, par certains, comme l'abou-

Le second divorce de Wallis étant enfin prononcé et le roi George VI cou-ronné, le mariage du duc de Windsor et de « la femme qu'il aime » peut être célébré, le 3 juin 1937, au château de Candé (Indre-et-Loire). L'assistance est des plus réduites : une vingtaine de personnes et aucun membre de la famille royale n'est venu…

tissement de « la plus belle histoire d'amour du siècle », il y aura plus de journalistes et de photographes que d'invités, à peine vingt personnes. Wallis est humiliée par cette réception étriquée, pour ainsi dire à l'économie. Contrariée, la mariée est élégante dans sa robe « bleu pâle Wallis » avec un corsage très ajusté qui met en valeur sa silhouette très mince. Au poignet, elle porte un nouveau cadeau d'Édouard, un ravissant bracelet de saphirs et diamants. La mariée semble raide, crispée, et lady Metcalfe, présente avec son mari parmi les rares noms de l'aristocratie anglaise à s'être déplacés, aura cette terrible remarque : « Elle donne l'impression d'une femme indifférente aux attentions d'un homme plus jeune qui s'est entiché d'elle. Espérons qu'elle se dégèle en privé avec lui, sinon ce doit être sinistre[1]. » Le monde entier verra les photos de ce couple en plein soleil, souriant mais un peu guindé, dont la romance l'avait tenu en haleine pendant plus d'un an. La tension et le sourire mécanique de la duchesse de Windsor ne sont que le reflet de son appréhension. Elle n'est plus la favorite, adulée ou haïe d'un roi ; elle est l'épouse d'un homme qui, pour elle, a méprisé et rejeté sa charge. Elle lui doit donc appui et soutien, mais désormais, leur vie risque d'être beaucoup moins amusante. En réalité, Édouard VIII n'avait pas envie de monter sur le trône et était soulagé d'être débarrassé de ses obligations, mais dès le lendemain de son abdication, il regrettait déjà. Dès lors, pour le couple, le seul aiguillon sera la récrimination et le désir de vengeance contre la famille royale et le gouvernement qui, d'après Édouard et Wallis, les ont humiliés et rejetés. Ils sont exilés et n'ont, évidemment, aucune fonction. Leur nouveau problème est donc

---

1. Martin Allen, *Le roi qui a trahi*, traduit de l'anglais par Jean Rosenthal, Plon, 2000.

d'exister publiquement. Après leur voyage de noces, ils lancent leur première provocation à l'égard des autorités britanniques en acceptant de se rendre en Allemagne au début d'octobre 1937. Officiellement, il s'agit d'une visite privée, mais elle est, en réalité, spectaculaire et soigneusement médiatisée.

Après l'avoir reçue, Hitler déclare : « La duchesse aurait fait une bonne reine... »

Pendant trois semaines, le duc et la duchesse sont reçus fastueusement par tous les dirigeants du Reich et les patrons de l'économie. Ils peuvent être satisfaits : connaissant bien leur point faible, les organisateurs de ce voyage tellement contestable veillent à donner à la duchesse le titre d'altesse royale auquel elle n'a pas droit. La visite se termine en point d'orgue au nid d'aigle de Berchtesgaden. Si elle n'assiste pas à l'entretien entre Hitler et le duc, on sait qu'à leur départ le chancelier déclare à son interprète :

– C'est dommage. Elle aurait fait une bonne reine…

Dans l'esprit d'Hitler, après avoir envahi sans difficulté le Royaume-Uni, il aurait réinstallé Édouard sur le trône dans une sorte de monarchie fantoche totalement asservie à sa cause. Il est clair que les images de ce couple visiblement heureux d'être invité et reçu par Hitler n'améliorent pas ses relations avec la Couronne et le gouvernement britanniques. Pendant la « drôle de guerre » entre septembre 1939 et juin 1940, alors que le duc accomplit la tâche d'officier de liaison avec l'état-major français (mission qui ne lui convient pas), la duchesse s'active à la Croix-Rouge dans

Le duc et la duchesse de Windsor, très en colère contre le roi George VI qui a refusé le titre d'altesse royale à Wallis et des compensations financières que l'ex-roi juge insuffisantes, se vengent. En octobre 1937, ils acceptent l'invitation d'Hitler à se rendre en Allemagne. Ce voyage, qui n'est pas officiel, est pourtant spectaculairement mis en scène dans une période politiquement très tendue.

la confection de colis pour les soldats. L'invasion allemande de la France les oblige à gagner l'Espagne, puis le Portugal, où ils sont tous deux l'objet de sollicitations de la part du régime nazi. À Londres, même Winston Churchill, qui avait été l'un de leurs plus fidèles soutiens, ne supporte plus leurs ambiguïtés, leurs prétentions et leurs perpétuelles récriminations. En accord avec George VI, le Premier ministre leur donne l'ordre de rejoindre au plus vite les Bahamas, archipel britannique dont le duc est nommé gouverneur. Il n'y a aucun doute : on se méfie d'eux, on les éloigne de l'Europe. Si Édouard est un pacifiste naïf, Wallis est un être plus social que politique. La duchesse n'est pas dupe du choix des Bahamas ; elle compare cette résidence lointaine à l'île d'Elbe. « Elba » n'est, évidemment, pas digne de ses espoirs. Mais la proximité de la Floride exige qu'Edgar J. Hoover, patron tout-puissant du FBI, surveille les activités du couple neutralisé dans ce que la duchesse appelle « une colonie de troisième classe ».

Après le 8 mai 1945, pour le roi George VI, la fin de la guerre repose l'éternelle et lancinante question : que faire de son frère ? Le duc se verrait bien gouverneur du Canada. Le roi et le Cabinet ne sont pas d'accord et la population de ce prestigieux dominion est plus que réticente. Le couple Windsor est donc contraint à un « exil parisien ». De 1945 à 1953, ils s'installent dans un hôtel particulier de la rue de la Faisanderie dans le chic 16e arrondissement, grâce à l'amabilité de Paul-Louis Weiller. Bien que remplie de trésors, cette superbe résidence ne plaît pas à la duchesse qui s'efforce d'y mettre son goût. Pour eux commence une existence creuse, vide, seulement remplie de mondanités, de somptueux voyages. Ils sont partout, d'une fête à Monte-Carlo à un bal à Venise. « Les Windsor » sont devenus une sorte d'attraction et de curiosité au milieu de difficultés protocolaires liées à leur statut compliqué pour les ambassadeurs de Sa Majesté, le duc étant un ex-roi et une altesse royale, Wallis n'étant que sa femme.

En 1952, à la mort de George VI, le duc de Windsor est autorisé à assister, seul, aux obsèques du souverain qui avait dû se battre contre son bégaiement, Hitler et son frère Édouard. Celui-ci espère que sa nièce, la nouvelle reine Elizabeth II, montrera moins d'intransigeance à l'égard de Wallis. C'est bien mal connaître la jeune souveraine, très affectée par la mort prématurée de son père qu'elle

Pour Édouard et Wallis, la Seconde Guerre mondiale n'a pas été glorieuse. Le duc a dû accepter le poste de gouverneur des Bahamas. Après 1945, ils reprennent leur vie mondaine en se réinstallant à Paris. Sur cette photo, la duchesse, parée d'un de ses célèbres bijoux Cartier, semble, comme d'habitude, mécontente et très sûre d'elle-même…

En 1967, la duchesse de Windsor est, pour la première fois, autorisée à assister, au côté de son mari, à une cérémonie officielle en présence de la reine. À Londres, devant Marlborough House, Elizabeth II inaugure une plaque en mémoire de la reine Mary, sa grand-mère, veuve de George V.

chérissait, et qui ne pouvait ignorer combien le duc et la duchesse avaient constitué pour le roi courageux un cauchemar permanent. En 1955, les Windsor s'installent à Bagatelle, rue du Champ-d'Entraînement, en bordure de Neuilly. Elizabeth II a tout de même un geste à l'égard de son oncle David qu'elle avait tant aimé quand elle était petite fille. Lors d'une visite officielle en France en mai 1972, elle rend visite, en compagnie du duc d'Édimbourg et de leur fils le prince Charles, à Wallis et à Édouard, ce dernier étant très mal en point, rongé par un cancer qui va l'emporter peu après. « L'oncle David » sera profondément touché par ce qui ressemble à une réconciliation. L'ex-roi s'éteint quelques jours plus tard dans les bras de Wallis, en prononçant le mot « Maman ! » sans que l'on puisse déterminer à qui s'adressait cet appel au secours.

Glacée, pétrifiée, la duchesse ne se départ à aucun instant d'une très grande dignité, se présentant comme une victime. Les funérailles de l'ex-roi n'ont lieu que le 5 juin, deux jours après le traditionnel anniversaire de la reine. Pour la première fois depuis bien longtemps, la duchesse est reçue à Buckingham Palace et y loge. Le protocole en usage pour un ancien roi est respecté dans la chapelle Saint-Georges du château de Windsor, puis dans le cimetière voisin de Frogmore, dans le parc. La duchesse dira : « Édouard aurait pu épouser une femme plus jolie que moi. » Et dans un moment de sincérité, elle reconnaîtra qu'elle ne l'avait jamais aimé. Cruelle vérité…

Wallis lui survécut quatorze ans. Ses dernières années furent terribles, elle ne quittait plus son lit, dans un état de semi-inconscience, fantôme d'une incroyable histoire qui avait fait vaciller la couronne britannique. Mais qui pourrait dire quelles étaient ses pensées et quel regard elle portait sur son propre destin, si imprévisible et si romanesque ? Quand son heure fut venue, en avril 1986, par décision de la reine, elle eut droit au même traitement que son époux : pour la première et la dernière fois, elle fut considérée comme un membre de la famille royale, inhumée à côté de celui qui, pour elle, avait renoncé à tout, une abdica-

En mai 1972, lors d'un voyage à Paris, la reine Elizabeth II, accompagnée du prince Philip (à gauche) et du prince Charles (à droite), rend visite, dans leur maison du bois de Boulogne, au duc de Windsor, sur le point d'être emporté par un cancer, et à son épouse. La révérence de la duchesse à la souveraine, au-delà de l'usage, scelle un semblant de réconciliation après tant d'années de conflit.

tion sans précédent dans l'histoire de la monarchie britannique. Plus tard, lady Mountbatten, fille de l'ancien dernier vice-roi des Indes, se permit de dire à la reine :

— Madame, nous devrions élever une statue à la mémoire de la duchesse de Windsor…

— Mais pourquoi ? demanda la souveraine.

— Parce que sans elle, nous n'aurions pas eu un bon roi en la personne de votre père et nous ne vous aurions pas comme reine.

Elizabeth II consentit à rire.

Remerciements

Je tiens à exprimer ma profonde gratitude à S.M. Albert II, roi des Belges, qui, avant son abdication, m'a permis de consulter les Archives du palais royal, à Bruxelles ; à M. Jacques Van Ypersele, chef de cabinet du roi ; à M. Gustaaf Janssens, archiviste au palais royal ; ainsi qu'à son adjoint, M. Samuel Daudergnies.

Ma reconnaissance s'adresse également à la société CadeauRetro, de Bruxelles, pour ses précieuses collections de journaux. Je ne saurais oublier les trésors des magasins Pêle-Mêle, de Bruxelles, grâce à M. Thomas Dolinckx. Je remercie aussi Mmes Marie-Hélène Simon et Martine Levens pour leur aide aussi efficace qu'attentionnée. Mes remerciements s'adressent également au Dr. Philippe Charlier, du service de médecine légale de l'hôpital Raymond-Poincaré à Garches et paléopathologiste à l'École pratique des hautes études à la Sorbonne ; au baron Gilles Ameil, président de l'association les Amis de Napoléon III ; à Georges Poisson, conservateur général honoraire du Patrimoine ; à Charles Dupêchez ; à Nicolas Galazommatis.

Je sais gré de leur soutien sans faille à l'équipe des éditions Perrin, en particulier M. Benoît Yvert, directeur ; Laurent Theis, directeur éditorial ; Grégory Berthier-Gabrièle, éditeur ; Marie de Lattre et Katia Monaci, du service artistique ; et Céline Delautre et Leslie Perreaut, du service éditorial.

Enfin, les remarques, conseils et suggestions de mon épouse, Monique, m'ont été, comme toujours, très profitables. Qu'elle en soit particulièrement remerciée.

Jean DES CARS

Table

Crédits photographiques

Création graphique : Marie de Lattre
Mise en page : Nord Compo, Villeneuve-d'Ascq
Iconographie : Grégory Berthier-Gabrièle

Imprimé en France par I.M.E. - 25110 Baume-les-Dames
N° d'édition : 2991
Dépôt légal : novembre 2013